Umberto Pappalardo (Hrsg.)

HEINRICH SCHLIEMANNS REISEN

Tagebücher und Briefe aus Ägypten und dem Vorderen Orient

180 Seiten mit 98 Farb-, 51 s/w-Abbildungen
und 5 Karten

Umschlag vorne:
Der Brunnen in Kana (Israel), David Roberts, 1839
(Foto: akg-images / Erich Lessing).

Umschlag hinten:
oben: vgl. S. 60 Abb. 48
Mitte: vgl. S. 63 Abb. 51
unten: vgl. S. 160 Abb. 143

Seiten 2/3: Insel Philae, Blick vom linken Ufer des Nil nach Nordost. Foto von Antonio Beato Nr. 17, undatiert (Pommersches Landesmuseum Greifswald).

Seiten 172/173: Jerusalem,Tempelberg, David Roberts, 1839 (Foto: akg-images / Erich Lessing).

Weitere Publikationen finden Sie unter:
www.wbg-wissenverbindet.de

Gestaltung:
Melanie Jungels, TYPOREICH –
Layout- und Satzwerkstatt, Nierstein

Herstellungsbetreuung:
Anja Bäumel, wbg, Darmstadt

Redaktion:
Anna Ockert und Holger Kieburg, wbg, Darmstadt

Repros:
Layout | Satz | Bild, Gensingen

Bibliografische Information der Deutschen Nationalbibliothek

Die Deutsche Nationalbibliothek verzeichnet diese Publikation in der Deutschen Nationalbibliografie; detaillierte bibliografische Daten sind im Internet über *http://dnb.d-nb.de* abrufbar.

Der Verlag Philipp von Zabern ist ein Imprint der wbg.

Die Herausgabe des Werkes wurde durch die Vereinsmitglieder der wbg ermöglicht.

ISBN: 978-3-8053-5319-9

Gedruckt auf säurefreiem und alterungsbeständigem Papier
Printed in Europe

Besuchen Sie uns im Internet: www.wbg-wissenverbindet.de

Inhalt

Foto von R. Virchow. Auf der Rückseite steht: Der Felsentempel von Ramses II. in Abu Simbel, Nubien 1888. Linke Hälfte u. Mitte. Dr. Schliemann sitzt auf dem Fusse von Ramses (Pommersches Landesmuseum Greifswald).

zur Erinnerung an Heinrich Schliemann
zum 200. Geburtstag am 6. Januar 2022

Vorwort

Die originalen Schriften im Schliemann-Archiv sind durch die Entscheidungen seiner Erben lange Zeit nur eingeschränkt zugänglich und damit unbearbeitet geblieben. Umso mehr ist dem Verlag wbg Philipp von Zabern und insbesondere Herrn Kieburg zu danken, dass der Druck dieses Buches jetzt möglich wurde.

Die besondere Schwierigkeit lag darin, dass die Reisetagebücher in verschiedenen Sprachen und nicht immer in klarer Schrift geschrieben wurden. Deshalb möchte ich mich für die teilweise recht mühsamen Übersetzungen aus dem Arabischen bei Ezzazia Souilmi (Istituto Universitario orientale di Napoli) und aus dem Neugriechischen bei Kostantinos Tziampasis (Regionalagentur für die Entwicklung der Peloponnes) ausdrücklich bedanken.

Da die Texte von Schliemann aus der Mitte des 19. Jhs. stammen, enthalten sie beispielsweise andere Schreibungen der Ortsnamen. Zudem konnte man zu seiner Zeit auch noch Orte sehen, die später im Assuan-Staudamm versunken sind oder Tempel, die – um sie vor der Flutung zu retten – an andere Stellen in Ägypten verlegt bzw. nach Leiden, Turin, New York und Madrid verschenkt wurden. Die oft sehr knappen Beschreibungen der Denkmäler sind zuweilen schwierig nachzuvollziehen, da stets der damalige Forschungsstand und der damalige Ausgrabungsstand berücksichtigt werden müssen.

Ein so schwieriges Vorhaben konnte natürlich nicht ohne die bereitwillige Hilfe von Kollegen und Kolleginnen zu Stande kommen. Deshalb möchte ich mich bedanken bei Ingrid Gamer-Wallert und Francesco Tiradritti (für Ägypten), Moshé Fischer (für Palästina, Syrien und Libanon), Adolf Hoffmann (für die Türkei) sowie Ulrich Sinn, Martin Kreeb und Carmelo di Nicuolo (für Athen).

Für freundliche Auskünfte und Hilfe bei der Beschaffung der Virchow-Photographien bedanke ich mich bei den Mitarbeitern der Heinrich-Schliemann-Gesellschaft in Ankershagen, insbesondere bei Sybille Galka und Rainer Hilse, sowie bei Heiko Wartenburg vom Pommerschen Landesmuseum in Greifswald.

Die Überarbeitung des gesamten Textes hat Anemone Zschätzsch in bewährter Weise übernommen.

Umberto Pappalardo

Das Schliemann-Archiv in Athen

von Natalia Vogeikoff-Brogan

Einleitung

Heinrich Schliemann starb am 26. Dezember 1890 in Neapel. Er war nach Halle (Saale) gereist wegen einer Ohrenoperation, die letztendlich auch die Ursache für seinen unerwarteten Tod im Alter von 68 Jahren war. Zu dieser Zeit war er reich und berühmt. Während der Ruhm bei anderen Menschen nach ihrem Tod verblasst, blieb er bei Schliemann nicht nur erhalten, sondern er wurde sogar größer. Seine Ausgrabungen und der Reichtum an Funden legten den Grundstein für die moderne Archäologie und inspirierten Generationen von Archäologen, Altphilologen und Althistorikern. Sein legendäres Leben war Gegenstand einiger Biographien und archäologischer Monografien, mehrerer hundert Artikel; außerdem für mehrere Romane und eine Vielzahl von Dokumentarfilmen.

Abb. 1
Die Gennadius Bibliothek in Athen, Gründer: Joannes Gennadius (1844–1932), Architekten: John Van Pelt und W. Stuart Thompson, Einweihung: 1926.

Der junge Schliemann wollte im Alter von 19 Jahren auswandern, um in Venezuela Arbeit zu finden, strandete aber an den Sandbänken von Texel (in der Nähe von Amsterdam). Er kehrte nicht in seine Heimat zurück, sondern suchte Arbeit als Angestellter in einer niederländischen Handelsfirma. Ohne eine richtige Ausbildung, aber mit einer ungewöhnlichen Sprachbegabung lernte Schliemann schnell Englisch, Französisch, Niederländisch, Spanisch, Italienisch, Portugiesisch und Russisch. Er erwies sich als unverzichtbarer Mitarbeiter und wurde 1846 nach St. Petersburg geschickt. Dort machte er sich bald selbständig und sammelte in den nächsten 20 Jahren durch den Handel mit Holz, Zucker, Indigo, Salpeter und anderen Waren enorme Reichtümer an. Als leidenschaftlicher Reisender unternahm Schliemann während seines ganzen Lebens mehrere lange Reisen bis nach Amerika, China und Japan.

Ohne Scheu vor radikalen Veränderungen begann Schliemann 1869 ein neues Leben in Griechenland. Zusammen mit seiner zweiten Frau Sophia beschäftigte er sich intensiv mit Archäologie und wurde zum Begründer der ägäischen Vor- und Frühgeschichte. 1873 fand er in Troia einen Schatz aus Gold-, Silber- und Bronzestücken, der heute noch als *Schatz des Priamos* bekannt ist. 1876 führte er Ausgrabungen auf der Burg von Mykene in Griechenland durch und entdeckte eine königliche Nekropole aus der Spätbronzezeit. Schliemanns Entdeckungen eröffneten der Archäologie eine ganz neue Welt. Er war der berühmteste Archäologe seiner Zeit. Noch heute ist sein Name besser bekannt als der jedes anderen Archäologen. «*In meinen Gesprächen mit Studenten bei Archäologie-Einführungskursen oder mit Menschen aus allen Lebensbereichen ist Schliemann fast immer der einzige Archäologe, dessen Namen sie kennen*», sagte der Archäologe Curtis Runnels vor einigen Jahren.[1]

Die Schliemann-Papiere in der Gennadius-Bibliothek der American School of Classical Studies at Athens

Heinrich Schliemann hinterließ ein großes Archiv, das alle Aspekte seines Lebens dokumentierte. Die Schliemann-Papiere – einst fast 100 000 Dokumente – umfassen: Reisetagebücher; eingehende Korrespondenz und Hefte mit Abschriften der ausgehenden Korrespondenz; eine kleine Sammlung von Originalbriefen von Schliemann; Manuskripte von Büchern und Artikeln; offizielle Dokumente wie Pässe und Ausgrabungsgenehmigungen; Finanzunterlagen wie Hauptbücher, Quittungen und Banknoten; verschiedene Gegenstände, einschließlich Schliemanns Sprachübungshefte und eine kleine Anzahl von Fotografien.

Nach dem Tod seiner Frau Sophia im Jahr 1932 wurde der Großteil der persönlichen Papiere von Schliemann 1936 von seinen Kindern der Gennadius-Bibliothek als Leihgabe überlassen. Tatsächlich war es die erste Archivsammlung, die in die neugegründete Bibliothek kam.

Die 1926 eingeweihte Gennadius-Bibliothek (Abb. 1) wurde von der American School of Classical Studies in Athen (ASCSA) mit Unterstützung der Carnegie Corporation für die umfangreiche Büchersammlung von John Gennadius, einem Bibliophilen und ehemaligen griechischen Botschafter in Großbritannien, errichtet. Zugang zu den Schliemann-Papieren hatte mit Zustimmung der Kinder Schliemanns von 1930 bis zu ihrem Kauf durch die ASCSA 1962 nur ein Gelehrter, nämlich Ernst Meyer (1888–1968). Er war ein Historiker und hielt sich während des Zweiten Weltkriegs als Offizier der deutschen Armee in Athen auf. Es gelang ihm, einen Teil der Schliemann-Papiere zu Forschungszwecken nach Deutschland zu bringen. Viele dieser wertvollen Dokumente gingen vermutlich am Ende des Ersten Weltkrieges unter bisher nicht geklärten Umständen verloren.

Donald Easton hat geschätzt, dass bis zu neun Reise-/Ausgrabungstagebücher und vierzehn Hefte im Originalarchiv fehlen.[2] Leider gehören einige der vermissten zu den Jahren, in denen Schliemann nach Ägypten gereist ist, wie z. B. Reisetagebuch und Briefband vom Jahr 1888. Enttäuscht von Meyers Entfernung der Dokumente und seinem Bestehen darauf, der einzige Forscher des Schliemann-Archivs zu sein, kaufte die ASCSA 1962 schließlich das ganze Archiv dank der Großzügigkeit des amerikanischen Pharmazeuten und Geschäftsmannes Eli Lilly (1885–1977). Dadurch konnte die ASCSA schließlich allen Forschern eine Zugangsberechtigung ohne Einschränkungen ermöglichen.[3]

Die Erstellung eines Findbuches für die gesamte Sammlung und eine Karteikarten-Katalogisierung der eingehenden Korrespondenz (34 100 Briefe) Mitte der 1980er Jahre erleichterten die weitere Forschung.[4] Tagebücher und eingehende Korrespondenz wurden 1998 auf Mikrofilm archiviert. Anfang der 2000er Jahre wurden die Karteikarten der eingehenden Korrespondenz in eine elektronische Datenbank konvertiert und außerdem 25 000 neue Einträge für die bisher nicht katalogisierte ausgehende Korrespondenz von Schliemann erstellt. In den Jahren 2010–2011 digitalisierte die ASCSA alle erhaltenen Tagebücher von Schliemann und einen Teil seiner Korrespondenz (ca. 14 000 Briefe) und stellte sie ins Internet. Die Digitalisierung seiner Korrespondenz wird bis heute fortgesetzt.

Die Schliemann-Forschung

Das Schliemann-Archiv wird derzeit von einer Vielzahl von Forschern (unabhängige Wissenschaftler, Studenten, Hochschullehrer und Universitätsprofessoren) genutzt, darunter Archäologen, Historiker, Biographen, Journalisten, Filmemacher, Produktionsfirmen und Verleger.

Als Ausgräber von bedeutenden archäologischen Stätten hat Schliemann seit jeher das Interesse der Archäologen geweckt. Ein kritischer Artikel von William M. Calder aus dem Jahr 1972 stellte die Zuverlässigkeit von Schliemanns Berichterstattung als Wissenschaftler in Frage.[5] Mehrere Bücher und Artikel in den 1980er und 1990er Jahren drohten sogar, die Grundlagen der ägäischen Vor- und Frühgeschichte zu erschüttern. *Mythos, Skandal und Geschichte: Die Heinrich-Schliemann-Kontroverse* von William M. Calder und David A. Traill (1986) und *Schliemann von Troja: Schatz und Betrug* von Traill (1995) sind einige der Titel der damaligen wissenschaftlichen Veröffentlichungen. Dieser Trend führte dazu, dass immer mehr Forscher seine Arbeiten in der Gennadius-Bibliothek auf der Suche nach zusätzlichen Hinweisen konsultierten. Die Wiederaufnahme der Ausgrabungen in Troia im Jahr 1988 und das Auftauchen des *Schatzes des Priamos* aus den geheimen Gewölben des Moskauer Puschkin-Museums im Jahr 1990 sorgten für neues Interesse und zogen die Aufmerksamkeit eines breiteren Publikums auf sich.

Während Schliemanns archäologische Glaubwürdigkeit nachließ, stieg seine Popularität. Die Anträge auf wissenschaftliche Forschung im ASCSA-Archiv wurden von Anträgen auf Dreharbeiten abgelöst. 1985 sendete die BBC *In Search of the Trojan War* eine sechsteilige Fernsehdokumentationsserie, die von Michael Wood geschrieben und präsentiert wurde. Weitere Dokumentarfilme[6] wurden in Großbritannien und Deutschland von 2000 bis 2010 sowie eine Fernsehproduktion *Der geheimnisvolle Schatz von Troja* (2007) nach Irving Stones Roman *The Greek Treasure* (1975) produziert.

Die jüngste Digitalisierung und der Online-Zugriff auf Schliemanns Tagebücher und einen Teil seiner Korrespondenz durch die ASCSA haben das wissenschaftliche Interesse an Schliemann wiederbelebt, was die folgende Bemerkung von Michaela Zavadil deutlich macht:

> *… Erst gestern habe ich Ihre Webseite besucht und die Dateien* [sie bezieht sich auf die digitalen Tagebücher und Kopier-Hefte von Schliemann] *gefunden und sogar mit großer Freude. Ihre Qualität ist unglaublich! Die Scans sind sehr hilfreich für alle, die nicht das Glück haben, ständig in der Gennadius-Bibliothek arbeiten zu können.*[7]

Eine internationale Konferenz über Schliemann in Ankershagen im Jahr 2010 bestätigte das Wiederaufleben der Schliemann-Studien.[8] Weniger auf Schliemanns archäologische Karriere fixiert, betrachteten die Konferenzteilnehmer sein Leben im Zusammenhang mit familiären, persönlichen und beruflichen Beziehungen, den religiösen Überzeugungen sowie den wirtschaftlichen Gegebenheiten der zweiten Hälfte des 19. Jhs.

Die Bedeutung des Schliemann-Projekts findet auf vielen Ebenen Resonanz. Der Abschluss der Digitalisierung des gesamten Archivs wird nicht nur die Entwicklung aktueller Forschungstrends in der biographischen und historischen Wissenschaft auf internationaler Ebene erleichtern, sondern diese wichtigen mehrsprachigen Ressourcen auch einem breiteren Publikum in aller Welt zugänglich machen, auch außerhalb der engen Grenzen der archäologischen Forschung. *Seine Arbeiten sind eine noch unerforschte Ressource für die Studien in kolonialer und postkolonialer Wirtschaft mit dem Schwerpunkt in Amerika, Asien und Afrika. Seine Geschäftsbücher und andere Finanzdokumente informieren über die Geschichte des internationalen Finanzwesens im 19. Jahrhundert, der Handelsbanken, des Geldwechsels und des Handels mit Aktien und Anleihen*, so Stefanie Kennell, die den größten Teil von Schliemanns Korrespondenz katalogisiert hat.[9]

Da Schliemann auch ein scharfsinniger Beobachter von Sitten und Gebräuchen war, sind seine Schriften auch wegen ihres ethnografischen Inhaltes wertvoll (z. B. die Beschreibung des täglichen Lebens in Kuba in den Jahren 1865 und 1867).

Die Digitalisierung des gesamten Schliemann-Archivs ermöglicht auch eine sukzessive Transkription und Umwandlung in maschinenlesbare Texte, die für den Anstoß zu innovativen Studien auf der Grundlage von *Text Mining* und *Topic Modeling* erforderlich sind.

Umberto Pappalardos frühere Arbeiten über *Schliemann und Neapel*, *Schliemann auf Mozia*, *Schliemann in Tunis und Karthago* und jetzt über *Schliemann in Ägypten und im Vorderem Orient* sind hervorragende Beispiele für die Reichweite, welche die Digitalisierung der Schliemann-Papiere erzielt hat. Durch sein sorgfältiges Studium der Tagebücher, das durch die vielen Sprachen, darunter auch Neugriechisch und Arabisch, erschwert war, und unter Einbeziehung der biographischen Angaben und der Briefe hat er sehr erfolgreich versucht, die Wissenslücken über Schliemanns Reisen nach Ägypten und den Nahen Osten zu schließen. Da vieles davon bis jetzt fast unbekannt war, verdienen seine diesbezüglichen Bemühungen großes Lob.

Heinrich Schliemann: Ein Leben im Umriss

Die Jahre in Deutschland 1822–1846

Heinrich Schliemann wurde am 6. Januar 1822 in Neubukow bei Rostock als fünftes von neun Kindern des Pastors Ernst Schliemann und seiner Frau Louise geboren. Der Vater wurde 1823 als Pfarrer nach Ankershagen (Abb. 2) berufen, wo Heinrich bis zum Alter von zehn Jahren lebte. Als Weihnachtsgeschenk hatte er 1829 *Die Weltgeschichte für Kinder* von Georg Ludwig Jerrer bekommen, die ihm sein Vater abends vorlas. Eben aus diesen frühen Eindrücken entstand in ihm der Wunsch, die antike Stadt Troia zu suchen.

Die Mutter starb 1831 nach der Geburt des neunten Kindes, so dass Heinrich von der Familie des Bruders seines Vaters, des Pfarrers Friedrich Schliemann, auf-

Abb. 2
Ankershagen, ehemaliges Pfarrhaus, heute Heinrich-Schliemann-Museum.

genommen wurde. Als Schliemanns Vater das Schulgeld für das Neustrelitzer Gymnasium nicht mehr bezahlen konnte, musste Heinrich nach nur drei Monaten in die Realschule wechseln, die er bis zu seinem 14. Lebensjahr besuchte. 1836 begann er eine Lehre als Handelsassistent in Fürstenberg/Havel (Brandenburg) in einem Lebensmittelgeschäft.

1841 zog Schliemann nach Hamburg, wo er nur eine Stelle als Lagerarbeiter fand. Daraufhin beschloss er, nach Venezuela auszuwandern. Er begab sich auf ein Segelschiff, das jedoch in der Nähe der niederländischen Insel Texel Schiffbruch erlitt. Er blieb in Amsterdam und fand Arbeit als Bürodiener in einem Handelshaus. In dieser Zeit begann er Fremdsprachen zu lernen, was ihm extrem leichtfiel und so lernte er in nur einem Jahr Niederländisch, Spanisch, Italienisch und Portugiesisch!

1844 wurde er von der Firma B. H. Schröder & Co. in Hamburg als Buchhalter eingestellt und später zum Chef des Büros für Handelsbeziehungen befördert. Da die Firma gute Verbindungen zum Zarenreich hatte, begann er auch, Russisch zu lernen.

Die Jahre in St. Petersburg 1846–1864

1846 wurde er von seinem Arbeitgeber als Agent nach St. Petersburg (Abb. 3) geschickt. Ein Jahr später eröffnete er dort mit einigen Mitarbeitern eine eigene Firma auf dem Newski-Prospekt und erwarb damit die russische Untertanenschaft (1847). Er wohnte im Palast des Grafen Sievers und machte bald ein Vermögen insbesondere mit Luxusgütern und Lebensmitteln aus den Kolonien, aber auch mit Farbstoffen (Indigo) für Textilien sowie mit Rohstoffen für die Industrie (Abb. 4).

Da sein Bruder Ludwig als Goldsucher in Kalifornien gelebt hatte, hielt sich Schliemann von 1851 bis 1852 in Amerika auf, wo er in Sacramento eine Bank für die Goldgräber gründete, aber auch erfolgreich in amerikanische Eisenbahnprojekte investierte.[10] Bei dieser Gelegenheit beantragte er möglicherweise die amerikanische Staatsbürgerschaft.[11]

Am 12. Oktober 1852 kehrte er nach Europa zurück und heiratete in der Isaak-Kathedrale in St. Petersburg (Abb. 5) nach russisch-orthodoxem Ritus Ekaterina Petrovna Lyschina (1826–1896), die Tochter eines einflussreichen Anwalts und Ehrenbürgers der Stadt. Diese Verbindung trug dazu bei, seine sozialen Beziehungen zu vermehren. Aus der Ehe stammten drei Kinder: Sergej (1855–1941 ?), Natalja (1859–1869) und Nadeschda (1861–1935).

Der Krimkrieg, der im folgenden Jahr (1853–1856) ausbrach, brachte ihm enormen Reichtum. Schliemann versorgte die Truppen des Zaren mit Vorräten und Kriegsmaterial: vor allem Indigo für die blauen Jacken der Soldaten sowie Blei, Schwefel und Salpeter für das Schießpulver. 1855 war das Jahr seines größten wirtschaftlichen Erfolgs und Schliemann wurde an der St. Petersburger Börse mit einem Umsatz von 1 Million Talern als einer der stärksten Händler notiert.[12]

Während seines Lebens erlernte er mehr als zwanzig Sprachen: zuerst Französisch, Englisch, Spanisch

Abb. 3
Porträt von Heinrich Schliemann aus dem Jahr 1860.

Abb. 4
St. Petersburg, Stich von C. Laplante nach einem Bild von T. Taylor, 1879.

Abb. 5
Isaak-Kathedrale in St. Petersburg, unbekannter Künstler, 1850.

(in einem Jahr) und dann aber auch andere wie Arabisch (in nur sechs Wochen) und Hebräisch. Es folgte dann die Vertiefung von Latein und vor allem Altgriechisch, um die Ilias des Homer in der Ursprache lesen zu können. Seine Lernmethode bestand u. a. darin, die jeweiligen Übersetzungen der Bibel zu vergleichen, da er als Sohn eines protestantischen Pfarrers die Heilige Schrift fast auswendig kannte.

Die Wanderjahre 1858–1864

Seine erste große Reise unternahm Heinrich Schliemann – wie er in seiner Selbstbiographie berichtet – im Jahr 1858–1859. Es war eine lange Reise durch Europa, nach Ägypten (erste Reise), in den Nahen Osten, durch Griechenland und Spanien, die nur durch eine eilige Rückkehr nach St. Petersburg unterbrochen wurde wegen eines Gerichtsverfahrens gegen einen seiner wichtigsten Gläubiger:

> *Im Jahre 1858 schien mir mein erworbenes Vermögen gross genug, und ich wünschte mich deshalb gänzlich vom Geschäft zurückzuziehen. Ich reiste zunächst nach Schweden, Dänemark, Deutschland, Italien und Aegypten, wo ich den Nil bis zu den zweiten Katarakten in Nubien hinauffuhr. Hierbei benutzte ich die günstige Gelegenheit, Arabisch zu lernen, und reiste dann durch die Wüste von Kairo nach Jerusalem. Darauf besuchte ich Petra, durchstreifte ganz Syrien und hatte so fortdauernd Gelegenheit, eine praktische Kenntniss des Arabischen zu erwerben; ein eingehendes Studium der Sprache nahm ich erst später in Petersburg vor.*[13]

In diesem Zusammenhang scheint auch eine Anmerkung in seinem Tagebuch vom 27. Dezember 1858 interessant zu sein:

> *Ich schreibe am 27. Dezember aus Messina den folgenden Brief an Bessow: […] In der That kann ich Ihnen nicht beschreiben, wie sehr das Reisen schmeckt, nach derart vielen Unannehmlichkeiten, wie ich sie während der Krise [nach dem Krimkrieg] durchzumachen hatte. Das ganze Leben aber auf Reisen zuzubringen oder es mit Nichtsthun in Rom, Paris oder Athen zu verbringen, ist unmöglich für einen Menschen, der – wie ich – daran gewöhnt ist, vom Morgen bis zum Abend praktischer Arbeit nachzugehen. Es ist auch zu spät, mich der wissenschaftlichen Laufbahn zu widmen, denn ich bin bereits im Kaufmannsberufe zu alt geworden, um hoffen zu können, in den Wissenschaften noch etwas zu erreichen, die ich zwar zu meinem Vergnügen bislang cultivirte, die zu meiner alleinigen Beschäftigung zu machen mir aber mißfallen würde. Außerdem wäre meine Frau niemals in einer anderen Stadt als Petersburg glücklich.*[14]

Die zweite Reise nach Ägypten im Jahr 1864 war Teil einer großen Weltreise, die von April 1864 bis Dezember 1865 dauerte. Schliemann, befreit von finanziellen Sorgen, zog sich aus seiner Firma zurück, um sich hauptsächlich dem Reisen zu widmen. Später liest man in seiner Selbstbiographie:

> *So reiste ich im April 1864 nach Tunis, nahm die Ruinen von Karthago in Augenschein und ging von dort über Aegypten nach Indien. Der Reihe nach besuchte ich die Insel Ceylon, Madras, Kalkutta, Benares, Agra, Lucknow, Delhi, das Himalaya-Gebirge, Singapore, die Insel Java, Saigon in Cochina und verweilte dann zwei Monate in China, wo ich nach Hong-Kong, Canton, Amoy, Foochoo, Shangai, Tin-Sin, Peking und bis zur Chinesischen Mauer kam. Dann begab ich mich nach Jokohama und Jeddo in Japan, und von hier auf einem kleinen englischen Schiffe über den Stillen Ocean nach San-Francisco in Californien …*[15]

Bereits 1867 veröffentlichte er sein erstes Buch *La Chine et le Japon* mit einer Analyse der aktuellen sozialen und wirtschaftlichen Situation beider Länder im 19. Jh., d. h. noch vor deren Verwestlichung.

Paris 1868–1871

1868 zog er sich vollständig aus der direkten Geschäftsführung zurück und beschloss, hauptsächlich von Börsenaktien und Immobilieneinnahmen zu leben. Tatsächlich belasteten ihn in diesem Jahr kommerzielle Enttäuschungen und familiäre Konflikte (seine russische Frau wollte nicht aus St. Petersburg wegziehen) und brachten ihn dazu, sich zeitweise in Paris (Abb. 6) niederzulassen, wo er bereits vier Häuser besaß. Er wollte Vorlesungen an der Sorbonne über Philosophie, Archäologie, Ethnologie und historische Geographie besuchen, Reisen unternehmen und archäologische Stätten besuchen. Diese Gründe werden von ihm in mehreren Briefen an Freunde und an seinen Sohn Sergej erläutert.

Brief aus Paris an Freund Janssen vom 11. Februar 1868:

> *Mein lieber Freund Janssen ... Es kann sein, und es ist sogar wahrscheinlich, dass ich mich mit meiner Frau arrangieren kann, denn ich kann ohne meine Kinder nicht leben ... Ich bin vom Geschäft angewidert ... Ich kann nicht ohne Entsetzen daran denken, auch nur für eine Zeit dieses schöne Paris zu verlassen, aber es scheint keine Alternative zu geben. Ich bin hier total von den Philosophiestudien in Anspruch genommen ...*[16]

Schliemann entschied sich jedoch zumindest diesmal für seine Kinder und kehrte nach Russland zurück.

Brief aus Paris an Schröder vom 11. Februar 1868:

> *Hier in Paris finde ich, dass Fanatismus viel ansteckender ist als Gelbfieber, weil in allen Kursen, die ich verfolge die Sorbonne, am Collège de France und in der kaiserlichen Bibliothek sowie in den Sitzungen und den gelehrten Gesellschaften, denen ich angehöre, wie in den Gesellschaften für Geographie, Ethnographie, amerikanische Archäologie und orientalische Archäologie – überall, wo ich bin umgeben von Männern, die für die Wissenschaften fanatisch sind, was mich auch fanatisch machte. Also ich habe Spass hier, obwohl ich nie ins Theater gehe.*[17]

Brief an seinen Sohn Sergej vom 27. April 1868:

> *Ich fahre heute ins schöne Italien. Obwohl ich schon mehrere Male in Rom und Neapel war, war der Gedanke, sie für ein paar Tage wiederzusehen, etwas Berauschendes für mich. Nie in meinem Leben habe ich eine Reise mit solcher Freude unternommen. Was mich dieses Mal in Italien besonders interessiert sind die Ausgra-*

bungen, die durchgeführt werden, um Antiquitäten ans Licht zu bringen. Ich bin auf die immensen Entdeckungen gespannt, die gerade in Rom und Pompeji gemacht wurden.[18]

In seiner Selbstbiographie liest man für das Jahr 1868:

Als daher der Senat die Appellation meines Gegners [Stepan Solovieff] *abgewiesen und dieser mir im Dezember 1863 die letzte Zahlung geleistet hatte, fing ich sofort an, mein Geschäft zu liquidiren. Bevor ich mich jedoch gänzlich der Archäologie widmete und an die Verwirklichung des Traumes meines Lebens ging, wollte ich noch etwas mehr von der Welt sehen. So reiste ich ... und liess mich endlich im Frühjahr 1866 in Paris nieder, um mich dauernd dem Studium der Archäologie zu widmen ... Endlich war es mir möglich, den Traum meines Lebens zu verwirklichen ... und das Vaterland der Helden, deren Abenteuer meine Kindheit entzückt und getröstet hatten, in erwünschter Muße zu besuchen. So brach ich im April 1868 auf und ging über Rom und Neapel nach Korfu, Kephalonia und Ithaka.*[19]

Abb. 6
Paris, Boulevard Saint-Michel, dort hatte Heinrich Schliemann seine Wohnung mit Bibliothek, Foto wahrscheinlich von Charles Marville, um 1853–1870.

Obwohl er eine der großen Koryphäen der Archäologie des 19. Jhs. werden sollte, zeigen die Tagebücher von 1858 und 1864 nur Neugier und Begeisterung für die Archäologie, aber es tauchen noch keine Kommentare als Fachexperte zu diesem Thema auf.

Auch die Reise von 1868 ist diejenige eines motivierten, neugierigen Menschen, der jedoch immer noch über keine spezifischen Kenntnisse in Kunst und Archäologie verfügt, wie er selbst in einem Brief an Johanna Diestel vom 18. April 1868 zugibt:

> *Ich selbst muss dagegen als gewöhnlicher Tourist reisen u*[nd] *mich einer oberflächlichen Anschauung begnügen, in dem mir die zu wissenschaftlichen Untersuchungen nothwendigen Kenntnisse fehlen.*[20]

Auf der Suche nach den homerischen Helden 1868–1870

1868 suchte Schliemann in Korfu die Spuren der mythischen Bevölkerung der homerischen Phaiaken. Im Juli suchte er vergeblich nach dem Palast von Odysseus auf Ithaka. Im August führte er in der Troas (Kleinasien) intensive Recherchen durch, um die Stadt des Priamos, das legendäre Troia, nachzuweisen. Dabei half ihm der englische Diplomat Frank Calvert, der ihm den Standort Hissarlık vorschlug. Also bat er den Sultan in Konstantinopel um Erlaubnis, um dort ausgraben zu dürfen. Zurück in Paris schrieb er im September sein zweites Buch *Ithaka, der Peloponnes und Troja.*

Die große Veränderung: Athen und die zweite Hochzeit 1869

Abb. 7
Hochzeitsfoto von Sophia und Heinrich Schliemann vom 24. September 1869.

Das Jahr 1869 markierte wieder eine große Veränderung in seinem Leben: Er erhielt endgültig die amerikanische Staatsbürgerschaft, die Scheidung von seiner russischen Frau und den Doktorgrad von der Philosophischen Fakultät der Universität Rostock.[21] Die Trennung von den russischen Kindern war für ihn besonders schmerzhaft, weniger schwer fiel ihm die Trennung von seiner Frau Lyschina, da sie nicht viel von seinem Lebensstil, von seinen Interessen und von seinem Wunsch nach längeren Reisen hielt.

Als Mann schneller Entscheidungen wusste er sich zu helfen, um eine Frau an seiner Seite zu finden, die ihn in jeder Hinsicht unterstützen würde. Deshalb beauftragte er seinen Freund Theokletos Vimpos, den Erzbischof von Athen, ihm Photos von griechischen Heiratskandidatinnen zuzusenden. So ehelichte er nach seiner Rückkehr nach Griechenland am 24. September 1869 die siebzehnjährige Sophia Engastroménou nach griechisch-orthodoxem Ritus (Abb. 7).

Abb. 8
Das Deutsche Archäologische Institut in Athen, Aufnahme von Wilhelm Dörpfeld, vor 1899.

Abb. 9
Athen, Haus von Heinrich Schliemann. Aquarell von Themistocles von Eckenbrecher, 1890, Washington, National Gallery of Art 1977.6.3.

Abb. 10
Athen, Haus von Heinrich Schliemann. Entwurf von Ernst Ziller, 1878.

Abb. 11
Athen, Haus von Heinrich Schliemann, Salon der Hesperiden.

In Athen wohnten sie zunächst in der heutigen Odòs Phidìou, in derselben Straße, in der er das neoklassische Gebäude des Architekten Ernst Ziller für das Deutsche Archäologische Institut (Abb. 8) bauen ließ.[22]

Nachdem er die ganze Welt bereist und immer in Hotels oder kleinen Wohnungen gelebt hatte, und nachdem er von extremer Armut zu großem Reichtum gelangt war, wollte er jetzt endlich, an der Schwelle der fünfziger Jahre, ein großes und prächtiges Haus (Abb. 9) bauen, in dem er sich mit Gegenständen umgeben konnte, die für seine eigenen Lebensideale repräsentativ waren.

Die Pläne für dieses ambitionierte Projekt ließ er von seinem Freund Ernst Ziller entwerfen, der damals in Athen als Architekt sehr geschätzt war (Abb. 10). Das Palais an der Odòs Panepistimiou 12 (damals Musen-Straße) steht heute noch und liegt nicht weit entfernt vom Syntagma-Platz. Es ist eines der schönsten Gebäude von Athen und fungiert heute als Numismatisches Museum.[23]

In einem Brief an Ziller schrieb Schliemann:

> *Da ich zeitlebens in kleinen Häusern wohnte, möchte ich die restlichen Jahre meines Daseins in einem großen Bau verbringen. Ich möchte Weiträumigkeit und nichts mehr. Du kannst jeglichen Stil auswählen, meine einzige Forderung ist eine breite Marmortreppe, die vom Erdgeschoß zum ersten Stock führen soll und als oberen Abschluß eine Terrasse.*[24]

So sah am Ende das Haus für die Besucher aus:

> *Die marmorverkleideten Pfeiler und Wände, die zahlreichen Fresken, Statuen und Inschriften gaben den Räumen ein fast pompejanisches Gepräge. Von den Loggien aus konnte man die ganze Akropolis sehen … Überall verwiesen Bilder und Ornamente auf das dramatische bewegte Leben des Hausherrn: Wandgemälde mit Stadtansichten von Indianapolis und New York, … Putten mit den Gesichtszügen Schliemanns und seiner Kinder, … Das Haus lockte einen Strom ausländischer Besucher an, die von zwei Dienern in Empfang genommen wurden. Konnte sich der Hausherr mit den Gästen nicht in der Muttersprache unterhalten, so begrüßte er sie im klassischen Griechisch, oder richtiger gesagt, in jener Version der «Sprache der Götter», die er sich im Lauf der Jahre erarbeitet hatte.*[25] *(Abb. 11)*

Diese Villa, genannt *Ilíou Mélathron*, wurde am 30. Januar 1881 mit einem prunkvollen Empfang eingeweiht. Sie war bis zum Übermaß mit Anspielungen an die Antike ausgestattet, in der Schliemann jedoch nur noch acht Jahre verbringen konnte, d. h. bis zu seinem Tod in Neapel 1890. In dieser mythischen Aura wuchsen auch die beiden Kinder auf, die nicht zufällig Andromache und Agamemnon getauft wurden. Sogar die Hausdiener hatten homerische Namen, und bei den Mahlzeiten las einer von ihnen Stellen aus Homer vor, als wären sie Hintergrundmusik.[26] Die Villa wurde auch zu einem kulturellen Zentrum der Hauptstadt, da sich dort jeden Donnerstag die vornehme athenische Gesellschaft traf.

Die Jahre in Troia 1870–1873

1870 begann er zusammen mit Frank Calvert die Suche nach Troia auf dem Hügel von Hissarlık auf der asiatischen Seite der Dardanellen, wo nach der Überlieferung der mögliche Standort der Stadt Troia vermutet wurde. Dort grub Schliemann – noch ohne Erlaubnis – zehn Tage. Anschließend reiste er nach Konstantinopel, wo er innerhalb von drei Wochen Türkisch lernte. Im darauffolgenden Jahr kam seine Tochter Andromache (1871–1962) in Athen zur Welt.

Am 12. August 1871 bekam er endlich aus Konstantinopel die Grabungsgenehmigung. So konnte er am 11. Oktober 1871 die Grabungskampagne in Troia auf eigene Kosten beginnen. 1872 fand er Keramik, Haushaltsgegenstände, Waffen und die Überreste von acht übereinanderliegenden Siedlungsschichten. Er identifizierte die zweite Schicht als Troia des Homer. In demselben Jahr entdeckte er auch das erste kostbare Fundstück, die sog. Helios-Metope des hellenistischen Athena-Tempels, die heute in der Antikensammlung in Berlin ausgestellt ist. Ein Abguss dieser Metope (Abb. 12) ist in seinem Athener Wohnhaus eingebaut worden.

Im Januar 1873 begann die erfolgreichste Grabungskampagne, bei der er den sog. Schatz des Priamos fand. Am Ende der Ausgrabung, wohl am 31. Mai, machte Schliemann diese sensationelle Entdeckung: Am Fuße der «zyklopischen Mauer» der zweiten Schicht sah er etwas, das seine Aufmerksamkeit auf sich zog. Nachdem die Arbeiter weggeschickt worden waren, kam in einer Tiefe von 10 m in einem Kupferbehälter ein Schatz von mehr als 8750 Objekten aus Gold, Silber und Kupfer zum Vorschein, den er *Schatz des Priamos* nannte und der ihm zufolge kurz vor der Stadtzerstörung versteckt worden war. Somit hatte er sein Ziel erreicht: Troia war gefunden. Es gelang ihm, den Schatz gesetzwidrig nach Athen zu schmuggeln.[27] Berühmt bleibt das Foto seiner Frau Sophia, die diesen Goldschmuck angelegt hatte.

Abb. 12
Gipsabguß der Helios-Metope aus Troia im Iliou Melanthron.

Noch im Jahre 1883 beschreibt ein amerikanischer Journalist, der wegen eines Interviews bei dem weltberühmten Archäologen zu Besuch war, seine Bibliothek wie folgt:

> *... drei Regale voller Bücher liefen durch den Raum ... auf dem Balken der Kamingemälde wurden archaische Marmore und Vasen seitens einer Uhr mit dem Porträt von Homer angeordnet, auf dem eine Olivenkrone platziert war. Über dem Kamin ein Foto von Frau Schliemann, im griechischen Stil gekleidet, mit einem goldenen Diadem, von denen, die in Troia entdeckt wurden ...*[28]

Im folgenden Jahr 1874 klagte ihn der Oberste Gerichtshof von Konstantinopel beim Athener Tribunal an wegen der illegalen Ausfuhr des *Schatzes des Priamos* von Hissarlık nach Griechenland. Er sah sich in einen unerfreulichen Rechtsstreit verwickelt und hatte große Angst, nicht mehr graben zu dürfen. Aber Schliemann war nicht zu entmutigen und verbrachte das Jahr 1875 in Italien, um mögliche alternative Grabungsplätze zu finden, diesmal auf der Suche nach den *Flüchtlingen aus Troia*.[29] So führte er Probegrabungen v. a. in Alba Longa bei Rom[30] (nach Vergil 1, 271 eine Gründung des Ascanius, Sohn des Aeneas) und auf Mozia durch.[31]

Von seinen Reisen hat er oft Keramikstücke (Scherben und sog. Troia-Becher), Steinwerkzeuge und -mühlen aus Troia mitgebracht und großzügig als Muster für didaktische und wissenschaftliche Zwecke an archäologische Institutionen geschenkt, z. B. in Italien: Neapel, Florenz und Bologna. Er hatte sogar schon an einen möglichen Umzug mit seiner Familie nach Italien gedacht, hätte er dort eine Ausgrabung gefunden, die seinem Ruhm und seinen Fähigkeiten entsprach.[32]

Um noch einmal auf die *Affäre* Priamos-Schatz zurückzukommen: Am Ende wurde er schuldig gesprochen und zu einer hohen Geldstrafe verurteilt. Aber um die Geschichte abzuschließen, zahlte er viel mehr als vom Gericht entschieden (d. h. 50 000 Goldfranken statt 10 000). Auf diese Weise glaubte er sich gegen künftige Anklagen abgesichert, so als hätte er ihn endgültig der türkischen Regierung abgekauft.

Nach vielen erfolglosen Versuchen, den Schatz zu verkaufen, darunter an das Archäologische Nationalmuseum von Neapel, entschloss er sich, den Schatz dem *deutschen Volk* zu schenken. Dank seiner Freundschaft mit Rudolph Virchow gelangte die Sammlung in das *Museum für Völkerkunde* in Berlin (heute *Ethnographisches Museum*), das Virchow selbst 1866 gegründet hatte. Hier blieb er bis zum Ende des Zweiten Weltkriegs. Heute befindet sich der *Schatz des Priamos* als Kriegsbeute im Puschkin-Museum in Moskau.[33]

Die Jahre in Mykene 1874–1876

Zwischen 1874 und 1876 forschte Schliemann in Mykene, dem *goldreichen*, wie es von Homer beschrieben wird,[34] dessen Ruinen noch sichtbar waren. Hier verwendete er die Angaben des griechischen Geographen Pausanias, der um 170 n. Chr. die Stadt besucht hatte. Schliemann hoffte, die von diesem beschriebenen Gräber der homerischen Helden zu finden.

Am 7. August 1876 begannen die Ausgrabungen. Ende November kamen fünf prunkvolle Schachtgräber mit goldenen wertvollen Grabbeigaben ans Licht, die von Schliemann den Atriden zugeschrieben wurden: Agamemnon, Kassandra, Eurymedon und seine Gefährten, die von Klytaimnestra und ihrem Geliebten Aigysthos getötet wurden. Da laut Schliemann die Skelette Spuren einer allzu schnellen Verbrennung zeigten, meinte er, derjenige der die Leichen begraben hatte, habe mit der typischen Eile eines Mörders gehandelt. In den Schachtgräbern fand er Diademe, Schwerter, Werkzeuge, Brustpanzer und ein Stierkopf-Rhyton aus Silber mit goldenen Hörnern, und auch die größte und kunstvollste goldene Totenmaske, die als *Goldmaske des Agamemnon* weltberühmt geworden ist.[35]

Am 28. November 1876 konnte Schliemann dem griechischen König Georg telegraphieren:

> *Grab von Agamemnon und seiner Gefährten gefunden … Ihre Majestät, es ist mir eine große Freude, Ihnen mitzuteilen, dass ich die Gräber entdeckt habe, die nach Pausanias' Bericht zu Agamemnon, Kassandra und ihren Familienmitgliedern gehören, die bei einem Fest von Klytaimnestra und ihrem Liebhaber Aigisthos ermordet wurden. Die Gräber sind von einem doppelten Steinkreis umgeben, der zu Ehren erhabener Persönlichkeiten errichtet worden war. In den Gräbern habe ich fabelhafte Schätze und antike Gegenstände aus massivem Gold entdeckt. Diese Schätze allein reichen aus, um ein großes Museum zu füllen, das zum berühmtesten der Welt wird und unzählige Ausländer aus allen Ländern nach Griechenland anziehen wird. Da ich aus reiner Liebe zur Wissenschaft arbeite, erhebe ich natürlich keinen Anspruch auf diese Schätze und übergebe sie mit Begeisterung in ihrer Gesamtheit an Griechenland. Mögen diese Schätze die Grundlage für unermesslichen nationalen Reichtum sein.*[36]

Bis zum 3. Dezember hatte er über 13 kg an Goldschätzen ans Licht gebracht. All diese Prunkstücke sind heute im Archäologischen Nationalmuseum in Athen zu sehen. Darüber hinaus befanden sich zahlreiche Artefakte aus Bernstein unter den Grabbeigaben. Schliemann bestellte Analysen dieses fossilen Harzes mit dem Ergebnis, dass es aus dem Baltikum stammte. Dies führte zu einem neuen archäologischen Forschungsgebiet, das sich der alten Bernsteinroute zwischen dem Ostseeraum und den Kulturen im Mittelmeerraum widmete.[37]

Abb. 13
Sophia und der dreijährige Agamemnon, 1881.

Abb. 14 ⇩
Tiryns. Aquarell von Carl Rottmann, 1834. Frankfurt am Main, Städel Museum Inv. Nr. 360.

Die Jahre in Orchomenos, Tiryns u. a. 1877–1889

Im November 1877 konnte Schliemann seinen *Schatz des Priamos* in London drei Jahre lang ausstellen und wurde auch deswegen zum Ehrenmitglied der *Society of Antiquaries of London* ernannt. Im März 1878 kam sein Sohn Agamemnon (1878–1954) zur Welt (Abb. 13).

1878/79 führte Schliemann neue Grabungskampagnen in Troia durch, bei denen der berühmte Wiener Arzt und Anthropologe Rudolf Virchow (ab 1879) mitwirkte. 1880/81 grub Schliemann in Orchomenos, dessen Bürger laut Homer auch am Krieg gegen Troia teilnahmen. Dort legte er das Kuppelgrab frei, das sog. *Schatzhaus des Minyas*, eine Tholos des 13. Jhs. v. Chr., die er dem mythischen Gründer der Stadt zuschrieb.[38]

1882 begann die sechste Grabungskampagne in Troia unter Mitarbeit des jungen Architekten Wilhelm Dörpfeld, der vorher in Olympia tätig war und später zum Direktor des Deutschen Archäologischen Institutes in Athen ernannt wurde. 1883 wurde Schliemann Ehrendoktor der University Oxford und Ehrenmitglied des Queen's College.

Ab dem 17. März 1884 führte er – wieder mit Dörpfeld – sehr erfolgreiche Grabungen in Tiryns (Abb. 14) durch, wo die kyklopischen Mauern immer sichtbar gewesen waren, die sich nun als Befestigungsanlage eines mykenischen Königspalastes mit Megaron erwiesen. Nach Troia und Mykene ergänzte die Entdeckung des Palastes in Tiryns die Kenntnisse der Blütezeit und des Untergangs einer tausendjährigen Geschichte, die Schliemann die *mykenische Epoche* nannte.[39]

Nachdem die Ausgrabungen in Tiryns beendet worden waren, begaben sich Schliemann und Dörpfeld 1886 nach Knossos auf Kreta, um ein Grabungsareal zu kaufen, aber man konnte sich dort nicht auf einen Preis einigen.

Da 1886 für ihn ein intensives Arbeitsjahr war – er vervollständigte und korrigierte seine vielen Publikationen (sowohl Bücher als auch Berichte), die er oft auch in anderen Sprachen schrieb (Abb. 15) – schenkte er sich eine Nilkreuzfahrt in Ägypten (dritte Reise), die von November bis März 1887 dauerte. Im Februar 1888 besuchte er noch einmal Ägypten (vierte Reise), um eine ausgedehnte Forschungsreise mit Virchow zu unternehmen.

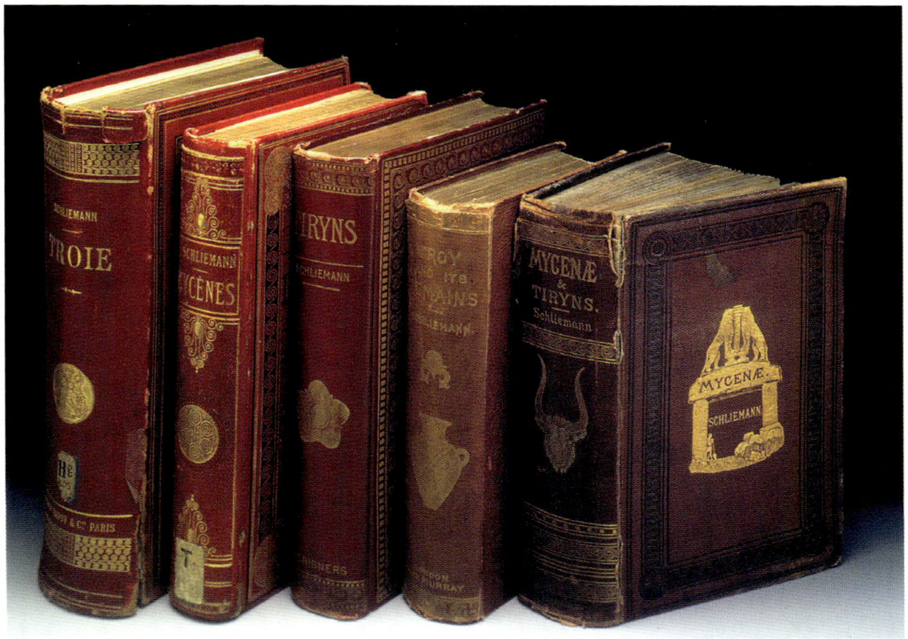

Abb. 15
Einige Originalausgaben der Bücher von Heinrich Schliemann, Ankershagen, Heinrich-Schliemann-Gesellschaft.

Tod in Neapel 1890

Im März nahm er in Hissarlık an der zweiten Internationalen Konferenz über Troia teil, die von ihm selbst, Dörpfeld und Virchow organisiert wurde[40] (Abb. 16). Im April reiste er mit Virchow durch die Troas und bis zum Berg Ida.

Aus seinen Schriften wissen wir, dass eine jahrzehntelang schlecht behandelte Otitis, die Großhirnrinde infiziert hatte. Deswegen musste er sich am 13. November einer Operation am linken Ohr in Halle unterziehen.[41] Auf dem Rückweg über Paris nach Athen machte er in Neapel halt, um das Archäologische Museum zu besuchen und die neuesten Entdeckungen von Pompeii zu sehen.[42] Infolge einer Meningitis ereilte ihn am 26. Dezember 1890 der Tod in Neapel. Er starb ganz allein am Tag des Heiligen Stephan im Alter von 68 Jahren.

Von diesem bitteren Tag bleiben uns die Sterbeurkunde vom 27. Dezember (Abb. 17 a.b) und ein rührendes Zeugnis des späteren Nobelpreisträgers für Literatur Henryk Sienkiewicz, der auch im Neapler *Grand Hotel*[43] wohnte:

Als ich an diesem Abend in der Halle der Hotels an der Piazza Umberto saß [...] trug man [...] einen Sterbenden ins Hotel. Vier Männer trugen jenen, der sein Dasein beendet. Der Kopf hing auf die Brust herab, die Augen waren geschlossen, das Gesicht bleich, die Arme hingen schlaff herab. Dicht an mir vorbei kam dieser traurige Zug. Etwas später kam der Geschäftsführer des Hotels zu mir und sagte: «Wissen Sie, mein Herr, wer dieser

Abb. 16
Konferenz in Troia, Foto von R. Virchow: Auf der Rückseite steht:

1. Miss Calvert. –
2. Professor von Duhn. –
3. Dr. Grempler. –
4. u. 5. französ. Archäologe [C. Babin] u. seine Frau. –
6. Schliemann. –
7. Dr. Dörpfeld. –
8. Mr. Calvert. –
9. Hamdy Bey. –
10. [Charles Waldstein. –
11.] Dr. Humann. Troas April 1890.

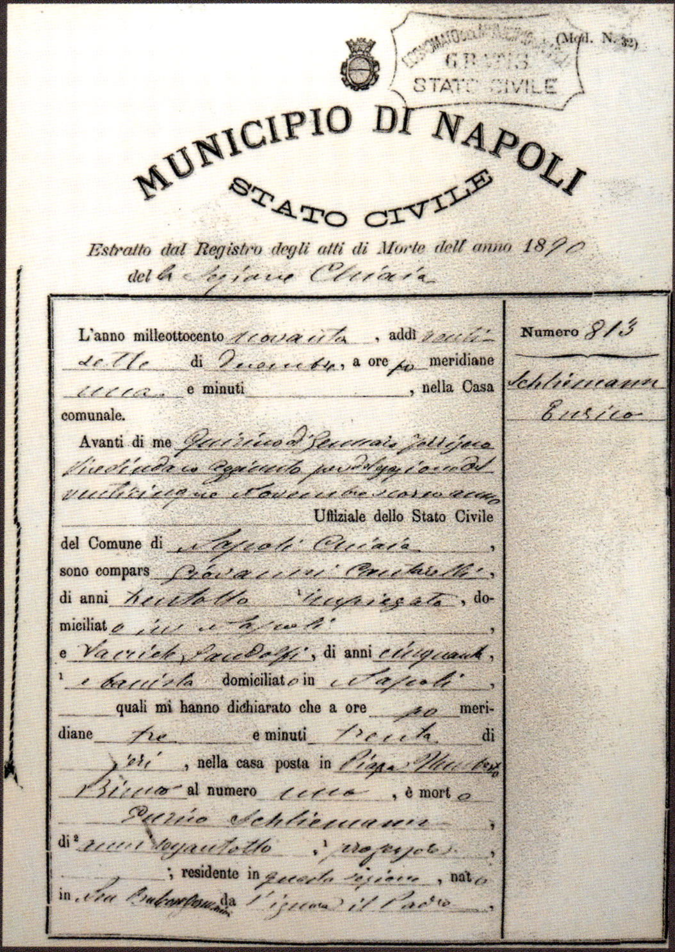

GRATIS
STATO CIVILE
(Mod. N. 32)

MUNICIPIO DI NAPOLI
STATO CIVILE

Estratto dal Registro degli atti di Morte dell' anno 1890
del la Sezione Chiaia

L'anno milleottocento novanta, addì ventisette di Dicembre, a ore pomeridiane una e minuti ______, nella Casa comunale.

Avanti di me [illegible]
Uffiziale dello Stato Civile
del Comune di Napoli Chiaia,
sono compars Giovanni [illegible],
di anni trentotto impiegato, domiciliat o in Napoli,
e [illegible], di anni cinquanta,
[illegible] domiciliat o in Napoli,
quali mi hanno dichiarato che a ore pomeridiane tre e minuti trenta di ieri, nella casa posta in Piazza [illegible] al numero uno, è morto Enrico Schliemann;
di anni sessantotto, [illegible];
residente in questa regione, nato in [illegible] da [illegible] il Padre,

Numero 813
Schliemann Enrico

a

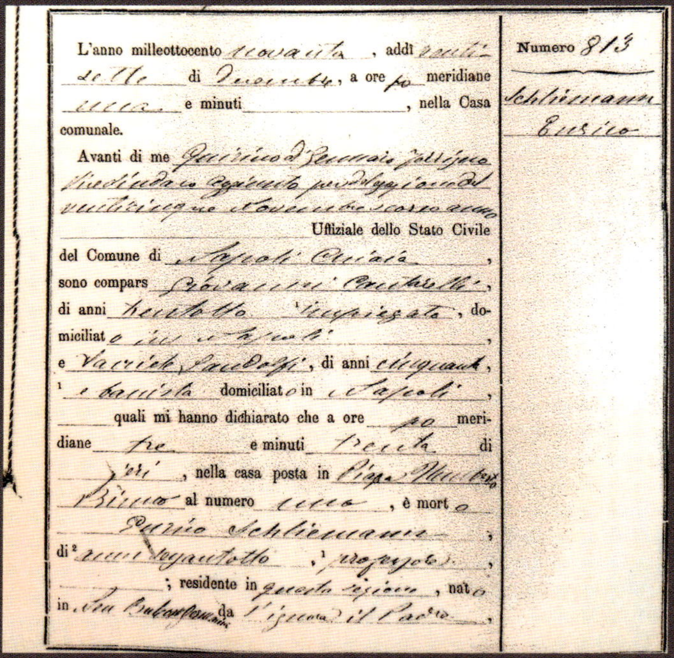

L'anno milleottocento novanta, addì ventisette di Dicembre, a ore pomeridiane una e minuti ______, nella Casa comunale.

Avanti di me [illegible]
Uffiziale dello Stato Civile
del Comune di Napoli Chiaia,
sono compars Giovanni [illegible],
di anni trentotto impiegato, domiciliat o in Napoli,
e [illegible], di anni cinquanta,
[illegible] domiciliat o in Napoli,
quali mi hanno dichiarato che a ore pomeridiane tre e minuti trenta di ieri, nella casa posta in Piazza [illegible] al numero uno, è morto Enrico Schliemann;
di anni sessantotto, [illegible];
residente in questa regione, nato in [illegible] da [illegible] il Padre,

Numero 813
Schliemann Enrico

b

Abb. 17 a.b
Totenschein von Heinrich Schliemann.

Abb. 18
Neapel, Grand Hotel,
Foto von Giorgio Sommer,
1870–1900.

dort war?» – «Nein.» – «Das war der große Schliemann.» – «Der arme große Schliemann!» Troja hat er ausgegraben, Mykene, Orchomenos, Livadia hat er aufgedeckt, die Unsterblichkeit hat er errungen und nun lag er selbst im Sterben … Auch in Kairo haben alle Zeitungen die Nachricht von seinem Tode gebracht.[44]

Der Schweizer Bankier John Meuricoffre, der sein Agent in Neapel war,[45] ging zum Grand Hotel (Abb. 18), um die persönlichen Gegenstände abzuholen. Aus Athen kamen sein Freund Wilhelm Dörpfeld und sein Schwager, um seine Leiche nach Griechenland zu überführen. Das griechische Königspaar nahm an seiner feierlichen Beerdigung in Athen teil. Eine Büste des Dichters Homers, der seine Taten inspiriert hatte, stand an der Spitze des Sarges.

Die Leiche haben sein langjähriger Freund Dörpfeld und der älteste Bruder der Frau nach Athen gebracht. Einer der ersten, welche

Gedächtnissfeier

für

Heinrich Schliemann

im

Festsaale des Berlinischen Rathhauses

Sonntag, den 1. März 1891

12 Uhr.

Marsch aus den „Ruinen von Athen" von Beethoven.
Begrüssung seitens der Stadt Berlin.
Gedächtnissrede des Herrn **Rudolf Virchow.**
Ansprache des Herrn **Wilhelm Reiss.**
Epilog des Herrn **Ernst Curtius.**
Reigen seliger Geister (Orpheus) von Gluck.

Die Musikstücke werden von der Bläserklasse der Königlichen Hochschule für Musik unter Leitung des Herrn Kammermusikus KOSSLECK ausgeführt.

Abb. 19
Programm der Gedächtnisfeier für Heinrich Schliemann am 1. März 1891 in Berlin.

der Witwe sein Beileid ausdrückte, war der Souverän des Reiches, welchem er seine trojanischen Funde schenkte, Kaiser Wilhelm II. Am Nachmittag des 4. Januar kam in dem Saale seines Hauses, wo er so oft zu heiterer Geselligkeit seine Freunde, jung und alt, vereint hatte, die Trauergesellschaft zusammen, um dem grossen Manne die letzte Ehre zu geben. Zu Häupten des Sarges stand die Büste Homer's, welcher ihn zu seinen wissenschaftlichen Thaten begeistert hatte; den Sarg hatten diejenigen geschmückt, die ihm für sein Werk dankbar waren: die Kaiserin Friedrich, die griechische Königsfamilie, die Stadt Berlin, die wissenschaftlichen Institute Athens, und mit ihnen viele andere Freunde und Bekannte. König Georg, der Kronprinz Constantin und die Minister von Griechenland bezeugten durch ihr Erscheinen den Dank ... Der treue ... Dörpfeld konnte ihm als Freund und als Vertreter der deutschen Wissenschaft die Abschiedsworte zurufen: Ruhe aus in Frieden, Du hast genug gethan![46]

Am 1. März 1891 fand eine Gedächtnisfeier (Abb. 19) im Rathaus von Berlin statt, bei der sein Freund Virchow die Haupttrede hielt und der türkische Marsch aus *Die Ruinen von Athen* von Beethoven gespielt wurde.

Schliemanns Grab in Athen

Heinrich Schliemann hatte frühzeitig, teils schon zu Lebzeiten und teils in seinem Testament, über das Schicksal seiner immensen Güter entschieden. Großzügig schenkte er den *Schatz* des *Priamos* dem Deutschen Volke, den *Agamemnon-Schatz* aus Mykene dem Volke der Hellenen, die Häuser in Paris seinen russischen Kindern aus erster Ehe, das *Iliou Melathron* zusammen mit den anderen Besitztümern in Griechenland seiner zweiten Frau Sophia und den griechischen Kindern. Aber auch seine lebenden Verwandten in Deutschland bedachte er mit großzügigen Erbteilen.[47]

Vorausschauend wie er war, kaufte er sich auch bereits vor dem Tode einen schönen Grabbezirk für sich und seine Familie auf dem Zentralfriedhof von Athen, wo heute noch seine Verehrer Blumen hinlegen. Bei der Planung seines Grabdenkmals arbeitete er wieder intensiv mit seinem Freund, dem Architekten Ernst Ziller, zusammen. Man entschied sich für den Typ des *Heroon*, den die alten Griechen für ihre Helden (*Heroen*) entwickelt hatten. Auf einem massiven Postament mit Grabkammer steht ein kleines Tempelchen (Abb. 20). Die Ostseite des Parthenon bildete das Vorbild für die Proportionen seiner dorischen Ordnung.[48] Vor den Frontsäulen befindet sich seine Büste und darunter ein Fries, auf dem seine *Heldentaten* gezeigt werden: die archäologischen Ausgrabungen in Troia, Mykene, Tiryns und Orchomenos (Abb. 21). Im Innern liegt sein Holzsarg, worauf Name, Todesdatum und Alter mit eingelegten goldenen Buchstaben standen. Auf seiner Brust wurden beide Bücher platziert, die wie ein Schicksal schon aus seiner Jugendzeit sein Leben geprägt hatten: die *Ilias* und die *Odyssee* von Homer.

Von dort aus genießt er heute noch mit Frau Sophia,[49] seiner Tochter, seinem Schwiegersohn und den Enkeln, die Aussicht auf Athen, die damals besonders herrlich war.

Nun ruht er, der im Leben nicht ruhen mochte, an dem Platze, den er sich bei Lebzeiten ausgesucht ... Ihn grüssen im Tode die Akropolis mit dem Parthenon, die Säulen des Zeus Olympios, der blaue saronische Golf und jenseits des Meeres die duftigen Bergketten der Argolis, hinter welchen Mykenae und Tiryns liegen.[50]

Schon 1881 schrieb Rudolf Virchow über Schliemann:

Es ist heute eine müssige Frage, ob Schliemann im Beginn seiner Untersuchungen von richtigen oder von unrichtigen Voraussetzungen ausging. Nicht nur der Erfolg hat für ihn entschieden, sondern auch die Methode seiner Untersuchung hat sich bewährt. Es

Abb. 20 Athen, Grabmal der Familie Schliemann, Foto um 1900.

Abb. 21 Athen, Fries des Grabmals der Familie Schliemann. In der Mitte Heinrich und Sophia Schliemann bei ihren Ausgrabungen.

Abb. 22 a.b
Büsten von Heinrich und Sophia Schliemann am Eingang des Nationalmuseums von Athen.

a

b

mag sein, dass seine Voraussetzungen zu kühn, ja willkürlich waren, dass das bezaubernde Gemälde der unsterblichen Dichtung seine Phantasie zu sehr bestrickte, aber dieser Fehler des Gemüths, wenn man ihn so nennen darf, enthielt doch auch das Geheimniss seines Erfolges. Wer würde so grosse, durch lange Jahre fortgesetzte Arbeiten unternommen, so gewaltige Mittel aus eigenem Besitz aufgewendet, durch eine fast endlos scheinende Reihe aufeinandergehäufter Trümmerschichten bis auf den in weiter Tiefe gelegenen Urboden durchgegraben haben, als ein Mann, der von einer sichern, ja schwärmerischen Ueberzeugung durchdrungen war? Noch heute würde die gebrannte Stadt in der Verborgenheit der Erde ruhen, wenn nicht die Phantasie den Spaten geleitet hätte.[51]

Vieles und manchmal zuviel wurde bis heute pro und contra Schliemann geschrieben. Das spricht letzten Endes nur für seine großartige Leistung und seine bahnbrechende Rolle in der Geschichte der Archäologie. Sollte die Beurteilung seiner vielseitigen Persönlichkeit schwerfallen, jedes einzelne Exponat im Mykenischen Saal des Archäologischen Nationalmuseums von Athen zeugt von der Bedeutung dieses Mannes. Und deshalb stehen auch im Eingang des Museums die Büsten von Heinrich und Sophia Schliemann (Abb. 22 a.b).

Einführung in die Tagebücher

Heinrich Schliemann war seit früher Jugend ein leidenschaftlicher Reisender, den nicht einmal seine zuweilen angeschlagene Gesundheit aufhalten konnte. Seine ersten Reisen waren Geschäftsreisen, die er hauptsächlich aus kommerziellen Gründen unternahm. Dann folgten Weltreisen, um *mit eigenen Augen die Welt zu sehen*. Im Laufe der Zeit entwickelten sich die Reisen dann mit dem typischen Eifer des Autodidakten immer mehr zu Studienreisen.

Alle Erlebnisse hielt er in 18 Tagebüchern fest, die er ab 1846 bis zum 27. Juli 1890 führte. Leider fehlen die letzten Lebensmonate. Es ist nicht auszuschließen, dass diese zusammen mit anderen Ordnern von Ernst Meyer nach Deutschland gebracht und während der Bombenanschläge des Zweiten Weltkriegs verstreut oder sogar zerstört wurden.[52]

Die Tagebücher werden jetzt im Schliemann-Archiv (Heinrich Schliemann Papers) der Gennadius-Bibliothek in Athen aufbewahrt. Von der American School of Classical Studies in Athen (ASCSA) sind sie digitalisiert worden und jedem Wissenschaftler online zugänglich (Serie A).[53] Ebenso wie die Briefe (Serie B), die verschiedenen Dokumente (Serie D) und das Testament (Serie E). Die vier hier vorgestellten Reisen stehen in den Tagebüchern A 3, A 5 und A 17. Die angegebenen Seitenzahlen beziehen sich immer auf das Digitalisat der Tagebücher, da die handschriftliche Numerierung mehrmals eine doppelte Zählung enthält.

Zunächst ist der gesamte Originaltext, wie er in den Tagebüchern steht, ins Italienische übersetzt worden. Aber einerseits war der Text nicht durchweg für den Leser interessant, andererseits gab es verdorbene oder unleserliche Stellen, vor allem auf den arabisch geschriebenen Seiten, so dass einige Auslassungen notwendig wurden, die mit dem Symbol [...], unsichere Lesungen mit [?] gekennzeichnet sind. Die Erklärungen der Redaktion sind durch eckige Klammern angegeben.

Sprachen

Ein Problem bilden die zahlreichen Fremdsprachen. Da Schliemann viele lernte und diese auch immer anwenden oder verbessern wollte, schrieb er auch die Tagebücher in verschiedenen Sprachen. Oft verwendete er die Landessprache je nachdem, wo er sich gerade befand, aber das war nicht die Regel.

Das Tagebuch der 1. Reise von 1858/1859 (A 3) ist in Italienisch, Griechisch, Französisch, Arabisch, Englisch und Schwedisch, das der 2. Reise von 1864 (A 5) ist dagegen nur in Italienisch und Arabisch verfasst. Das Tagebuch der 3. Reise von 1886/1887 (A 17) ist ausschließlich in Griechisch geschrieben und das der 4. Reise von 1888 ist leider verschollen. Es kann nur in großen Zügen mit Hilfe von Virchows Briefen und Berichten rekonstruiert werden.

Da Schliemann hier also nicht in seiner Muttersprache schrieb, erklärt sich besonders beim Arabischen der oft einfache Stil. Er schreibt insgesamt kurz und bündig. Manches ist deshalb nicht immer für den Leser verständlich. Er nennt mitunter Orte, die es heute nicht mehr gibt oder einen anderen Namen tragen.

In den auf Griechisch (Abb. 23) geschriebenen Tagebüchern wird häufig das Datum mit zwei durch einen Schrägstrich getrennte Zahlen angegeben, z. B. 4./16. Januar 1859. Die erste Zahl gibt den Tag des gregorianischen, die zweite des iulianischen Kalenders wieder, der damals in verschiedenen Ländern noch gebräuchlich war.

Handschrift

Die Entzifferung seiner Handschrift ist bei den europäischen Sprachen recht gut möglich, da Schliemann meistens ordentlich und gleichmäßig schrieb. Bei den griechischen Buchstaben ist die Lesung etwas schwieriger, das Arabische (Abb. 24. 25) ist aber besonders mühsam zu entziffern, weil er bereits während des Lernens in dieser Sprache das Tagebuch führte. Das bedeutet, dass die ungewohnten Zeichen anfangs noch recht ungelenk sind, die Wortwahl beschränkt ist, Interpunktion selten vorkommt und vielfach Ausdrücke verschiedener Dialekte (tunesisch, ägyptisch, syrisch usw.) verwendet werden. Selbst die Sprachexperten haben große Mühe beim Transkribieren gehabt.

εἰς τὸ μέτωπον τῶν Προπυλαίων ἵσταται ~~το~~ βάθρον τι
258 τὸ ὁποῖον (τὸ ὕψος 27 ποδῶν) ~~[illegible]~~ ἀνέτελλεν ἀνδριάντα
ὡς ~~φαίνεται~~ δηλοῦσιν αἱ ἐπὶ τῆς κορυφῆς αὐτοῦ ὀπαί.
ἀναβαίνων τὸ βουνὸν τῆς ἀκροπόλεως ἔρχεταί τις
εἰς τὸν Παρθενῶνα, ὅπου ἦτο ἡ μεγάλη δόξα τῆς
ἀκροπόλεως. ἡ ἀρχ. τεκτονικὴ εἶναι δωρικὴ καὶ
τὸ πᾶν ἐκτίσθη ὁλοκλήρως ἐκ Πεντελικοῦ λίθου
ἀκόμη ἵστανται 33 κίονες 34 ποδῶν τὸ ὕψος καὶ
5½ τὴν διάμετρον. ἡ ὀροφὴ κατεκρημνίσθη πρὸ πολλοῦ
ἤδη καὶ πιθανῶς διὰ τῆς ἐκπυρσοκροτήσεως τῆς
πυρίτιδος. τὸ πάτωμα εἶναι ἀπὸ μεγάλα κομμάτια
μαρμάρου

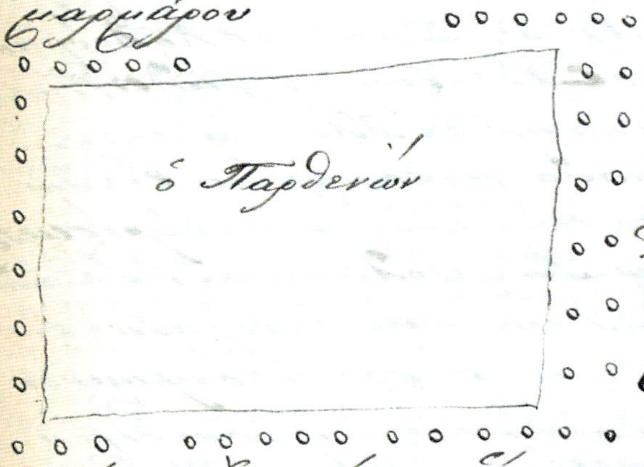

οἱ τοῖχοι εἶναι σκεπασμένοι ὑπὸ ἱερῶν εἰκόνων καὶ βαψ[illegible] διότι ὁ ναὸς μετεστράφη εἰς χριστιανικὴν ἐκκλησίαν. ὡς εἶναι φανερὸν πᾶσα ἡ ἀκρόπολις ἦτο σκεπασμένη ὑπὸ σπιτίων τουρκικῶν καὶ μάλιστα ἕνας μιναρὲθ ἐκόσμησε (ἐστόλισε) τὰ ἐρείπια τῶν προπυλαίων
τώρα δὲ μόνον ἓν σπίτιον τουρκικὸν ἵσταται ἀκόμη
καὶ αὐτὸ χρησιμεύει ὡς μουσεῖον ἢ κατάθεσις
(παρακαταθήκη) τῶν ἀξιοσημειώτων ἀρχαιολόγων σκευῶν
τὰ ὁποῖα ἀνασκάπτονται.

τῇ Παρασκευῇ τῇ 5/17 Ἰουνίου ἐν Ἀθήναις. Ὅλην τὴν παρ-
ελθοῦσαν νύκτα δὲν ἠδυνάμην νὰ κοιμηθῶ. ἠσθανόμην
γαργαλισμόν τινα ἀνὰ πᾶν τὸ σῶμα ὡσὰν ἤμην δαγ-
κασμένος ὑπὸ κορέων καὶ ψύλλων. ἀλλ' ὅτε παρετήρησα
τὴν κλίνην μετὰ τοῦ κηρίου δὲν εὗρον ζωΰφια. Σήμερον
ἀνεγέρθην (ἐξυπνήθην) κατὰ τὰς 4 καὶ ἐξῆλθον κατὰ τὰς
4¾ μεθ' ἑνὸς ὑπηρέτου ὅπως παρατηρήσω τὰ μνημεῖα τῆς
πόλεως καὶ τῶν περιχώρων. Ἐθεώρησα κατ' ἀρχὰς τὰ ἐρεί-
πια τῆς πύλης μετακομισθείσης ὑπὸ τῶν ῥωμαίων εἰς τὴν
παροῦσαν αὐτῆς θέσιν. ἐξ ἑνὸς πλησίον πίνακος ἦσαν
κεχαραγμέναι αἱ τιμαὶ εἰς τὰς ὁποίας οἱ ἔμποροι ἀναγ-
κάζοντο νὰ πωλήσωσι τὰς πραγματείας των. πλησίον
ἵσταται ἕνας τοῖχος μνημείου τινος, ὅστις χρησιμεύει ὡς
τοῖχος τοῦ σταύλου τοῦ ἱππικοῦ. ὡς μοὶ εἶπεν ὁ ὑπηρέτης

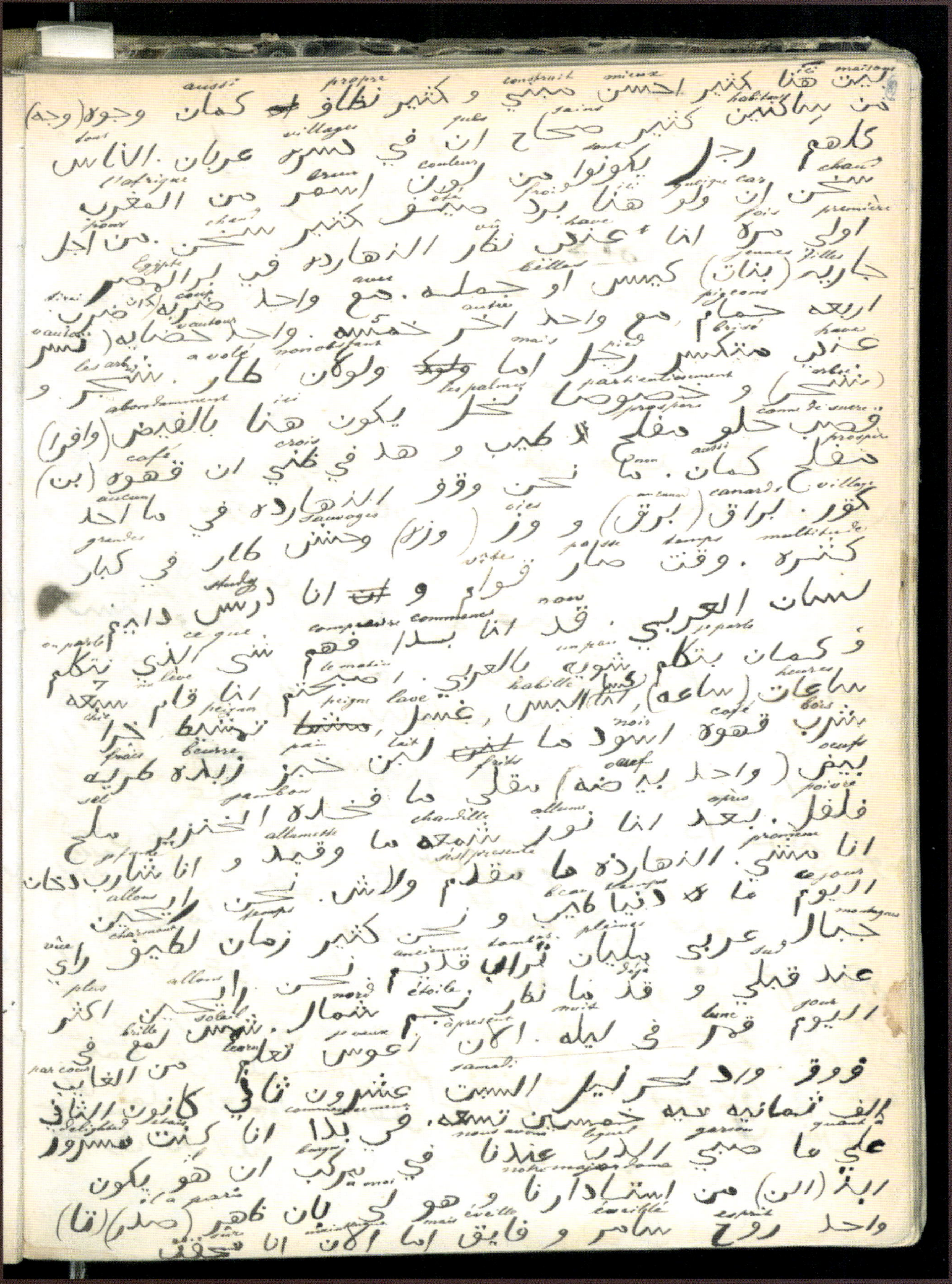

Abb 23 (li.)
Tagebuch A 3, Seite 238 (= PDF 253) in griechischer Schrift, mit einer Skizze des Parthenon und der Datumsangabe Freitag, 5./17. Juni in Athen.

Abb. 24 (re.)
Tagebuch A 3, Seite 89 (= PDF 97) in arabischer Schrift. Dies ist erst die vierte Seite in dieser Schrift, über manchen Wörtern steht ganz klein die französische Übersetzung.

5

٩ ادار عطّلت او قطعت دفترى لانه ما اتفق تغيير او انقلاب فى نوع معيشتى
ولكن برانى تغيّرت اشرب ايضاً على بكرة ستة اقداح ماء من العين اخذ فيها بعد حمام البخار
مدة نصف ساعة اعرق فيها بعد ثلثة ارباع ساعة فى الفرشة وادخل بعد ذلك حمام
يُصبّ فيه ما على كل الجسد فالطبيب يواكد انه يلزم ان يخرج بهذا الصورة المادة الردية كلها
من الجسد وان يُنظّف الدمّ ولكن من حيث لا يظهر شيا على البشرة البرانى الطبيب لا يظنّ انه
يوجد فيى سواً فلاجل الانشراح والكيفية ذهبت البارح الى مدينة مستيربخت حيث
مسكت دليلاً ليدلّنى على الطريق فى المغاير التى توجد فى الجبال حول المدينة فدخلنا السكة
تحت الارض والدليل ضوّى او نوّر بمشاعل من راتينج فعلى جنبى السكة توجد كثرة سكك
والدليل قال انه توجد على الجملة ١٠٠٦٦٦ سكة او مجاز فكل الجوانب مغطّاة من كتابات اسماء
الزايرين من سنة ١٠٣٠ حتى الى هذا الوقت ففى الجوانى او داخلاً الصخرة رخوة ولينة كسرّ
او كطفل ولكن لما تعرّضُ للهوا تصير صلبةً كالصوان فلذلك تليق وتليق كثيراً لبناء البيوت
لاسيما الشغال ينشروها بسهولة فى قطع مربّعة ففى قديم الزمان كانوا يستعملون طحين هذا
الصخرة كزبل او كواسطة ليصلحوا البطايخ ولذلك فرموا الحجر بالفرّاعة او بالفاس وينظر
واضحاً على جوانب السكك القديمة اثار الالات فيوجد فى الجبل جملة من حيوانات
البحر منقلبة حجراً وكذلك اشجار وشجيرات متحجّرة فالدليل ورى لى شجرة متحجّرة
مقطوعة بالصنّاع بنوع ان اصل الشجرة يوجد فى السكة وعلوها فى السقف فيقطر
دايماً ماء من قطعة الشجرة العالى الى الاصل الذى مجوّف من القطر الدايم فهذا الماء صافى
وينشرب فلا واحد يتجسّر ان يدخل هذه السكك بدون دليل لانه ليس ممكناً ان يرجع الى
نور الشمس فلكثيرين ضيّعوا هناك الدرب وماتوا من الجوع وتعفّنوا فكتبت كذلك
اسمى هناك بالعربى وبالمسكوب على بعض الجوانب بحوارة سودا فقرب هذه الجبل
يوجد خراب برج عتيق ويقال انه مبنى من الرومانيين ومن هذا البرج يتقدم منظر
عظيم على البلاد يتلوّى فيها النهر مزل (Maas) فحسيت بنفسى جوعاناً كثيراً
ولذلك استعجلت مع الدليل الى المنزل المسمى: كلب سلاق (Lévrier) واكلت هناك الغدا
فاعجبنى كثيراً بنات صاحب المنزل الثلثة وخصوصاً الاولى او الاكبر فى العمر التى
تدق طيباً بالالة بعد ذلك تاملت الكنيسة القديمة المبنية على اساس هيكل
رومانى ورجعت الى عخن فكنت مبسوطاً كثيراً من زيارتى الى مستريخت
١٠ ادار ركبت البارح على الخيل الى المدينة المحاوطة من معادن الرصاص
(ستولبرج)

Dies erklärt auch, warum dieses wunderbare Material bis heute unveröffentlicht geblieben ist. Schliemann-Experten haben das immer bedauert:

Es fällt auf, dass relativ wenige Veröffentlichungen eine Transkription und/oder Übersetzung der Originaldokumente umfassen. Es wurden verschiedene Briefsammlungen veröffentlicht, aber wir wissen relativ wenig über die insgesamt 18 Tagebücher[54] *oder auch: Für die Schliemann-Forschung, aber auch als Beitrag zur Kenntnis der Reiseberichte aus jenen Regionen* [Naher Osten] *wäre eine vollständige Editierung des Tagebuchs 1858–1859 wünschenswert, was im Rahmen eines breiter angelegten Projektes erfolgen soll.*[55]

Vorliegende Übersetzung

Auf Grund der vielen Fremdsprachen haben sich Verlag und Autor entschlossen, dass alle Texte zum Vorteil des Lesers auf Deutsch erscheinen. So wurden alle arabischen Texte von Ezzazia Souilmi und alle griechischen von Kostantinos Tziampasis zunächst ins Italienische übersetzt. Diese und alle anderssprachigen Texte (italienisch, französisch, englisch) sind anschließend ins Deutsche übertragen worden. Es ist vorgesehen, dass die Reisetagebücher vollständig in den Originalsprachen (außer Arabisch und Neugriechisch) in Fachzeitschriften veröffentlicht werden. Soweit es möglich war, ist der Sprachduktus und der Sprachgebrauch der Zeit sowie der Schreibstil von Schliemann beibehalten worden – auch wenn es dadurch manchmal etwas uneben wirkt. Nicht mehr gebräuchliche Ausdrücke werden in einem Glossar erklärt. Die Ortsnamen sind so geblieben, wie Schliemann sie geschrieben hat.

Wirtschaft, Landschaft, Finanzen

Überraschend ist das breite Spektrum seiner Beschreibungen: die Geschichte, die Völker, die Sitten und Gebräuche, die Schulsysteme und vieles mehr. Er interessiert sich aber auch für die Landschaften, deren Flora und Fauna er beschreibt, für die großen technischen Neuerungen und die Beschaffung von Rohstoffen (wie z. B. Salpeter, Indigo, Baumwolle, Zucker, Gold).

Es wiederholen sich Episoden, die uns an seine sprichwörtliche Sparsamkeit erinnern. Bereits 1846 schreibt er:

Auch diesmal bin ich meiner alten Gewohnheit gefolgt, das Sparen mit glänzendem Auftreten zu verbinden, indem ich mich im ersten Hotel, aber im sechsten Stockwerk einmietete. Dies Hotel ist das größte, das ich je sah, mehr als 500 Zimmer zum Preise von 50 bis zu 2 Francs. Ich bewohnte eines für 2 Francs.[56]

In einem Brief vom 31. 12. 1856 an seine Tante Magdalena nennt er einmal seine drei Leidenschaften:

Geiz, Habsucht und Sprachen.[57]

Auch auf seiner Ägyptenreise verhandelt er oft ärgerlich um geringere Preise, aber dann kauft er sich am Nil ein lebendiges Krokodil, das er gefesselt ins Boot bringen lässt (22. 3. 1859) oder ein teures Gewehr (30. 3. 1859). Einerseits werden die hohen Ausgaben für Essen oder für die Miete des Bootes genau notiert und beklagt, andererseits unterstützt er großzügig seine Verwandten in Deutschland, seine Frau und Kinder in St. Petersburg sowie später die Familie seiner zweiten Frau.

Frauen

Oft lobt er die Schönheit der Frauen, wie in Nubien, im Libanon und in Smyrna. *Ein nacktes Mädchen tauchte auf, das die Kabinen säuberte und sich für alles verfügbar erklärte [...] aber ich hatte Angst vor Krankheiten* (25. 2. 1859). Er spricht sich ausdrücklich für die Gleichberechtigung der Frauen aus (3. 3. 1859). In Ägypten versucht er vergebens, ein 15-jähriges Mädchen, das er am Strand getroffen hatte, mit Geld zu verführen (20. 3. 1859).

Am 31. März bekommt er einen Brief aus St. Petersburg mit der Mitteilung, dass seine Tochter Natalja im Januar zur Welt gekommen war. Man erwartet eine Reaktion, die aber ausbleibt, und man spürt sofort mangelnde Begeisterung für diese Ehe. Auf der ersten Reise verliebt er sich in eine junge kanadische Mitreisende, Miss Ferrier, aber einige Zeit später erkennt er, dass diese Liebe unrealistisch ist, da er bereits verheiratet ist. Im Souk von Damaskus verkauft er aus Wut darüber den goldenen Ehering. Seine kritischen Beziehungen zu seiner Frau Ekaterina Lyschina in St. Petersburg sind wohl bekannt. Er ist zutiefst verzweifelt, weil seine Frau einer Scheidung nicht zustimmen will.

Befinden

Schliemann leidet an Seekrankheit und vielen anderen Beschwerden. Besonders schlecht ergeht es ihm auf der zweiten Reise, die er wegen Krankheit sogar ab-

⇦ Abb. 25
Tagebuch A5, Seite 5 (= PDF 8) in arabischer Schrift. Fünf Jahre später ist die wesentlich bessere Schreibweise deutlich erkennbar.

brechen muss. Erfahrungen, die ihn direkt berühren, werden immer mit starker Übertreibung beschrieben:

> *Die schmutzigsten Hände, die ich je gesehen habe; die Wunde blutete stark; ein beispielloser qualvoller Schmerz; stellen Sie sich vor das bezauberndste Panorama, das es jemals haben konnte; ich habe noch nie einen so majestätischen Berg gesehen; in meinem ganzen Leben war ich noch nie so traurig wie heute; ich bin verzweifelt* usw.

Wissenschaft / Archäologie

Es ist anzunehmen, dass Schliemann die damals schon recht umfangreiche Reiseliteratur gekannt und zur Vorbereitung gelesen hat (Tagebuch 15. und 24.4.1859).

Schon bei den ersten Reisen, als er noch kein Archäologe war, interessierten ihn die antiken Denkmäler, die er sorgfältig beschrieb. Er nahm sich auch die Zeit, Inschriften abzuschreiben, Kartuschen abzumalen und Skizzen von Gebäuden anzufertigen.

Sein allumfassendes Interesse zeigte sich auch beim Kauf verschiedener Objekte, so einige Schädel in Karnak oder ein sehr altes weißes Leinentuch einer Mumie (10.3.1859). Auf den späteren Reisen kaufte und sammelte er gezielt archäologische Artefakte, die er mit genauer Angabe des Fundortes dann großzügig an Museen verschenkte.

Auf der vierten Reise unternimmt er sogar Grabungen. Im Februar 1888 musste er in Alexandrien eine Woche lang auf die Ankunft seines Freundes Virchow warten und was macht er? Er sucht – leider vergebens – nach dem Grab Alexander des Großen sowie demjenigen des Antonius und der Kleopatra. So war Schliemann!

Reisen im 19. Jahrhundert

Es ist nicht auszuschließen, dass Schliemanns Reisen nach Ägypten von der – Ende des 18. Jhs. beginnenden – Ägyptomanie beeinflusst waren, insbesondere von den Berichten der Ägyptischen Expedition unter Napoleon Bonaparte[58] und den zahlreichen Bildbänden bedeutender Maler.[59]

Seine Reiserouten sind nicht improvisiert, sondern immer mit Sorgfalt vorbereitet, um soweit wie möglich, unnötige Abenteuer vermeiden. Schliemann kauft sich gedruckte Reiseberichte und Reiseführer[60], in denen er die damals bekannten und wichtigen Orte findet, d. h. seine Reisen sind nichts Ungewöhnliches, sondern sozusagen Standardreisen.

In einem Brief an Rudolf Virchow vom 6. Februar 1888 berichtet er, welche Bücher er auf die vierte Reise mitgenommen hat:

> *H. Brugsch' Ägypten, Prokesch' Nilfahrt, Plötz' Geschichte, Strabo, Diodorus Siculus, Herodot, Sophokles, Ilias und Odyssee – das sind alle Bücher, die ich mitgenommen habe, da ich aus Erfahrung weiß, daß man in Ägypten wenig Zeit für Literatur hat. Ja, auf dem Dampfboot finden Sie keine Minute zum Lesen – dagegen werden Sie fortwährend Notizen machen und ist daher ein dickes Notizbuch nötig.*[61]

Es wäre interessant, Schliemanns Tagebücher mit denen anderer Reisender derselben Zeit zu vergleichen, die denselben Reiserouten gefolgt sind und dieselben Orte aufgesucht haben.

An den einzelnen Orten nimmt er immer einen Dragoman (Abb. 26), der die Reise organisiert und sich um Verpflegung und Unterkunft kümmert, aber auch, um mit ihm die Landessprache üben zu können. Schliemann schließt sogar einen Vertrag ab über die Landreise von Jerusalem nach Beirut.

Selten reist Schliemann allein. Wie die Reiseführer der damaligen Zeit empfehlen, schließt er sich einzelnen Reisenden oder Reisegesellschaften an, wie z. B. Prof. Wedel aus Wien, Vater und Tochter Ferrier aus Kanada, die Grafen Bassi aus Bologna oder Virchow. Das geschieht vornehmlich aus Sicherheitsgründen, aber auch um Kosten zu sparen. So mieten mehrere Reisende zusammen ein Boot, einen Dragoman oder Begleitschutz.

Alle möglichen Transportmittel werden genutzt, die traditionellen: Pferd oder Esel, ungern das Kamel, Segelschiffe, aber auch die modernen: Dampfschiffe (Abb. 27) und Eisenbahn (Abb. 28).

Die ersten zwei Reisen verlaufen durch das große Osmanische Reich, wenn also Syrien, Libanon, Jordanien oder Palästina genannt werden, sind nicht die Staaten in ihren heutigen Grenzen gemeint. Bei der 3. und 4. Reise ist Ägypten dann Teil des britischen Weltreiches (1882–1922).

Die Briefe

Hier wird eine kleine Auswahl aus der immens großen Anzahl der Briefe wiedergegeben. Es gibt neben den geschäftlichen Briefen auch wissenschaftliche an Freunde und bedeutende Kollegen sowie private an alle Familienmitglieder. Sie sind manchmal präziser

Abb. 26
Dragoman vor einem Tempel, unbekannter Fotograf, um 1880.

Abb. 27 Raddampfer auf dem Nil, unbekannter Fotograf, um 1885.

Abb. 28 Zugeinfahrt in den Bahnhof von Ismailia, Illustration aus: Journal Universel, No 1391, Volume LIV, October 23, 1869.

als die Tagebücher, die ihrerseits spontaner, anregender aber auch weniger strukturiert erscheinen. Von der Korrespondenz bewahrte Schliemann sorgfältig sowohl die Originale seiner Briefpartner als auch die Kopien seiner eigenen Briefe auf.[62]

Die Abbildungen

Bei den Abbildungen wurde weitgehend versucht, zeitgenössische Gemälde oder Fotografien zu verwenden, um den Eindruck einzufangen, den Heinrich Schliemann bei den Besuchen der einzelnen Orte gehabt haben könnte.

Die Maler haben keinen direkten Bezug zu Schliemann. Sie reisten wie viele andere auch nach Italien, Griechenland, den Vorderen Orient und besonders oft nach Ägypten. Ausgewählt wurden deshalb vorwiegend Farbstiche und Aquarelle von Künstlern des 19. Jahrhunderts.

Besonders hervorzuheben ist David Roberts (1796–1864), ein schottischer Maler, der vor allem für seine zahlreichen Veduten von Ägypten und dem Nahen Osten berühmt geworden ist. Sie entstanden 1838 und 1839 in Ägypten, Nubien, im Sinai, im Heiligen Land, in Jordanien und im Libanon. Am 16. Mai 1839 wurde er von Muhammad Ali Pascha in Alexandria empfangen, bevor er nach London zurückkehrte. Dort wurde er 1841 zum Mitglied der Royal Academy ernannt. In einer Zeit der zunehmenden Verbreitung des sog. Orientalismus wollte er seltene Motive für den wachsenden Markt der Sammler ägyptischer Altertümer und der Liebhaber exotischer Denkmäler und Landschaften herstellen. In London wurden seine 250 Originale als Lithographien von Louis Haghe vom Verleger Francis Graham Moon in sechs Bänden herausgegeben: *The Holy Land, Syria, Idumea, Arabia, Egypt, and Nubia* (1842–1849).

Stellvertretend für die zahlreichen anderen Maler des 19. Jahrhunderts seien noch zwei genannt, die ihre Werke auch in Buchform veröffentlichten.

Gaspare Fossati (1809–1883), ein italienischer Maler, wurde 1847 vom Sultan Abdul Mejid I. mit der Restaurierung der Hagia Sophia beauftragt, bei der er mit seinem Bruder Giuseppe zusammenarbeitete. Als Ergebnis seines Wirkens erschien 1852 in London: *Aya Sofia Constantinople, as recently restored by order of H. M. the Sultan Abdul Medjid, from the original drawings by Chevalier Gaspard Fossati; Lithographed by Lovis Haghe* (London 1852).

Louis Dupré (1789–1837), ein französischer Maler, wurde für seine Werke mit orientalistischen und philhellenischen Themen bekannt. Er erlebte Griechenland in den Jahren 1819–1820, unmittelbar vor Beginn des Griechischen Unabhängigkeitskrieges (1821–1829), in dem er mit den griechischen Patrioten sympathisierte. Seine Gemälde wurden bald darauf veröffentlicht: *Voyage à Athènes et à Constantinople* (Paris 1825).

Die neue Technik der ‹Photographie› wurde damals nicht nur von den Reisenden genutzt, sondern es gab auch bald professionelle Fotografen. Aus der 2. Hälfte des 19. Jahrhunderts sind z. B. bekannt: Pascal Sébah (1823–1886), die Brüder Felice Beato (1832–1909) und Antonio Beato (um 1825–1903), Paul Félix Bonfils (1831–1885) sowie Guillaume Berggren (1835–1920) oder Francis Frith (1822–1898).

Bislang ist nicht bekannt, ob Heinrich Schliemann selbst fotografiert hat. Von Rudolf Virchow sind jedoch von der gemeinsamen Ägyptenreise 1888 eigene Aufnahmen erhalten, die sich im Pommerschen Landesmuseum in Greifswald und im Archiv der Berlin Brandenburgischen Akademie der Wissenschaften befinden. Wilfried Bölke bemerkt zu diesen Aufnahmen: «Auf all seinen Reisen hat Rudolf Virchow mit einem Plattenapparat fotografiert [...]. Da Virchow im Umgang mit der Plattenkamera nicht geübt war und ihm der Staub und die Hitze beim Fotografieren große Schwierigkeiten bereiteten, wie er immer wieder in seinen Briefen betont, hat er uns Fotos hinterlassen, deren Qualität zwar oft zu wünschen übrig lassen, die aber von großem dokumentarischem Wert sind.»[63]

Schliemanns erste Reise
KGR. NORWEGEN
Christiania
KGR. SCHWEDEN
Helsingfors
St. Petersburg
Stockholm
NORDSEE
KGR. DÄNEMARK
Kopenhagen
VEREINIGTES KGR. VON GROSSBRITANNIEN UND IRLAND
KGR. NIEDER-LANDE
KAISERREICH RUSSLAND
Stettin
London
Amsterdam
Berlin
ATLANTISCHER OZEAN
Brüssel
KGR. BELGIEN
Frankfurt
Polen
Paris
Prag
Baden-Baden
München
ÖSTERREICH-UNGARN
Wien
KAISERREICH FRANKREICH
Bern
Budapest
Odessa
Mailand
Venedig
Rumänien
Genua
KGR. ITALIEN
Belgrad
Bukarest
Marseille
Florenz
Serbien
SCHWARZES MEER
KGR. PORTUGAL
Madrid
Lissabon
KGR. SPANIEN
Rom
KIRCHEN-STAAT
Neapel
Konstantinopel
Pompeii
OSMANISCHES REICH
PERSIEN
Sevilla
Córdoba
Cádiz
Gibraltar (brit.)
MITTELMEER
Messina
Sizilien
Athen
Smyrna
Chios
Mersin
Alexandretta
Aleppo
Tanger
Ceuta (span.)
Melilla (span.)
Algier
Tunis
Syrakus
GRIECHEN-LAND
Syros
Laodikeia
Rhodos
Zypern
Baalbek
Fes
Malta (brit.)
Kreta
Beirut
Damaskus
MAROKKO
Algerien (zu Frankreich)
Tunesien (osman. Vasall)
Tripolis
Jaffa
Jerusalem
N
Tripolitanien (osman. Provinz)
Cyrenaika
Alexandria
Petra
W
O
Kairo
Ägypten (tribut. Vizekgr.)
ARABIEN
S
ROTES MEER
0
300
600
900
Kilometer
Wadi Halfa

a

ASYŪT
Wady Giul
Gebel el-Sikr
Qâu el Kebîr
Gebel Shêkh Herîdi
Tahta
Gebel el Mandura
Guhêna
Gebel el Taif
Ekhmîm
Wady Gasseb
Gebel Nejila
Gebel Sawan
Gebel Zeḡbeib
Menshîyeh
Shêkh Mûsa
Gebel et-Ṭûkh
Girga
Gebel et Ṭârif
Abû el Asfa
Gebel Dukhan
Qina (Keneh)
Gebel Serai
Qûft
Gebel Agûz
Gebel Timet
Wady Jerawa
Ras el-Yabisa

b

Die erste Reise (1858/1859)

Im Jahre 1858 schien mir mein erworbenes Vermögen gross genug, und ich wünschte mich deshalb gänzlich vom Geschäft zurückzuziehen. Ich reiste zunächst nach Schweden, Dänemark, Deutschland, Italien und Aegypten, wo ich den Nil bis zu den zweiten Katarakten in Nubien hinauffuhr. Hierbei benutzte ich die günstige Gelegenheit, Arabisch zu lernen, und reiste dann durch die Wüste von Kairo nach Jerusalem. Darauf besuchte ich Petra, durchstreifte ganz Syrien und hatte so fortdauernd Gelegenheit, eine praktische Kenntniss des Arabischen zu erwerben; ein eingehendes Studium der Sprache nahm ich erst später in Petersburg vor. Nach der Rückkehr aus Syrien besuchte ich im Sommer 1859 Smyrna, die Cykladen und Athen und war eben im Begriff, nach der Insel Ithaka aufzubrechen, als ich vom Fieber befallen wurde. Zugleich kam mir auch die Nachricht aus Petersburg zu, dass der Kaufmann Stepan Solovieff, der fallirt hatte und nach einer zwischen uns getroffenen Vereinbarung die bedeutenden Summen, die er mir schuldete, innerhalb vier Jahren und zwar in jährlichen Raten zurückzahlen sollte, nicht nur den ersten Termin nicht innegehalten, sondern überdies bei dem Handelsgerichte einen Process gegen mich angestrengt hatte. Unverzüglich kehrte ich nach Petersburg zurück …[64]

Die Reise

Die Eintragungen in das Tagebuch A 3, das insgesamt 263 beschriebene Seiten enthält, beginnen in Rom am 23. November 1858 und enden am 24. Juli 1859.[65] 75 Seiten sind in italienischer, 80 Seiten in arabischer, weitere 53 Seiten in neugriechischer Sprache verfasst. Der Rest ist auf französisch, englisch und sogar schwedisch geschrieben.

Die Hinreise

Von St. Petersburg reist Schliemann zunächst nach Stockholm, Kopenhagen, Berlin, Frankfurt und Baden-Baden. Weitere Stationen in Italien sind: Rom, Neapel,[66] Pompeii und der Vesuv, Syrakus und Messina. Mit einem Schiff setzt er nach Malta und dann nach Ägypten über. Das Schiff landet am 4. Januar 1859 in Alexandria (Abb. 29).

Schliemann nutzt möglichst die bereits vorhandenen modernen Transportmittel, wie z. B. für die Weiterreise nach Kairo die Bahn. Der Zug muss über einen Delta-Arm auf eine Dampffähre geladen werden. Um zum Hotel zu gelangen, mietet er dann allerdings einen Esel, um vom Bahnhof zur Stadt zu reiten.

Die ersten Besichtigungen finden in Alexandria sowie in Kairo und Umgebung statt. Er besucht die antike Nekropole von Memphis, die Pyramiden von Sakkara, die drei Pyramiden von Gizeh, wo er die 137 m hohe Pyramide des Cheops besteigt, und schließlich die alte Stadt Heliopolis.

Reise in Ägypten

Zusammen mit Professor Wedel aus Wien plant er eine Reise auf dem Nil bis zum zweiten Katarakt. Diese Reise wird zweieinhalb Monate dauern und führt ihn vorbei an Beni Suef und Minya zunächst bis Abu Simbel. Dort bietet sich die Gelegenheit, mit anderen Reisenden ein Boot zu mieten, um über Debod, Wadi Tafa, Ad Dakka bis Wadi Halfa zu segeln und wieder zurück nach Philae, eine Reise, auf der sie Orte sahen, die heute durch den Assuan-Staudamm geflutet sind. Nach einem weiteren Aufenthalt in Phi-

⇦ Abb. 29
a) Karte der ersten Reise.
b) Karte Ägypten von Asyut bis Luxor.

lae und Assuan beginnt die Rückreise nach Kairo, diesmal mit einem Halt in Kom Ombo, Edfu, Karnak, Dendera, Abydos, Beni Suef.

Am 1. April setzt Schliemann seine Reise fort. Mit einer kleineren Gruppe reist er von Kairo ab, diesmal mit einer Karawane. Sie reisen neun Tage durch die Wüste, bis sie den Grenzkontrollpunkt El Arish erreichen. Dort bekommen sie endlich wieder *gutes Wasser und frische Milch.*

Reise durch den Vorderen Orient über Athen nach Konstantinopel

Die Reisegesellschaft, darunter die Grafen Bassi aus Bologna, erreicht über Askalon, Aschdod und Jaffa nach 19 Tagen kurz vor Ostern (24./25. April) Jerusalem.

Schliemann sucht dort die Orte auf, an denen Jesus gewirkt und gelitten hat, u. a. den Garten Gethsemane, den Ölberg und die *Via Crucis*, aber auch die Plätze, die ihm aus dem Alten Testament bekannt sind wie die Königsgräber. Am Karfreitag sieht er die Juden vor der Klagemauer die Zerstörung des Tempels Salomos beweinen. Aufmerksam besichtigt er nicht nur die christlichen Kirchen, sondern auch die Moscheen.

In Jerusalem schließt er sich mit drei Engländern zusammen, um über Hebron, durch das Tal Araba (*Wadi Araba*) – mit einem Abstecher auf den Berg Aaron (über 1300 m), der als Begräbnisstätte des Aaron gilt – nach Petra zu reisen, der Hauptstadt der Nabatäer.

Auf der Weiterreise kommt er an das Tote Meer, dann führt der Weg über Masada und Mar Saba zurück nach Jerusalem. Dort plant er seine Weiterreise über Libanon und Syrien und schließt dafür einen Reisevertrag ab.

Der Weg führt ihn dann über Nazareth, Kana und Tiberias am See von Galiläa nach Tyros, Sidon und schließlich Beirut. Von dort aus besucht er Baalbek, das alte Heliopolis, und Damaskus.

Von Beirut fährt er mit dem Schiff zunächst nach Latakia und dann nach Alexandretta. Ein anderes Schiff bringt ihn an der Südküste der Türkei entlang, an Rhodos, Syros, Chios, Smyrna [Izmir] vorbei nach Athen. Dies ist sein erster Aufenthalt in der Stadt, in der er später einmal leben wird. Dann von Athen durch die Dardanellen – vorbei auch an der Troas, ohne an eine Ausgrabung zu denken – nach Konstantinopel.

Die Heimreise

Von Konstantinopel geht es weiter über das Schwarze Meer, ab Sulina die Donau hinauf bis nach Belgrad. Die übrige Reise setzt er zu Land fort, und das Tagebuch endet am Morgen des 24. Juli 1859 in einem kleinen Bahnhof, wo er auf den ersten Zug nach Wien wartet. Dann kehrt Schliemann über Prag wieder nach St. Petersburg zurück.

Obwohl diese Reise bereits acht Monate gedauert hatte, muss sie Schliemann früher als beabsichtigt wegen finanzieller Probleme beenden, die ihm sein Schuldner Solovieff bereitet hat.

Neue Eindrücke und Erlebnisse haben ihn geprägt: Ägypten mit seinen 3000 Jahre alten Denkmälern, der Nil mit seinen exotischen Landschaften, Petra mit den monumentalen Gräbern, Baalbek mit den gigantischen Tempeln, Athen mit der griechischen Architektur, Konstantinopel mit den wunderbaren goldenen Mosaiken der Agia Sophia.

Bereichert hat ihn auch das Kennenlernen zahlreicher Menschen, die er unterwegs getroffen hat, mit denen er gereist ist oder die er besucht hat. Mit einigen von ihnen blieb er durch Briefe und Besuche noch lange Zeit treu verbunden.

Das Tagebuch der ersten Reise

Alexandria in Ägypten, 4. Januar 1859

Abb. 30 ⇨
Alexandria, Pompeius-Säule, David Roberts, 1839.

[*griechisch* 78] Der Reisebegleiter ist der angesehene James Ferrier aus Montreal. [*italienisch*] Ich bin gestern morgen um 10 Uhr hier angekommen. [...] Ich wurde mit meinem Gepäck in einem Boot an Land gebracht zusammen mit einem Amerikaner aus Boston namens Edward L. Clark. [...] Sofort wurden wir von arabischen Gepäckträgern umgeben, die unsere Koffer zum Zoll und zum Gasthaus bringen wollten. [...] Schließlich gelangten wir zum Zoll, wo sie mittels eines Trinkgeldes nur das Gepäck öffneten, aber nicht untersuchten. Wir mieteten zwei Maulesel

Pompey's Pillar, Alexandria.
David Roberts R.A.

zu je ½ F[ranken] und unser Gepäck wurde zum gleichen Preis von einem Gepäckträger auf den Schultern getragen. [...]

[79] Wir nahmen unseren Aufenthalt im Hotel Europa. [...] Von unserem Zimmer erfreute uns der allerschönste Blick auf die Piazza Grande, die ein wenig kleiner ist als der Isaaksplatz bei uns zu Hause [St. Petersburg]. Wir gingen durch den Lärm und Tumult der von Arabern überfüllten Straßen. Ihre Sitten und Manieren erscheinen einem Fremden sehr seltsam. Die untere Schicht geht fast nackt und ist nur mit einer Art langem Hemd und einer kurzen Hose bekleidet. Die Frauen haben ihre Gesichter ausnahmslos mit großen Tüchern bedeckt, die von einer kleinen Kupferbrosche gehalten werden, so dass nur die Augen nach draußen schauen.

Die Häuser sind meistens zweistöckig und so gebaut, dass das zweite Geschoss einige Fuß über dem ersten hervorragt, um die brennenden Sonnenstrahlen zu mildern. An anderen Häusern hängen Stoffbahnen über dem ersten Stock, um Schutz vor der Sonne zu bieten. Von früh am Morgen bis zum Abend sind alle Türen und Fenster im ersten Stock der Häuser geöffnet, und Handwerker und Kaufleute sitzen drinnen bei der Arbeit. Letztere rauchen sehr lange Pfeifen, deren Schlauch durch eine Wasserflasche führt. Die Frauen der unteren Schicht arbeiten viel mehr als die Männer. Besonders sieht man, dass sie alle äußerst

Abb. 31
Alexandria, Obelisk der Kleopatra, David Roberts, 1839.

Abb. 32
Eisenbahnstrecke zwischen Alexandria und Kairo, Zeichnung von Girardet, nach Skizze von Camproger, aus: L'Illustration, Journal Universel, No. 901, Volume 35, June 2, 1860.

schmutzigen Arbeiten erledigen wie zum Beispiel das Trocknen des Kamelmistes, den sie sammeln und mit den Händen pressen (zusammendrücken) und in der Sonne ausbreiten. Bereits um 5 ½ Uhr am Abend sind alle Geschäfte geschlossen, um 6 sind alle Straßen leer und nach 6 ist es schon höchst gefährlich, ohne Begleitung eines Polizisten mit einer Laterne auf die Straßen zu gehen.

Heute sahen wir die Nadeln [Obelisken] der Kleopatra, die Katakomben, die Pompeius-Säule und die Ruinen einer griechischen Felskirche, die vor 10 Monaten entdeckt wurde.

Auch nahm ich von der Bank von Ägypten einen Kreditbrief in Anspruch für die Bank von Kairo infolge eines Wechsels über 100 £, der gestern am Ersten durch [die Handelsbank] G. Henry Schröder in London [80] fällig wurde.

Auch ließ ich vom russischen Konsul das Visum in meinen Pass eintragen. Wir ritten auf Maultieren zu den Katakomben. [...] Die Katakomben liegen am Strand des Meeres, das bereits viele zerstört hat und im Inneren gibt es weniger zu sehen als bei denen in Italien. [...] Wir gingen zu Fuß zur Pompeius-Säule (Abb. 30), die aus einem einzigen Block aus rotem Granit besteht, der 8 Fuß [ca. 2,4 m] dick und 73 Fuß [ca. 22 m] hoch ist. Die Basis scheint sehr viel später als die Säule zu sein.

Diese Säule wurde sehr oft von Neugierigen bestiegen, die auf der Spitze Spuren fanden, dass sie mit einer Statue geschmückt war. Man sagt, dass diese Säule mit 299 weiteren zu einer Stoa oder einer Bibliothek gehört hat. Von den Obelisken oder den Nadeln der Kleopatra (Abb. 31), die von einem Vizekönig an England und Frankreich verschenkt worden, ist nur einer aufgerichtet worden.[67] Er ist 70 Fuß hoch und hat einen Durchmesser von 7 $^{7}/_{12}$ Fuß an der Basis. Den anderen wollte die Briten auf ein Schiff verladen, konnten es aber nicht wegen des immensen Gewichtes des Obelisken und haben ihn liegengelassen. Er ist heute so tief gesunken, dass er gänzlich unter der Erde liegt, und man sieht ihn nur ein wenig an einer Stelle, an der man die Erde entfernt hat. [...]

Kairo, Mittwoch 24. Dezember 1858 / 5. Januar 1859

Ich verließ Alexandria heute Morgen um 9 Uhr und kam hier um 5 Uhr nachmittags an. [...] Obwohl der Weg monoton war, war er sehr interessant für mich, weil es das erste Mal war, dass ich ihn fuhr. Die Eisenbahn (Abb. 32) überquert ein sehr ebenes Gelände und konnte daher kostengünstig gebaut werden. Da der Boden sehr weich ist [81], mussten sie das Fundament, auf denen die Schienen ruhen, mit kleinen Eisenstrukturen festigen. Es waren zwei Gleise vorgesehen, aber bisher wurde nur eins erstellt. Es scheint, dass der Eisenbahnbetrieb mit großer Sorgfalt abläuft und keine Unregelmäßigkeiten entstehen. Wie man sich denken kann, sind die Stationen schlecht. Die Züge fahren langsam aus Angst, die Strukturen zu beschädigen, die noch nicht ausreichend konsolidiert sind. Man überquert zwei Nilarme, die das Delta bilden: das erste Mal auf einer Dampffähre, das zweite Mal über eine Brücke.[68]

Die Dörfer, auf die man trifft, bestehen aus Hütten und elenden Behausungen aus Erde. [...] Viele der Flachdächer bestehen aus getrocknetem Kameldung. [...] Dort herrscht ein schrecklicher Dreck. [...] Die Straße schlängelt sich fast immer entlang des

Abb. 33
Kairo, im Hintergrund die Pyramiden von Gizeh, Charles de Tournemine, 1863.

großen Kanals von Mohmoodie [Mahmudiye], der 80 ½ Werst[69] lang und 90 Fuß breit ist und immer voll Boote und Schiffe aller Art ist. Wenn man sich die riesigen Ebenen auf beiden Seiten der Straße anschaut, würde man sagen, dass man sich auf den Wiesen Hollands befindet. Aber die Palmenhaine, die Kleidung der Passanten und die Felder mit Baumwolle, Reis und Zuckerrohr erinnern uns, dass man im Orient ist. Hier gibt es kein Holz und daher wird Kameldung als Brennmaterial verwendet.

Endlich heute Abend nach der letzten Station vor Kairo sah ich die beiden großen Pyramiden und die große Stadt Kairo (Abb. 33) mit 250.000 Einwohnern.[70] Als ich die Stadt auf einem Maultier erreichte, stellte ich mir vor, wie mein lieber Sohn in derselben Minute den Raum betritt, in dem ein Baum mit Gebäck und Süßigkeiten leuchtet, denn heute ist Heiligabend. Ich übernachte im Orient-Hotel, wo alles sehr teuer und auch schmutzig ist.

Samstag 27. [Dezember] / 8. Januar in Kairo

[*griechisch* 82] Vorgestern war ich mit zwei Briten und zwei Eseln unterwegs, um die Genehmigungen des Mosé Pascha für den Besuch der Mehmet Ali Moschee [Muhammad-Ali-Moschee] zu erhalten. Diese hat einen Alabasterhof. Die Architekturelemente besitzen ausgezeichnete Dekorationen mit schönen Blumen, weil Mohammed Darstellungen von Menschen verboten hat. Beim Eintreten mussten wir unsere Schuhe ausziehen und Stoffpantoffeln anziehen. Links vom Eingang befinden sich die Grundsteinblöcke mit den Buchstaben M[ehmet] A[li]. [...]

[*italienisch*] Es gibt auch den Josephsbrunnen, der von den alten Ägyptern in den Felsen 250 Fuß tief gehauen wurde. Er war voller Sand [...], aber der Sultan Jussuf Saladin ließ ihn wieder ausgraben und reinigen. Ein Pferd dreht ein großes Brunnenrad, das wiederum viel Wasser hochpumpt.[71]

Es gibt auch eine Zitadelle, in der die Mauer gezeigt wird, von der der ehrwürdige Mameluck Emin Bey am 1. März 1811 mit seinem Pferd sprang, um dem tödlichen Schicksal zu entgehen wie dem seiner 439 Gefährten, die in den Hof der Zitadelle eingeladen und dann auf Befehl des Vizekönigs massakriert wurden. Emin Bey starb erst letztes Jahr, nachdem er im Krimkrieg in der türkischen Armee gedient hatte. Von der Zitadelle ist der Blick auf die riesige

Stadt Kairo großartig und ähnelt in gewisser Weise dem Panorama, das Moskau vom Kremel aus bietet. Als wir von der Zitadelle zurückkehrten, kamen wir an mehreren Basaren (Abb. 34) vorbei, die immens groß aber in viele enge Gassen unterteilt sind. Jede Gasse ist für einen bestimmten Wirtschaftszweig bestimmt.

[*französisch*] Gestern Morgen fuhren drei Engländer und ich mit einer Kutsche durch das alte Kairo zum Nilufer, wo Maultiere auf uns warteten, mit denen wir den Fluss überquerten [83] und das andere Ufer erreichten (Abb. 35). Von dort gingen wir in Richtung der Pyramiden von Sakkara [Saqqara]. Der Weg dorthin war etwas schwierig aufgrund der jüngsten Überflutung des Flusses. [...] Nach 3 Stunden hielten wir in der antiken Stadt von Memphis, die nur noch einige Trümmerhaufen zeigt. Aber man ist gerade im Begriff, in einem kleinen Palmenhain eine Kolossalstatue des Ramses auszugraben, die einst einen Tempel schmückte (Abb. 36). [...]

Wir kamen gegen 2 Uhr bei den Sakkara-Pyramiden (Abb. 37) an, von denen eine ziemlich gut erhalten ist. Sie besteht aus 7 riesigen Stufen, von denen jede etwa 50 Fuß hoch ist. Die letzten sind so steil, dass es unmöglich ist, darauf zu klettern. Bei den anderen Pyramiden sind die Steine verrutscht und sie zerfallen zu Ruinen. Von diesen Sakkara-Pyramiden bis jenen in Gizeh [Giza] streckte sich die immense Nekropole von Memphis und man sieht überall die Schuttberge der Archäologen.

Man kann überall tiefe Brunnen sehen, die zu unterirdischen Galerien führen.

Wir betraten ein Grabgewölbe, in dem wir bei Kerzenlicht, mit dem wir uns versorgt hatten, eine große Anzahl von Hieroglyphen sahen. Die Särge waren bereits entfernt worden. Wir betraten dann das berühmte Serapeum, das aus unterirdischen Gängen besteht, die 16 Fuß breit und 16 Fuß hoch sind. Es gibt große Nischen, die 4 Fuß tiefer als der Fußboden des Durchgangs sind, und in diesen Nischen befinden sich immense Sarkophage mit einer Breite von 12 ⅓ Fuß mal 7 ½ Höhe oder etwa 11 Fuß mit dem Deckel, der 3 Fuß hoch ist. Diese Sarkophage dienten als Grabstätte für die Apis-Stiere, die der Gottheit des Mondes gewidmet waren und [84] nur 25 Jahre leben durften.

Wir setzten unseren Weg am Rande der großen Wüste fort, in der alle Pyramiden bis zu jenen von Gizeh errichtet wurden. Dort verbrachten wir die

Abb. 34
Kairo, Basar der
der Seidenhändler,
David Roberts, 1839.

Abb. 35 ⇧
Auf dem Nil zu den Pyramiden von Dahschur und Sakkara, David Roberts, 1839.

Abb. 36
Memphis, Kolossalstatue des Ramses, Foto von Gabriel Lekegian, ca. 1890.

Abb. 37
Djoser-Pyramide in Sakkara, Christian Wilhelm Allers, 1898.

⇩ Abb. 38
Die Pyramiden in Gizeh, David Roberts, 1839.

Nacht in einem alten, in den Felsen gehauenen Grab. Meine 3 Mitreisenden schliefen in der ersten, ich in der 2. Grabkammer. Gott sei Dank hatte ich mir eine kleine Decke mitgenommen, ansonsten wäre ich wegen der Kälte erfroren. Ich legte meinen Kopf auf einen Stein. 4 Araber bewachten und beschützen uns.

Am darauffolgenden Morgen bin ich mit einem der Engländer auf die Pyramide des Cheops (Abb. 38) gestiegen, die sehr gut erhalten ist und aus riesigen Blöcken besteht. Jeder von uns wurde von zwei Arabern hochgezogen, während zwei andere von hinten schoben, und so kletterten wir ohne Schwierigkeiten (Abb. 39). Vom oberen Teil der Pyramide waren die Steine hinuntergerollt, daher ist die Pyramide jetzt oben flach [...].

Wir stiegen dann durch einen schrägen und rutschigen Durchgang, der 4 Fuß hoch und 3 ½ breit war, in das Innere der Pyramide hinab. Über dem Eingang befindet sich eine Inschrift auf Altgriechisch von Alexander Soutsos: [*griechisch*] *Ich möchte kompakte Soldaten wie diese Pyramiden.*[72] [*italienisch*] Am unteren Ende des Durchgangs angekommen, führt ein weiterer zur untersten Kammer, die sich etwa 100 Fuß unter der Basis der Pyramide und 600 Fuß unter der Spitze befindet.

Von dort führt eine weitere sehr enge Passage hinauf. Diese Passage ist bemerkenswert durch die Genauigkeit, mit der die riesigen Blöcke aus poliertem Granit zusammengesetzt wurden. Dieser Durchgang führt in einen weiteren 28 Fuß hohen und 5 Fuß breiten Raum, der zu einem Raum führt, der 14 Fuß hoch, 18 Fuß lang und 16 ½ breit ist. Die Wände sind aus Granit und leuchten bei Kerzenlicht.

Wenn wir den Aufstieg im Durchgang fortsetzen, erreicht man die Grabkammer des Königs, die 19 Fuß hoch, 34 Fuß lang und 17 Fuß breit ist. Dort befindet sich der beschädigte Sarkophag des Pharao Cheops. Die Wände sind mit einer Art Salz bedeckt. Zu meinem Erstaunen sah ich eine große Anzahl von Vögelchen in diesem Raum und verlor mich in Vermutungen, woher sie ihr Futter beziehen. Die Luft in der Pyramide ist sehr heiß und stickig. Als ich die engen Passagen hinaufging, schlug ich meinen Kopf [85] gegen den Granit und das Blut floss reichlich aus der Wunde. Einer der Araber zerrieb einen Stein und streute den Staub auf die Wunde, der die Blutung stoppte. Einer meiner Reisebegleiter war ein gewisser [Herr] Underdown, der alles skizzierte, was seine Aufmerksamkeit erregte. Zurück in der Stadt ging ich in das türkische Bad, das schmutzigste und schlimmste, das ich je gesehen habe. Heute Abend habe ich beschlossen, mit Professor Wedel aus Wien auf dem Nil zu reisen.

Kairo, Montag 29. [Dezember] / 10. Januar 1859

Wir haben gestern ein Boot bis zum 2. Katarakt gemietet [...] am Nachmittag habe ich dann Heliopolis besucht, von dem nur noch etwas übrig ist: ein Obelisk mit den ältesten Hieroglyphen (Abb. 40). Der Sockel des Obelisken ist im Boden versunken. In der Nähe wird mir in einem Garten eine alte Sykomore [Bergahorn] gezeigt, unter dem der Legende nach die Heilige Familie Zuflucht suchte. Heute [*neugrie-*

Abb. 39
Die Besteigung der Cheops-Pyramide in Gizeh, Foto: Pascal Sébah Nr. 182, 1885.

chisch] [...] haben wir das Notwendige für die Reise gekauft. Wir hoffen, am 13. Januar mit einem günstigen Wind abreisen zu können.

Kairo, [Mittwoch] 31. Dezember[73]

[*griechisch*] Wir kauften die notwendigen Dinge bei einem Kaufmann [?], der das Boot auch vermietete. Er hat uns auch zwei Pistolen mit Schießpulver und Kugeln versprochen. [...]

[86] Auf dem Platz des Schlosses standen die Soldaten in weißer Uniform aufgereiht, was seltsam ist. [...]

Auf dem Nil in der Nähe von Kairo, 1./13. Januar

Wir sind heute Nachmittag mit einem günstigen Wind abgereist, mussten aber ins Hotel, um den Professor [Wedel] abzuholen. An der Nilmündung[74] waren die

Abb. 40
Der Obelisk in Heliopolis, David Roberts, 1839.

Abb. 41 (li.)
Porträt des Muhammad Ali Pascha (reg. 1805–1848), Gemälde von Auguste Couder, 1841. Schloss Versailles.

Abb. 42 (re.)
Porträt des Muhammad Said Pascha (reg. 1854–1863), Gemälde, unbekannter Künstler, 1854.

Winde ungünstig und wir mussten zu den Rudern greifen und verloren dadurch fünf Stunden. […] Wir kamen zum Königspalast […]

Auf dem Nil, in der Nähe von Kairo, 14. Januar

[*arabisch*] Am Morgen wehte viel Wind. Heute ist Freitag, ein sehr wichtiger Tag [muslimischer Feiertag].

Auf dem Nil in der Nähe von Kairo, 15. Januar

[*griechisch* 87] […] um zu üben und die Zeit zu vertreiben, begann ich sechs kleine Affen zu schießen, die wir dann aßen. […] Ich nutzte eine Stunde am Tag, um Arabisch zu lernen, weil Sprachen beim Üben so erfreulich sind wie Frauen. […]

[*arabisch*] Der Matrose hat für mich um Tabak gebeten und er bekam ihn. Wir waren endlich auf Reisen und ich war sehr zufrieden, weil die Ergebnisse die Erwartungen übertrafen […]

[*griechisch* 88] Heute Nachmittag gegen 4 Uhr wurde der Wind günstig […] Während ich schreibe, ist alles in Ordnung.

[*italienisch … er freut sich immer mit dem Segelschiff zu fahren, er bedauert nur, dass er nicht viel mitmachen kann …*]

4./16. Januar 1859, Auf dem Nil in der Nähe der Stadt Beni Suef

[*griechisch*] […] Wir sind 77 britische Meilen von Kairo entfernt. […] Ich habe beobachtet, dass die Felder entlang der Küste so weit kultiviert werden, wie sie vom Wasser des Flusses erreicht werden, danach gibt es nur noch Wüste.

[89 …] Sie verwenden landwirtschaftliche Werkzeuge, die wir vor einem Jahrhundert verwendet haben. Aber die Regierung will die kritischen Bedingungen der Armen durch die Einführung moderner Landmaschinen nicht verschlimmern, selbst wenn der Vize-Pascha große […] Ausgaben leisten will. […] Sein Name ist Said Pascha (Abb. 41). Dem großen Mohamed Ali (Abb. 42)[75] folgte sein Sohn Ibrahim Pascha, der nur sechs Monate regierte, gefolgt von Abbas Pascha, dem Sohn von Tusun Pascha, einem Sohn Mohammeds. Dieser Abbas Pascha wurde von seinem Onkel Said Pascha vertrieben, der ein schlech-

Abb. 43
Shaduf, David Roberts, 1839.

ter Regent ist. Er interessiert sich nicht für politische Angelegenheiten, sondern nur für seine Vergnügungen. Es ist wohlbekannt, dass er die Päderastie liebt, und er selbst bestellt sich zur Abwechslung auch gelegentlich Mädchen […] aber auch Jungen.

Seine Schwester Sokra Pascha ist noch schlimmer und unverschämter, weil sie jede Woche arme Wanderer in ihrem Landhaus versammelt, die dann aber immer verschwinden: sie sollen sie genießen, aber ihr Vergnügen ist es dann, sie zu töten. Said Pascha kennt keine Grenzen in Bezug auf Korruption. Ausländern werden keine Lizenzen erteilt, es sei denn, sie geben ihm Armbänder aus Weißgold und Uhren, die er von ihnen «abkauft» […]. Die Staatskasse, die aus fünf Millionen Pfund Sterling besteht, reicht nicht aus, seine großen Spesen zu decken. Er belastet sein Volk mit Steuern, [90] und erhöht auch die Schulden des Landes. Er bezahlt nicht regelmäßig die Armee und wenn jemand sich beschwert oder nach dem fälligen Sold fragt, verliert er seinen Posten im Heer. Daraus verstehen wir, dass selbst der kleinste Soldat machen kann, was er will, um irgendeinen Missbrauch auszuüben.

5./17. Januar (Montag)

[*italienisch*] […] Seit mehr als 4 ½ Monaten bin ich unterwegs und auf der Suche nach Wärme, aber überall verfolgt mich die Kälte. Ich wage es nicht, es meiner Frau zu schreiben, weil sie darüber viel lachen würde. […] Bereits gestern Abend kamen wir an Beni Suef vorbei und hoffen, heute Abend in Minya anzukommen, eine Stadt, die etwa 160 britische Meilen von Kairo entfernt ist. Damit haben wir schon ein Viertel des Weges hinter uns bis zum zweiten Katarakt.

Heute gab es nichts Besonderes […] Wir hielten in einem Dorf an, das von einem herrlichen Palmenhain umgeben war. […] Ich nutzte die Gelegenheit, mit meinem Gewehr auf eine Krähe zu schießen. […] Dann habe ich mit nur einem einzigen Schuss einen kleinen Vogel getroffen […] ein junger Mann warf sich in den Fluss und schwamm bis zu unserem Boot, an das er sich klammerte und rief «bakschisch» […]

[91 … *beschreibt die charakteristische Wasserhebemaschine, auf arabisch Shaduf, die entlang den Nilufern in Reihen angeordnet sind für die Bewässerung der Felder*] (Abb. 43).

Um 8 ½ Uhr in der Nacht fuhren wir an der Stadt Minya vorbei. Nach Alexandria (auf arabisch Iskandria) und Kairo (El Masr)[76] scheint sie eine der besseren Städte des Landes zu sein. In Minya gibt es einen Palast des Vizekönigs und viele sehr schöne Gebäude. Es gibt sogar drei Zuckerfabriken, die durch ihre Kamine kenntlich sind.[77] […] Die Stadt bietet einen wunderschönen Anblick, da alle Häuser von schönen hohen Palmen umgeben sind. […]

[*griechisch*] [*er spricht über die Weinberge und sagt, dass die Trauben zuerst nach Frankreich verkauft werden, aber dann als sehr teurer Wein zurückkommen*] … der Professor [Wedel], mit dem ich reise, zeigte mir ein Buch, in dem Karl V. zu Franz I. sagt, dass je mehr Sprachen ein Mensch spricht, desto mehr Dinge weiß er […]

[92] Ich bin gezwungen, mit den Matrosen arabisch zu sprechen, so beginne ich alles besser zu verstehen, obwohl ihre Aussprache für mich schwer ist.

Auf dem Nil, Dienstag, 6. / 18. Januar 1859

[*italienisch*] [*er erzählt von der Kollision mit einem englischen Segelschiff, von einer Jagd auf Vögel vom Boot aus und wie er sein Gewehr nachlädt …*]

[*griechisch*] Wie in den letzten Tagen ist es auch heute sehr heiß. Ich kann länger sitzen oder auf dem Boot herumlaufen und das gefällt mir […] der Nil ist einer der größten und schönsten Flüsse der Welt [… 93] und die Landschaft wechselt zwischen Palmenhainen und Zuckerrohrplantagen […] In St. Petersburg hört man diese Sprache [das Arabische] nicht und diejenigen, die es können, sind sehr gesucht […]

In Nubien, das wir in ein paar Tagen erreichen werden, gibt es die seltsame Sitte, die Vulva der Mädchen zusammenzunähen und nur ein kleines Loch zu hinterlassen, um urinieren zu können. […]

[*englisch*] Gegenüber sieht man die Beni Hassan Berge, an deren Fuß sich viele Ruinen antiker Tempel und insbesondere der Tempel der Artemis befinden. […] (Abb. 44)

19. Januar 1859 am Nil

[*arabisch* 94] […] Sie präsentierten mir eine sehr schöne Frau mit einem langen Niqab. Sie wird meine Haushälterin sein. Als ich fragte, ob sie alle Arbeiten mit dem Niqab machen könne, hat sie mir ja gesagt. Sie ähnelt einer Frühlingsrose.

Auf den folgenden Seiten ist der arabische Text schwer lesbar und unverständlich. Zu erkennen sind arabische Schreibübungen bis zum Ende der Seite 112.

Zwischen dem 19.1. und 10.2. sowie zwischen dem 10. und 16./17. Februar erzählt Schliemann etwas über den Mietvertrag des Bootes und die Klauseln, über Lieferungen und Reparaturen des Schiffs, außerdem streitet er sich mit dem Kapitän und verlangt einen Rabatt auf den Vertrag.

Als Übernachtungsorte nennt er die ruhigen Häfen von Asyut und Esneh. Er klagt, dass er von Flöhen und Fliegen befallen sei und nimmt ein Bad, wenn man keine Krokodile in der Nähe sieht. Er bemerkt, dass die ägyptischen Bauern nackt baden, äußert sich über seine Schwierigkeiten beim Arabisch lernen und erzählt über Marokko.

Donnerstag, 10. Februar

[… 123 …] Jeder weiß und denkt, dass ich viel Erfahrung habe und auf einem guten Weg bin, Arabisch zu lernen. Ich bemühe mich unglaublich, sprechen zu lernen, mich mit Menschen vertraut zu machen und auch zu scherzen und zu lächeln. Ich lerne sogar die Namen der Tiere auf Arabisch […]

Mittwoch, 16. Februar

[…] Wir nutzten die Gelegenheit, um fünf Stunden lang die beiden riesengroßen Grabdenkmäler [Tempel] des Ramses II. in Abu Simbel zu besuchen. […] wenn diese Statue noch höher wäre, wäre sie die schönste der Welt. [*er beobachtet auf einem Bein einer der kolossalen Statuen die griechischen Inschriften der Söldner im Dienst des Psammetich II. gegen die Nubier und unter diesen diejenige von Psammetich, dem Sohn von Theokles*].[78] Es gab auch eine weitere Inschrift von einem der 240.000 Solda-

Abb. 44
Beni Hassan, Eingang zur Grotte, David Roberts, 1839.

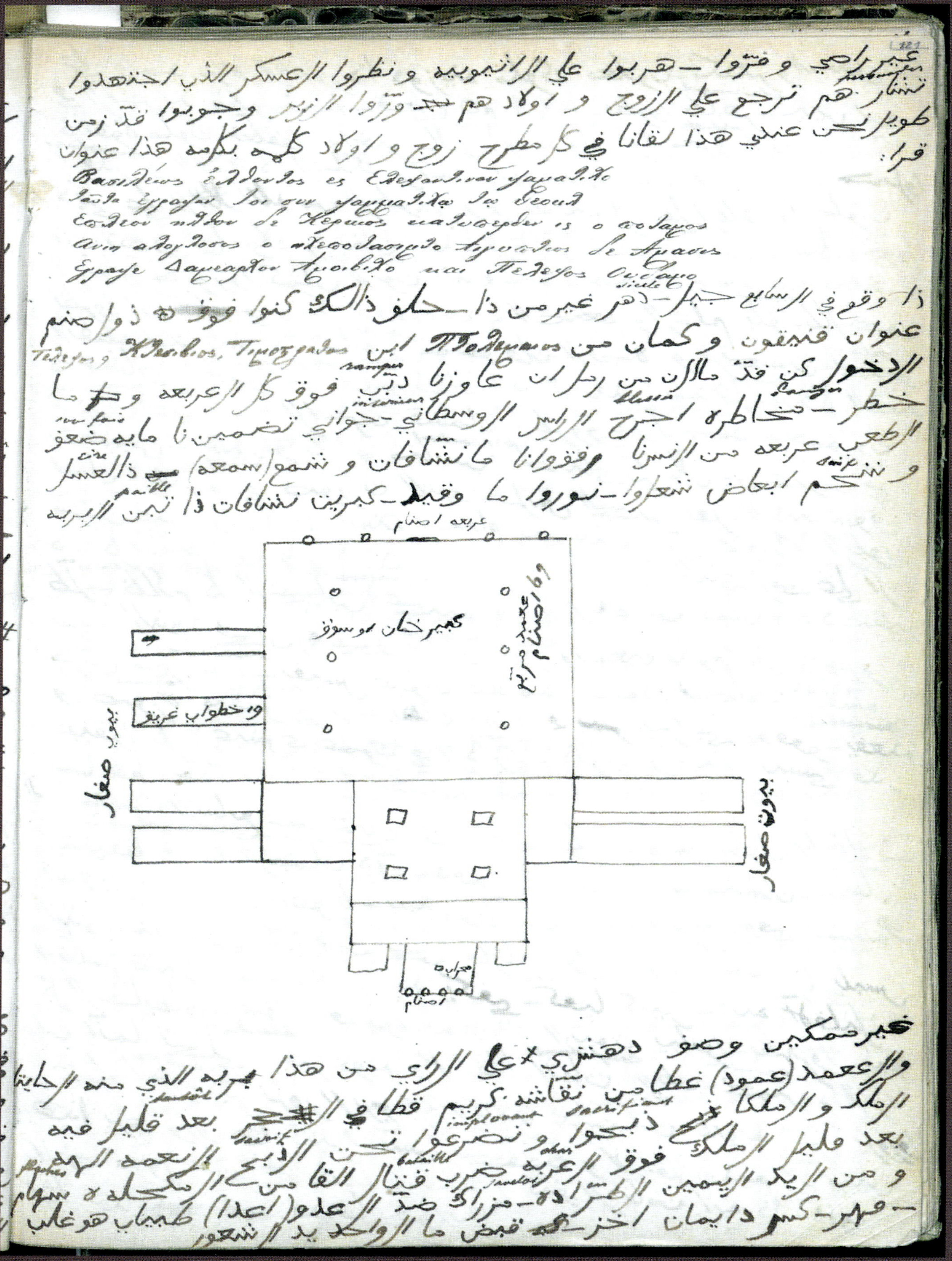

Abb. 45
Tagebuch A 3, Seite 121 (=PDF 132) mit der Abschrift der griechischen Inschrift und einer Skizze von Abu Simbel.

ten, [132] die das Land durchquerten und ihre Familien zurückließen und sogar ihr Leben für ihren Feldherren opferten […]: (Abb. 45)

> Βασιλέος ἐλθόντος ἐς Ἐλεφαντίναν
> Ψαματίχο,
> ταῦτα ἔγραψαν τοὶ σὺν Ψαμματίχοι τοῖ
> Θεοκλο̃ς
> ἔπλεον, ἦλθον δὲ Κέρκιος κατύπερθε, υἷς ὁ
> ποταμὸς
> ἀνίη· ἀλογλόσος δ' ἦχε Ποτασιμτο, Αἰγυπτίος
> δὲ Ἄμασις·
> Ἔγραφε δὲ ἀμὲ Ἄρχον Ἀμοιβίχου καὶ
> Πέλεϙος Οὐδάμο.[79]

> [Nachdem König Psammetich [II.] nach
> Elephantine gekommen war, schrieben das
> diejenigen nieder, welche mit Psammetich,
> dem Sohn des Theokles, zu Schiff fuhren und
> diesbis oberhalb von Kerkis gekommen waren,
> soweit als es der Fluß es zuließ. Die Ausländer
> (Fremdsprachigen) führte Potasimto, die Ägypter aber Amasis; es schrieb uns Archon, der
> Sohn des Amoibichos, und Pelekos, der Sohn
> des Eudamos. (Übersetzung G. Pfohl)][80]

Die Inschriften wurden im 7. Jahrhundert[81] angefertigt […] Im Inneren des Gebäudes befanden sich gefettete Fackeln [… 134 …] Diese Statue zieht das Interesse vieler Touristen auf sich und, um sie zu schützen, braucht man viele Wachsoldaten. Wenn sie in Europa wäre, würde sie viel Neid verursachen, […] wir gingen heute Abend zu Ali [?], wo sie mir ein Krokodil mit einem dicken Bauch, aber mit beschädigter Haut zeigten. Aus diesem Grund habe ich es nicht gekauft. […] Hingegen habe ich Straußeneier gekauft, die mit Rizinusöl oder Fett überzogen waren. Sie boten mir auch ein Mädchen an, das ich für 1500 Kurush [ägyptische Kronen] kaufen konnte […]

Freitag, 18. Februar

[… 135 …] Ägypten war einstmals ein christliches Land; [wir kamen zu] einer riesigen Kirche [in Faras][82] mit vielen Wandmalereien […] einem Heiligen [Petrus] in gelb mit einem Schlüssel in der Hand (Abb. 46).

Samstag, 19. Februar

[… 136 …] Neun Wochen meiner Reise widmete ich der Entdeckung Ägyptens, um Pyramiden, Flüsse, Meere und vor allem die berühmten Gräber zu sehen, in denen Krokodile, Stiere und andere heilige Tiere der alten Ägypter abgebildet sind, […] eine gemischte Welt unterschiedlicher Traditionen und Bräuche. Ich möchte auch die vorislamische Welt entdecken, die mit der arabischen Sprache verbunden

Abb. 46
Faras, Wandmalerei aus der Kathedrale, 8.–10. Jh., Johannes und Petrus mit Schlüssel, Nationalmuseum Warschau 234053.

ist, aber es ist schwierig, ihre Sprache und Schrift zu verstehen. Ich hatte mich entschlossen, trotzdem zu den Katarakten zu gehen. Diese Reise konnte nicht auf dem Landweg durchgeführt werden, da sie sehr gefährlich ist und wir gezwungen wären, mit den einheimischen Räubern zu kämpfen und unser Leben zu riskieren. [...]

Ein Reisebegleiter hat ein anderes Boot mit einer Besatzung von 8 Seeleuten gemietet, von denen jeder seine eigene Aufgabe hat, und wir werden auf ihm drei Wochen verbringen. [...] Ich kann es kaum erwarten, nach Kairo zurückzukehren, um eine Grammatik zu kaufen, um das klassische Arabisch gut zu lernen. [...] Ich möchte all jene Sprachen lernen, die für die Kultur zum Vorteil und die auf Reisen nützlich sind.

Jetzt reise ich mit dem Schriftsteller Ahmad Affendi.[83] Ich liebe Arabisch. Ich habe viele Länder mit unterschiedlichen Sprachen, Traditionen und Religionen besucht und sehr viel von unbekannten Orten und Menschen gelernt. Wenn ich höfische Worte benutze, verwechseln sie mich mit einem Araber, der im Ausland lebt, oder mit einem Algerier. [...]

[138] Wer ein universeller Mensch ist, hat Geschmack für Wissen und für jede Kunst und Wissenschaft (who is a universal man and has taste for and knowledge for every art and science). Wer neues Wissen erwerben will, muss sich mit verschiedenen Menschen in Verbindung setzen. Ich habe viel von Ausländern gelernt, weil mir meine Lebensart das große Vergnügen bereitet hat, Sprachen zu lernen, und dies hat auch meine Denkweise beeinflusst. Wer sich entscheidet, nicht zu reisen, Anstrengungen mit all ihren Auswirkungen zu vermeiden und sich dem Kontakt mit anderen Menschen zu entziehen, erwirbt nichts und hat keine andere Möglichkeit, seinen Lebensstil zu ändern. [...]

Die Eingeborenen tragen [*gegen die Sonne*] einen Hut oder ein Tuch auf ihren rasierten Köpfen. [...] Ausländer werden immer wirtschaftlich ausgebeutet. Sie glauben, ich sei ein reicher Mann. [...] sogar die antiken baufälligen Gebäude aus Erde behalten ihren Charme und ziehen Touristen an. [...] Der Tourist sollte mindestens drei Monate bleiben, um die Größe der Geschichte und Zivilisation dieses Landes zu entdecken. Ägypten zieht weiterhin viele europäische Touristen an. Hier gibt es den Gibli (Schirokko) mit der Folge, dass es Gleichgewichtsstörungen gibt, aber es gibt auch einen feuchten Nordwind; abends sinkt die Temperatur [...]

Wie Herodot berichtet, verfolgte Psammetich im 7. Jh. v. Chr. 250.000 Soldaten [139], die von der Insel Assuan [Elephantine] geflohen waren, um sie davon zu überzeugen, zu ihren Familien zurückzukehren[84] [...] Als ich in Pompeii in der Nähe von Neapel war, entdeckte ich ein altes Graffito, und hier in Ägypten bemerkte ich, dass das gleiche Kleid, das Ramses II. (14. Jh. v. Chr.) trug, auch vom Pharao Ptolemaios getragen wurde[85] [...]

Da hier die christliche Religion lange Zeit vorherrschte, gibt es viele Kirchen. Sie wurden aus getrocknetem Lehm gebaut und bemalt. In der Antike waren sie weit verbreitet, heute aber sind alle Ruinen.

Es gab so viel Sand, dass wir nicht weiterfahren konnten, deswegen mieteten wir 50 Soldaten, die uns 4 Stunden lang beim Schaufeln halfen.

Die Idee, Köpfe aus Sandstein zu formen, stammte vielleicht von Ramses selbst, der diese Kunst zu hoher Blüte brachte. Dann fingen sie auch an, Gips zu verwenden. Neben der Skulptur eines Priesters gibt es auch eine Isis mit anderen Gottheiten, und es gibt viele Menschen, die hierher kommen um zu beten [...]

Als wir Edfoo [Edfu] in Begleitung von sechs Engländern erreichten, ließen diese das Boot im Mondlicht in Flammen aufgehen, obwohl ich vermute, dass es die beiden Dragomane gewesen sein könnten. [... 141 ...] Seltsame Typen unter den Mitreisenden sind zwei Homosexuelle ... sie leben in perfekter Harmonie wie ein echtes Paar und machen zweimal pro Nacht Liebe. Bei jedem Halt geben sie Geld aus und werden als seltsame Menschen angesehen. Überall aber werden sie missachtet, weil sie immer verhandeln. Ich habe einen gehört, mit dem ich ansonsten nie spreche, weil ich ihn hasse, der sagte, dass die Pyramiden von Gizeh 4500 vor Christus, d. h. also nach der Bibel 500 Jahre vor der Erschaffung des Menschen entstanden wären. [...]

Wir besichtigten die Pyramiden unter der Führung von Herrn Chaumard [...], der sehr kultiviert ist. Ich habe ihn gefragt, wieviel Zeit für den Bau der Pyramiden gebraucht wurde [...] wir verzichteten auf einen Halt, weil es kein sicherer Ort ist und man uns töten könnte. Die Cheops-Pyramide ist noch größer als die europäischen Kathedralen. [...]

[... 143 ...] Während der Scirocco in Gizeh feucht war, fanden wir in Ad Dakka ein trockenes Klima vor. Es ist eine sehr schöne und arme Stadt, aus diesem Grund klauen sie. Wir sind sogar auf einen Mann gestoßen, der an Hunger gestorben ist. Hier haben wir Kerzen aus Fett und Honig und eine Laterne be-

Abb. 47
Insel Elephantine mit Tempelbezirk des Chnum, David Roberts, 1839.

kommen. Einige mit Seilen und Stöcken bewaffnete Bürgerwehrleute verwechselten mich mit einem Dieb und beschimpften mich. […]

Auf der Insel Assuan [Elephantine] (Abb. 47) gibt es einen Tempel mit einer Inschrift, der von zwei Wächtern bewacht wird, von denen einer ein ägyptischer Soldat ist. […] Es gibt alte zerstörte Häuser und ein Gebäude aus der Zeit des Thutmosis III., das von Ergamenes, dem ersten farbigen Pharao, restauriert wurde.[86]

Die Pharaonen waren grausam und um ihre Macht zu zeigen, töteten sie Priester, zerstörten alles, schnitten die Köpfe ab und taten Übles. Aber dann zeigten sie sich auch fromm und opferten Tiere als Sühne.

[145 …] Die Statuen, die überall standen, waren gut gearbeitet. Jemand hat von mir verlangt, dass ich über die Kirche und Jesus lästere, was ich aber nicht tat. Selbst in der christlichen Religion ist die Idolatrie von Statuen eine Folge der Ignoranz. Es gab eine Zeit, in der die Kunsthandwerker den Höhepunkt erreicht hatten und viel verdienten. In einem intakten Gebäude wurde Ramses II. im Basrelief auf einem Wagen aus Holz dargestellt und schoss Pfeile gegen die Feinde. An den Seiten waren Pflanzen, Affen, Kokospalmen, aber auch zwei Schwarze mit goldenen Halsketten, eine mit Straußenfedern geschmückte Stange. Es gab auch Schwertkämpfe, einer lief weg, andere unterwarfen sich dem Sieger […]

Meine Mitreisenden gingen durch Abu Simbel und kauften sich alte Münzen, auch wenn sie größtenteils abgenutzt waren.

[146 …] Ich habe keine Angst. Wir kamen zusammen und machten nach ein paar Stunden Halt in Wadi Tafa, wo es eine Kirche mit Bäumen gibt. Jemand nahm das Gewehr, um eine Gazelle zu jagen. […]

Montag, 21. Februar

Heute morgen sind wir in Debod (Abb. 48) geblieben, wo es einen großen Park mit Altertümern gibt. Dort kann man die Figuren antiker Pharaonen wie auch der Ptolemäer sehen. Mir gefällt diese Grünfläche, auf der teilweise Weizen angebaut wird. Einer goss die Pflanzen mit einem Schuh. Hier gibt es alles, sogar Seife. Ich habe meine Kleider selbst gewaschen, ohne einen Jungen zu fragen, der auch die Schuhe putzte. […] Hier ist alles in ausgezeichnetem Zustand, und die Pflanzen sind gut angeordnet.

Der örtliche Priester hat mehr Kinder als alle anderen, aber weniger Geld. Seine Frau starb früh. Als ich mich verabschiedete, erzählte er mir, dass einer seiner

Verwandten ohne seine Zustimmung eine Freundin für ihn gefunden habe, dass er viele Geschwister hat und dass er nicht zur Schule gegangen ist, weil Gott ihm mit 14 Jahren einen Laden schenkte: Kaffee, Zucker, Grieß und alles mögliche. Er war der jüngste der Händler. Er war so klein, aber er trug so schwere Gewichte, dass er ein Rückenleiden bekam. Er war mit seinem Leben zufrieden und hatte nichts zu klagen.

[... 147 ...] Ich wurde auf dem Boot sehr müde. Ich kann es nicht bezahlen [?]. Die Mitreisenden haben die Fahrkarten und sogar meinen Reisepass zerrissen [?]. Das ist für mich kein Problem, weil es mich am Weiterreisen nicht hindert. Unser Ziel ist es, in jene Stadt zu gelangen, in der man gut leben kann [?]. Wir waren jedoch vorsichtig. [...]

Die Häuser hier haben eine andere Struktur als in den anderen ägyptischen Städten. Wir gingen [am Mittag] zur Kanone, als sie schoss. Zwei Stunden später ruhten wir uns aus, weil wir den starken Sandsturm nicht durchdringen konnten. Meine Augen tränten.

Ich habe einen Freund zum Strand begleitet, wo mir jemand einen guten Chirurgen empfahl, weil ich Schmerzen in der Brust und an den Zähnen habe. Der Arzt nahm mir zwei Zähne weg und verschrieb mir Mundwasser zum Spülen. [...] Das Honorar war sehr hoch und ich wurde wütend. Er antwortete, dass er die Wunde nicht nur gereinigt, sondern auch desinfiziert habe.

Wir setzten unsere friedliche Reise fort [...]. [In der Zwischenzeit] habe ich meine Medizin verloren. [...] Der Himmel war mit Wolken bedeckt. Ich bin an Bewegung gewöhnt, aber da ich mich nicht gut fühle, kann ich nicht mitmachen, wenn man das Boot vorwärts schieben muss. Ich fühle mich schlecht und habe mich übergeben [...].

Am Abend passierten wir eine gut befestigte und geschützte Insel, auf der sich Briten befinden. Obwohl sie felsig ist, sehen wir viele Bäume und Pflanzen. [148] Zwischen zwei Inseln befindet sich eine Festung, die beim Sonnenaufgang bezaubernd wirkt. [...] Der Schiffskapitän hat mir empfohlen, auf meine Infektionen zu achten, da wir noch acht Reisetage vor uns haben. Es gab einen schönen milden Wind, also beschlossen wir, eine Pause zu machen. [...]

In der Nacht hatte ich einen Albtraum: Ich war in einem gemieteten Haus, als ein hellhäutiger Mann

Abb. 48
Tempel in Debod, David Roberts, 1839.

⇧ Abb. 49
Blick auf die Insel Philae,
David Roberts, 1838.

Abb. 50
Philae, Tempel der
Isis, Portikus,
David Roberts, 1838.

mich zwang, eine schwarzhäutige Sklavin zu heiraten, weil ich reich wäre und es ihr an nichts fehlen lassen würde. Ich erkannte sofort, dass er ein gieriger Betrüger war, und antwortete, dass ich als rechtschaffener Mensch niemals morgens mit einer Sklavin im Bett aufwachen könnte. […]

[149] Wir sind fast vor Kälte gestorben. Mir war so kalt, dass sie meine Temperatur gemessen haben. Auf dem Schiff befanden sich viele Handwerker: ein Schneider, ein Zimmermann, ein Schuhmacher, aber auch Priester usw. […] Als das Schiff abfahren wollte, gab der Kapitän ein Sirenensignal ab und jemand begann eine Hymne zu singen. Ein Passagier hat gefährliche Stoffe geladen und ich verstehe nicht, wie er die Erlaubnis bekommen hat. […] Dort verwenden sie in der Sonne getrocknete Palmblätter, um darauf zu schreiben, oder zermahlen sie in Pulver, um es auf ihre Hände zu streuen, bevor sie Lasten tragen.

Donnerstag, 24. Februar

Heute bleibe ich lieber in Begleitung meines Tagebuchs, weil wir nach drei Tagen gezwungen waren, sechs Stunden anzuhalten. Ein armer Kerl beherbergte uns in seiner Hütte und bot uns etwas zu essen an und sagte uns, dass es hier nur Palmen zu essen gibt … Er bot uns fermentierte Milch an […] In diesem Zusammenhang kommt die Nachricht von einem Erlass des Gouverneurs, wonach jeder, der abgelaufenes Geld mit sich hat, dieses dem Staat im Austausch gegen Waren geben kann. Jemand offerierte dem armen Kerl einige osmanische Münzen, die einen hohen Wert haben, fast zwanzigmal mehr als die jetzige Währung […]. Aufgrund der schlechten Regierung gibt es viele, die verhungern. […]

Wir gingen auf die andere Seite des Bootes und begannen, mit aller Energie zu fischen. Einer von uns schaffte es, viele zu fangen und hinterher haben wir sie geröstet. [150]

Endlich hat sich der Wind beruhigt und wir können mit dem Boot weiterfahren. Unser Ziel ist Philae (Abb. 49. 50), «Gefährtin der Existenz» [d. h. ein Ort, der den Sinn des Lebens vermittelt].

Als ich mich heute Morgen fertig machte, eilte ich auf die Insel, die klein und rund ist. Es gibt große Steine mit Inschriften. Die Insel ist zweifellos reich an Kultur und man kann nicht die ganze Geschichte auf einer einzigen Reise lernen. Hier trafen wir illegale Ausgräber, die nach Schätzen suchten, die in diesem Land überall sind. […] Wir haben die Fundamente eines alten Gebäudes gesehen. Es gibt Spuren der Christen, die versucht haben, die Verehrung der Statuen zu beenden. […] Wir haben auch Darstellungen und Inschriften gesehen, die mit Sand bedeckt waren. An einem Architekturelement entdeckte ich die Signatur von Koch, dem Forscher, der Mittel gegen viele Krankheiten durch Studien in ägyptischen Bibliotheken entdeckt hatte.[87] […]

In der Nähe des riesigen Tempels gab es zwei Dragomane. Es gibt drei große Kammern, von denen die am weitesten entfernte unterirdisch und dunkel ist. Unter den Korridoren gibt es kleine Räume, in denen die Schätze und die Kasse des Heiligtums aufbewahrt wurden. [… 151 …] Es gibt viele Inschriften und Darstellungen, von denen eine von der französischen Armee geschrieben wurde:

> R[épublique] F[rançaise] An 7
> Long 30°. 16'.22»
> Lat. 24 . 3 . 45
> Balzac Coquebert Coraboeuf Costaz Coutelle
> Ripault Lepere
> Mechain Nouet Lenoir Nectoux St Genis
> Vincent
>
> L'an 6 de la Republique
> le 13 messidor.
>
> Une armée française commandée par Bonaparte est descendue à Alexandrie. l'armée ayant mis 20 jours / après les mamelouks en fuite aux pyramides / De Saix commandant la 1ère division les a poursuivis au-delà des cataractes où il est arrivé le 13 ventose de l'an 7 les généraux de brigade Daoust Friant et Belliard Donelot Chef de l'etât-maior Latournerie com.dt de l'artillerie Epeler Chef de la 2me legère Le 13 ventose an 7 de la république.[88]

Der Tempel [in Philae] ist riesengroß […] der Tempel von Isis und Horus […] die Christen haben die Bilder zerstört. Die Insel wurde von vielen Menschen bewohnt, die hier durch den Bau prächtiger Gebäude auch ihren Frieden fanden. Wegen der vielen Ruinen sah es wie eine Baustelle aus. Sie haben versucht, die Insel und die zerstörten Gebäude wiederherzustellen.

[152 *Skizze des Heiligtums*] (Abb. 51)

Freitag, 25. Februar

[153] Said kam heute Morgen gegen 4 Uhr und bat uns, beim Schieben des Bootes zu helfen, aber man

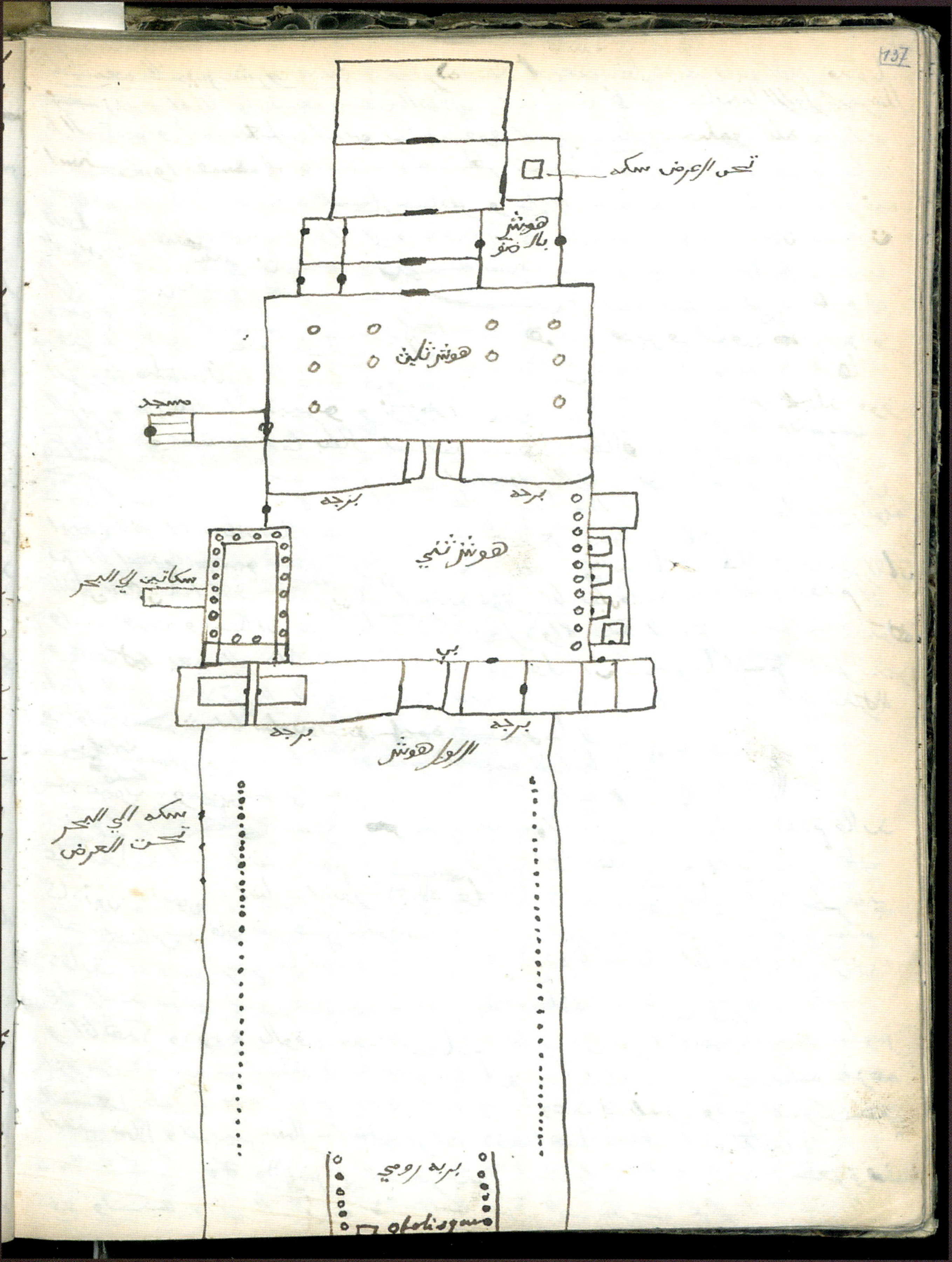

Abb. 51
Tagebuch A 3,
Seite 137
(=PDF 152) mit
Skizzen von Philae.

musste dabei genau auf die Gefahren achten. [...] Bei unserer Rückkehr fanden wir unsere Betten mit Zebrafellen bedeckt. Ein nacktes Mädchen tauchte auf, das die Kabinen aufgeräumt hatte und sich für alles verfügbar erklärte [...] aber ich hatte Angst vor Krankheiten.

Ich traf einen Mann, der mir ein Horn [als Becher] mit einem Mittel gegen Gifte gab, das bereits von einem von seiner Frau vergifteten Mann verwendet wurde, der aber nach einem Monat starb. Ein Junge nahm Skorpione mit den Händen und wollte sie mir dann für 5 Kronen verkaufen. [...] Als wir zum Boot zurückkehrten, fragte uns der Kapitän, ob wir die Miete bezahlt hätten, also gaben wir ihm die ganze Summe zusammen.

Samstag, 26. Februar

[... 154 ...] Heute fahren wir nach Assuan, es dauert sieben Stunden. Wir wollten die Inseln rund um die Stadt besuchen. Wir hielten in einem Dorf an, in dem sie mir im Laden eine antike Statuette des Alexander aus schwarzem Porphyr zeigten. Das leicht schräge Gesicht mit dem gut erkennbaren Ausdruck ähnelt nicht den anderen, da die Statue eine Krone auf dem Kopf trägt [...] Wir waren verblüfft über ihre künstlerische Ausführung. Dank der Gesichtszüge und der genauen anatomischen Darstellung [...] aber sie war teuer, die Dame wollte 100 £ [...]

Ich bin es schon müde, mit diesem unvorhersehbaren Wind zu reisen, und wäre gerne schon in Kairo. [...] Ich würde gerne mehr Arabisch lernen, um die Schimpfwörter besser zu verstehen. Wenn ich mir ein neues Wort nicht merken kann, nehme ich es mir übel [...]

Sonntag, 27. Februar

Es gab zu viel Wind auf dem Boot. Zum Ausruhen erreichten wir ein muslimisches Dorf, wo die Leute wiederholten: *La ilaha illa Allah Muhammad rasul Allah* [es gibt keinen anderen Gott außer Allah und Mohammed ist sein Prophet] und sie antworten mit *ashadu an la ilaha illallah* [Ich bezeuge, dass es außer Allah keinen Gott gibt]. Wir warteten auf das Boot, das uns von einem nahegelegenen Strand abholen sollte. In diesen Dörfern arbeiten sie Tag und Nacht am Gerben der Häute, daher sind ihre Hände so rau. [... 155] Hier sind die Strände fantastisch. [...] Die jüngste Überschwemmung hat alle Ernten zerstört. [...]

Dienstag, 1. März

Hier sind die Mädchen gezwungen, früh zu heiraten, sogar schon im Alter von neun Jahren. [...] Letzte Nacht machten wir einen Halt am Tempel von Kum oder Kom Ombo (Abb. 52) auf einem Hügel in der Nähe des Nils, wo es alte Tempel mit gigantischen

Abb. 52
Kom Ombo, Doppeltempel des Sobek und des Horus, David Roberts, 1839.

Skulpturen gibt. Fünfzehn Säulen tragen das Dach, das 27 Fuß lang und sieben Fuß breit ist. [...] Es gibt Darstellungen von Falken mit ausgebreiteten Flügeln, Adlern und anderen Gottheiten wie Sobek [Krokodilgott] und Haroeris [der alte Horus]. Sie stammen aus der Zeit des Ramses II., wurden aber in der Zeit des Ptolemaios umgearbeitet.

[156 ...] Hier gibt es jedoch viele alte heruntergekommene Häuser aus Lehm und verbrannte Gärten, weil die Erde von der Sonne verbrannt wird. [...] Die Größe der alten Ägypter manifestiert sich deutlich in den Pyramiden und Gräbern. Man muss hierherkommen, um sie zu bewundern. Für die Touristen ist die Wahl nicht schwierig, da die Städte alle schön sind. Die Städte werden aus behauenen Steinen gebaut, die aus den Bergen gebracht wurden. Es stellt sich sofort die Frage, wie sie es geschafft haben, diese Wunderwerke zu errichten: Wie haben sie es geschafft, diese gigantischen Steine zu transportieren? Die größten wurden auf Rollen bewegt, eine Technik, die viel Zeit beansprucht [...] Ich fand eine zerstörte Moschee und eine Löwenskulptur.

Mittwoch, 2. März

Heute Morgen kamen wir alle um 7 ½ in Edfoo [Edfu] an (Abb. 53. 54), um die verschiedenen Gottheiten wie die Göttin der Liebe Hathor und den [Falken-] Gott Horus in ihren verschiedenen Formen zu sehen [...] Sobald ich [in den sog. Horos-Tempel] eintrat, sah ich Inschriften und Statuen und stieg wegen des Panoramas hinauf [...] auf beiden Seiten des Hofes befinden sich zwölf Säulen. Ich ging hinein, wo sich eine Decke befindet, die von achtzehn Säulen mit großem Durchmesser getragen wird, die ich mit der Hand gemessen habe. [...] Im Inneren befinden sich die Gräber der [ursprünglichen] Götter. Während des Christentums wurden überall Kirchen gebaut [... 157 ...]

Die Architektur des alten Ägypten erregte stets das Interesse von Wissenschaftlern aus aller Welt. Zum Beispiel gibt es eine Gruppe von Franzosen, zu denen Architekten und Künstler unter der Leitung von Maunier[89] arbeiten, an denen 200 Forscher beteiligt waren, um die Geheimnisse der ägyptischen und dann der osmanischen Bautechniken zu entdecken. Um die Decken wieder aufzubauen, verwenden sie Holzbalken. [...]

Unterwegs sah ich viele Skelette. Man sagte mir, sie stammen von Christen, die sich geweigert hatten, zum Islam zu konvertieren. [...] Der Kiel des Bootes brach und wir versuchten, es auf jede Art und Weise zu reparieren. [...] Es wurde uns ein guter Schreiner empfohlen. [...] Es gab eine kleine Geflügelfarm, in der man die Eier in einen warmen Raum legte, die dann nach zwei Tagen ausgebrütet waren [...].

Donnerstag, 3. März in Kene[90]

[158] Es war heute Morgen sehr windig und ich sah ein sehr großes Schiff. [...] Der örtliche Konsul sagte mir, dass ich ein schreckliches Arabisch schreibe und dass ich weder die richtige Syntax noch Konjugationen und Wörter richtig benutze. Er ist ein Lügner und hätte mich stattdessen ermutigen können. [...]

In einigen Dörfern überschreiten die Frauen nie die Hausschwelle um hinauszugehen. Der Konsul erzählte mir, dass er zwei verheiratete Frauen besuchte, [159] sie waren wie Gefangene in ihren vier Wänden und wurden gezwungen, Kinder zu bekommen. Die Frau hat hingegen auch das Recht darauf, Spaß zu haben, das Leben zu genießen und glücklich zu sein. Ich bewundere Frauen, die sich gegen die Übermacht ihrer Ehemänner auflehnen. [...]

Sonntag, 6. März in Luxor

Wir kamen gestern am Samstag gegen 5 Uhr am Morgen hier an und am Nachmittag beeilten wir uns, das Wasser zu überqueren und nach Koornah [Qurna] zu fahren, das für die zahlreichen Ruinen und Königsgräber berühmt ist. Als wir in der Stadt Koornah ankamen, nahmen wir einige Esel, um die Gräber in den großen Bergen zu besichtigen. [...] In der Nekropole gibt es 20 in den Felsen eingemeißelte Gräber. [...] Wir gingen hinunter, um das erste Grab mit der Nummer XVII zu sehen. Oben erscheint der Name von Sethos I.

Wir stiegen zu einer intakten Kammer [Säulenhalle F] hinunter, aber es gibt andere, die zerstört sind. In diesem großen Raum mit vier Säulen befand sich ein Grab. Es gibt noch einen anderen intakten Raum [Grabkammer J] mit wenigen Beschädigungen, der von sechs Pilastern getragen wurde und in dem [einst] der große Alabastersarkophag gestanden hat, den Belzoni nach London brachte. Darüber hinaus gibt es noch eine beschädigte Kammer [...] Es gibt andere kleine Räume voller Trümmer, deren Wände voller Inschriften und Figuren sind, in weiß auf blauem Hintergrund, mit einer unbeschreiblichen Wirkung.

[160] Nachher haben wir das Grab Nr. IX betreten, das ursprünglich für Ramses V. gebaut wurde. Früher

Abb. 53 Edfu, Tempel des Horus, David Roberts, 1839.

Abb. 54
Edfu, Blick in das Innere des Tempels des Horus, David Roberts, 1839.

Abb. 55 Theben-West, Koloss im Ramesseum, David Roberts, 1839.

Abb. 56
Theben-West, Medinet Habu, Tempel des Ramses III., Zweiter Innenhof, David Roberts, 1839.

haben sich alle westlichen Touristen an den Wänden verewigt, wie dieser Satz: *Epiphanios schreibt, dass nichts wunderbarer als Stein ist.*[91] Die Trümmer dieses etwas zerstörten Grabes wurden beim Bau der Brücke wiederverwendet. Die Länge [der Grabkammer] beträgt 324 Fuß und ist reich an Darstellungen des Jenseits. [...] Wir besuchten die anderen religiösen Gebäude, in denen wir ein kleines Idol fanden. [...] ein Gebäude wurde von Ptolemaios Philopator erbaut. Es gibt ein Gebäude, das der Kawega Maunier für seine französischen Gäste öffnete und dann wieder verschloss, um es unversehrt zu erhalten. Die wunderschönen Bilder waren unter Verschluss, deshalb holte ich mir die Schlüssel von Maunier, um sie mir anzusehen.

Ich ging dann zum Ramesseum oder Memnonium (Abb. 55), das mit Sand bedeckt war.[92] [...] Der erste Hof ist für die Touristen nicht geöffnet, im zweiten befindet sich eine sechs Fuß hohe Statue des Ramses II. [...] Was mich am meisten überrascht, ist die Restaurierung der Steine. [...] Nachdem wir in einen von Ruinen umgebenen Hof weitergegangen waren, erreichten wir den dritten Hof [...] bis zu dem von Diodorus erwähnten Grab des Osymandias.[93] [161]

Danach habe ich Medinet Habu (Abb. 56) besucht, wo ich sehr beeindruckt war [...]. Der moderne Name stammt von einem kleinen koptischen Dorf [...]. Die Umfassungsmauer [des Totentempels des Ramses III.] besteht aus ungebrannten Lehmziegeln. Das Tor [bekannt als Migdol] besteht aus zwei Türmen. Heute Morgen besuchten wir das Innere. Im ersten Hof befinden sich auf jeder Seite 8 Säulen; dann gibt es zwei Türme, gefolgt von einem weiteren Innenhof, der von Korridoren mit Doppelkolonnaden umgeben ist. Ein weiterer Hof ist schön mit Bildern des Pharaos verziert, der auf dem Wagen stehend jagt, zu dessen Füßen sich [...] Feinde und Gefangene befinden. An der Seite der großen Statue befindet sich eine kleine.

Nicht weit entfernt ist die pharaonische Festung, wo sich ein sehr hohes dreistöckiges Gebäude befindet. Ich ging zu einer [der beiden] 35 Fuß hohen und 16 Fuß breiten Statue des Amenophis III. (Abb. 57)[94], die durch ein Erdbeben beschädigt wurde und von zeitgenössischen Inschriften und Widmungen bedeckt

Abb. 57
Theben-West, Kolossalstatuen von Amenophis III., David Roberts, 1839.

war. Sie sind für mich unverständlich, aber priesen ihn als Förderer des Windes und der Sonne. [162] Beim Schlagen machte sie [die Statue] ein lautes Geräusch wie eine Glocke [...] Müde ging ich an Deck des Bootes um auszuruhen.

Montag, 7. März

Am Tag nach meiner Ankunft kam Ali El Koha, mein Arabischlehrer, bei dem ich zehn Stunden Unterricht nahm, um mein Leseniveau zu verbessern. Ich bat ihn, mich nach Karnak zu begleiten, also mietete ich einen Esel für unseren Weg zu den Salzvorkommen. [...]

Wir kamen zu der Statuenallee [Sphingenallee] (Abb. 58) [...] und dann zu einer kleinen Statue, von der ich glaube, dass sie zu den kleinsten gehört, aufgestellt in der Nähe des 60 Fuß hohen Pylons [...]. Vor dem Pylon [des Feldherrn Ptolemaios III. Euergetes I.] mit zwei Türmen und Verzierungen in Form von Sonnenstrahlen [die geflügelte Sonnenscheibe] sieht man ein koptisches Grab [...] Wenn man eintritt, stößt man auf eine große Statue [...]. Es gibt viele Räume, einen von Ramses III. und einen anderen von Ramses VIII., letzterer ist der prächtigste mit Anbauten des Bochoris um 810 v. Chr.[95] [...]

Es gibt auch zwei Seen, aber anstatt noch mehr Worte zu verlieren, ziehe ich es vor, unten eine Skizze beizulegen (Abb. 59). [... 163] Ich beschreibe jetzt die Pylone, die meine Aufmerksamkeit erregt haben, weil sie die höchsten in ganz Ägypten sind [...] weiter gibt es den Tempel von Tutmosis III. [...]

Dienstag, 8. März

[...] Ich stand früh auf und ging zu den mit verschiedenen Vogelarten überfüllten Seen, die ich vorher bewunderte, und [...] schoss, nachdem ich mit meinem Freund [...] am Fluß gegessen hatte [...] ich sah [... 164 ...] viele Priestergräber und andere weiter entfernt und gut erhalten [...] Ein Grab mit einer Statue hat einen schmalen Eingang [...] Ich sah ein gut geschmücktes Grab mit Bildern [...]

Mittwoch, 9. März

Heute haben wir Koornah [Qurna] noch einmal besucht. Aus diesem Grund haben wir gestern die Schlüssel von dem Franzosen Maunier bekommen, aber ich bekam schlimme Bauchschmerzen und sah mich gezwungen, zum Arzt zu gehen [...]

Donnerstag, 10. März

Heute haben wir uns das Grab XXXV angesehen, in dem eine Mumie verkauft wurde. Ich konnte sie nicht kaufen, da ich bereits viel Geld ausgegeben habe und

Abb. 58
«Karnac, Avenue des Sphinx», Hector Horeau, 1838.

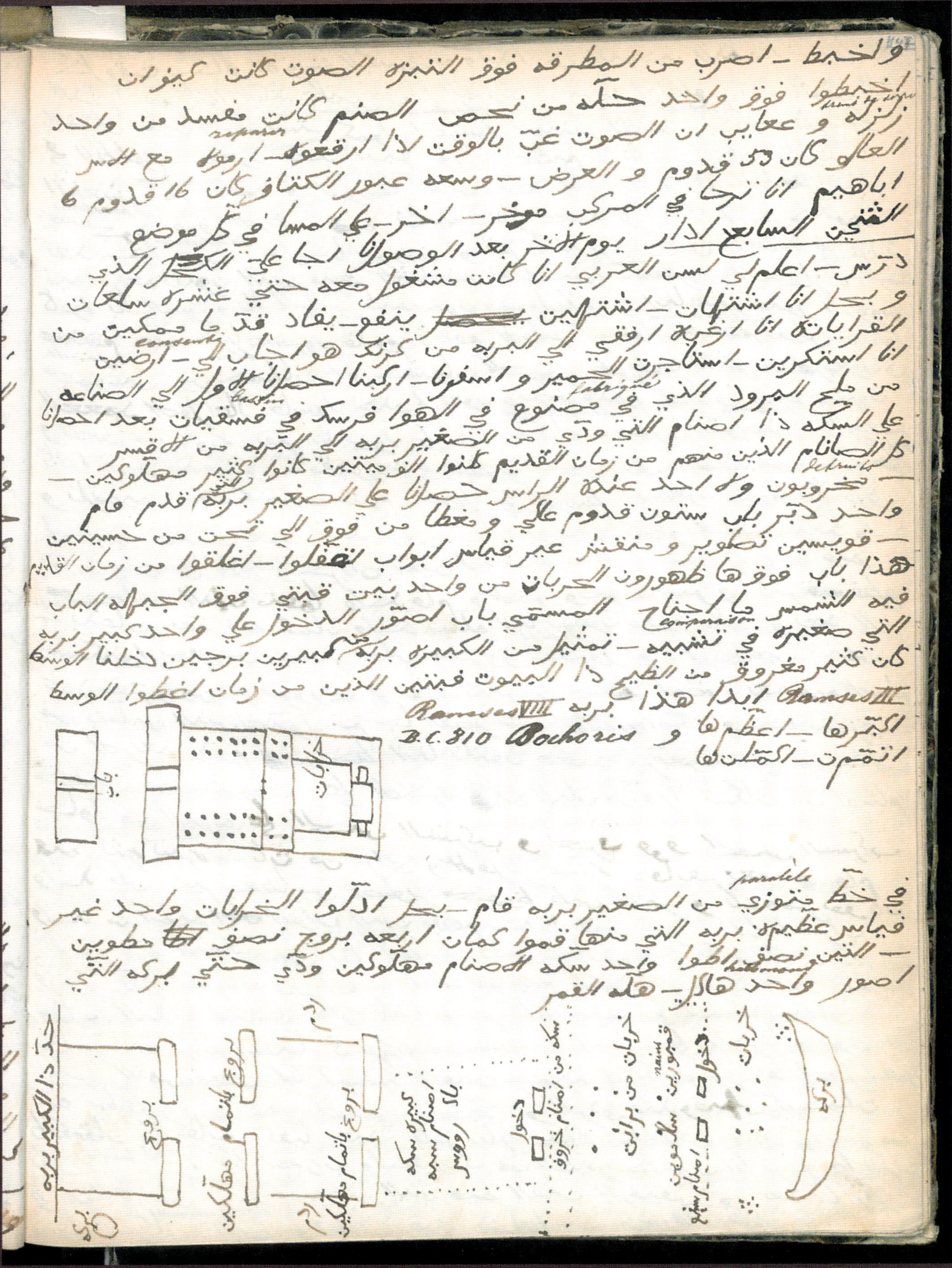

Abb. 59
Tagebuch A 3, Seite 147 (=PDF 162) mit Skizzen von Ramesseum und Medinet Habu.

Abb. 60
Dendera, Tempel der Hathor, David Roberts, 1839.

noch Medikamente für 16 Guineen kaufen muss. [...] Danach gingen wir wieder zu den Gräbern der Könige und mit dem Boot überquerten wir [?]. Auf dem Markt kaufte ich einige Schädel mit seltsamen Gesichtszügen und ein sehr altes weißes Leinentuch von einer Mumie [...].

Freitag, 11. März

Es war sehr windig. Wir sind um fünf Uhr nachmittags abgereist und segelten die ganze Nacht durch, um heute Morgen in Kene [Qina] anzukommen. [...] Auf Eseln ritten wir zu den Gräbern von Dendera, [165] wo ich Ausgräber traf [...] während meiner ganzen Reise habe ich nie so ein gut erhaltenes Gebäude [Tempel der Hathor] (Abb. 60) gesehen. Seine Formen sind stabil, klar und gut gemacht, als hätte man es für die Ewigkeit gebaut. Es gibt eine Eingangstür mit zwei Korridoren. Die Wände ringsum schützen vor dem Wind. Es gibt auch eine Treppe mit 22 Stufen. Es gibt einen Raum mit 24 Säulen von 60 Fuß und einem Durchmesser von 8 Fuß. Jede Säule ist mit vier Köpfen von Hathor, der Göttin des Jenseits, gekrönt. Alles ist mit Bildern und Gravuren bedeckt. [...] Ein Korridor verbindet axial vier Räume, die sich zu anderen Räumen öffnen, die auch dekoriert sind. Wir haben vergessen, eine Lampe mitzubringen. Als wir eine Fackel anzündeten, flogen verschiedene Arten von Vögeln auf uns zu und erschreckten uns. Nach ein paar Minuten ging die Fackel aus, so dass wir nicht hochklettern konnten, wo es gigantische gravierte Blöcke gibt. Die Treppen draußen sind zerstört. [...] Es gibt noch ein gut erhaltenes Gebäude, das von Säulen umgeben ist, die einen nackten Ptah, den Schöpfergott, und ein Bild von Ehi [Ihi] zeigen, der von seiner Mutter [Hathor], der Tochter des Sonnengottes Ra, gestillt wird. Mit weißer Kreide schrieb ich meinen Namen auf die Statuen. Es gibt auch eine dritte Göttin, aber klein und beschädigt.

Samstag, 12. März

Wir können den Wind nicht aufhalten. Er ist sehr stark und wir kommen nicht weiter. Ich bin sehr verärgert. [...] Ich muss mit dem Kapitän sprechen und ihm sechs Guineen anbieten, um die Weiterreise nach Alexandria in Ägypten zu beschleunigen. [...]

Abb. 61
Auguste Mariette bei Ausgrabungen in Ägypten, Foto von Delie et Bechard, um 1878.

Sonntag, 13. März

[166] Heute gibt es zu viel Wind und hohe Wellen, weshalb wir in der Nähe des Jabal As Sayh [Gebel al Saray] geblieben sind, wo das Land fruchtbar ist. Ich habe vergessen zu erwähnen, dass Monier mir erzählt hat, dass Monsieur Mariette[96] (Abb. 61) im Auftrag von Pascha eine gründliche Untersuchung begonnen hat, bei der ein Sarkophag mit der Mumie eines Pharaos aus der 12. Dynastie festgestellt wurde. Man öffnete den Sarkophag, der eine Tonne wog und viele Goldobjekte enthielt: Armbänder, Halsketten, Ohrringe und Perlen. Als der Pascha davon erfuhr, befahl er sofort, Monier zu verhaften, um den Schatz an sich zu bringen. [...] Die Verantwortlichen schafften es, ihn zu bergen und dem Pascha zu schicken. Dieser zerbrach den Sarkophag, warf die Mumie ins Meer und behielt die Juwelen für sich.[97] [...]

Montag, 14. März

[...] Wir gingen in ein Dorf in der Nähe des Nils, das für seine Räuber bekannt ist. [...] Ich legte mich auf das Bett und spürte etwas unter mir. Als ich mich umdrehte, um nachzusehen, geriet ich in Panik, weil ich feststellte, dass ich auf einer Leiche schlief. [... 167 ...] Ich besuchte eine englische Kirche, wo ich weinend betete, und sprach dann mit dem Priester, um ihm zu sagen, dass ich eine sehr kultivierte Person sei und hier verweile, um die Kultur und die Sprache kennenzulernen.

Dienstag, 15. März

[... 168 ...] Endlich kamen wir nach Girga [Thinis], wo ich von weitem ein paar Fanatiker sah, die schrien: *Allah ist der einzige allmächtige Gott und Muhammad ist sein Prophet, möge Frieden mit ihm sein.* Eine Revolte für die Freiheit ist im Gange. Die Polizei kam und schlug die Leute, so dass alle wegliefen. [...] Ich kann es kaum erwarten, die Reise fortzusetzen, um andere Städte zu besuchen, insbesondere Abydos, eine der wenigen, die im Sand vergrabene Gräber freigegeben hat, in denen man gut dekorierte Räume und Decken sehen kann, die aus der Zeit des Sethos und Ramses des Großen stammen. [...]

Mittwoch, 16. März

[... 170 ...] Ich habe noch nie einen so schönen Abend gesehen: Der Mond zwischen den Wolken spiegelt sich im Nil und schafft ein Theaterszenario. Ich empfinde ein Gefühl von Freiheit und Freundlichkeit.

Freitag, 18. März

[...] Wir können die Reise wegen des Windes nicht fortsetzen. [...] Gewappnet mit Geduld sind wir aufgewacht. Ich ging mit meinem Gewehr voller Patronen und fing an, auf Vögel in den Bäumen zu schießen. [...] Die Stadt [?] ist sehr sauber und gut bevölkert mit vielen wohl gebauten zweistöckigen Häusern, [...] ich habe Angst, mich den Frauen zu nähern, die schüchtern in den Kutschen vorbeifahren. Ich schaue sie von weitem an und ziehe mich zurück. In Ägypten wird der Islam bis heute praktiziert und daher respektieren sie die traditionellen gesellschaftlichen Regeln [171]. Es gibt eine Mischung der Kulturen und Mischehen von Arabern, die mit jüdischen Frauen verheiratet sind. Ich betrat alle Häuser und benahm mich immer gut. Der Kontakt mit anderen hat es mir ermöglicht, mehr Selbstvertrauen zu erlangen und in der Lage zu sein, gut für mein Leben entscheiden zu können, indem ich die Vorteile nutze. [...]

Es gibt einen verliebten Jungen, aber sein Großvater will der Hochzeit nicht zustimmen, deshalb beschließt er, heimlich zu heiraten [eine in Ägypten noch heute übliche Praxis]; er erzählt es seinem

Imam, der aber es seinem Großvater weitererzählt. Dann bereiten sie eine schöne Überraschung für ihn vor: eine Hochzeitsfeier mit Zeugen, Musik, Fackeln usw. [... 172 ...]

Sonntag, 20. März in Manfalut

[... 173 ...] Wir sind heute angekommen und haben nach der Nekropole der heiligen Krokodile gesucht. [...] In einer Höhle gab es Mumien kleiner Krokodile, die ausgestopft und in Leinen gewickelt waren. [...] Ich wählte das am wenigsten zerstörte aus. [...] In den Bergen gibt es Höhlen, die in der Antike als Wohnungen genutzt wurden. Am Strand war ein 15-jähriges Mädchen, das ein wenig fett war. Ich näherte mich ihr singend, machte galante Komplimente und versprach ihr etwas Geld, wenn sie mich zum Boot begleiten würde. Sie lehnte mit den typischen sanften Manieren von muslimischen Frauen ab, wenn sie sich weigern, Sex zu machen. [...] Der Pascha befahl, dass Frauen, die Beziehungen zu Nicht-Muslimen hatten, geächtet und mit dem Tod bestraft werden sollten.

Dienstag, 22. März in Minya

[... 174 ...] Heute haben wir in Beni Hassan angehalten. Hier gibt es berühmte sehr alte Gräber (Abb. 62), die Pharaonenamen der 12. Dynastie tragen. Die Darstellungen an den Wänden sind interessant und zeigen Jagd und Fischerei, [...] aber auch den Ofen einer Bäckerei und andere Handwerksläden. Die Farbe hat ihre Frische bewahrt [...]. Die Säulen haben wenige Dekorationen. Es gibt viele römische rote Einritzungen [?]. [...]

Zurück auf dem Boot erzählte uns ein Fischer, er habe gerade ein noch lebendes Krokodil gefangen. Interessiert an dem Kauf, nahm ich es für 25 ägyptische Kronen und ließ es, in Seilen gewickelt, ins Boot legen.

[... 175 ...] Es gefallen mir die Bildung und Freundlichkeit dieser Kaufleute, die gut angezogen und mit sauberen Füßen in ihren kleinen Geschäften sitzen, während ich weder freundlich noch sauber war. Sie waren so gebildet, dass sie kein skurriles, sondern ein elegantes Arabisch sprachen. [...] Es gibt Zuckerfabriken mit Schornsteinen, die der Stadt ein typisches Aussehen verleihen. Ein Händler sagt, dass

Abb. 62
Felsgräber von Beni Hassan, Aquarell von Charles de Tournemine, 1863.

sowohl Allah als auch sein Prophet Mohammed keine Verluste im Handel wollen [...].

Mittwoch, 23. März

Heute ist der Wind mild und ich bin wie jede Nacht sehr müde. Ich habe genug von der Leistung des Kapitäns, da das Schiff nicht weiterfährt und er in Beni Suef angehalten hat [... 176 ... *er erzählt von einem reichen und geizigen Mann, der Geld unter dem Bett versteckt und, wenn er überprüfen will, wer ihn beraubt, das Geld in Sichtweite lässt und ihn dann anklagt*]

Freitag, 25. März in Gizeh

[... 177...] Ich möchte sofort zu den Pyramiden gehen, selbst wenn ich etwas müde bin, [...] ich stehe kurz vor dem Abschluss einer Reise, die mir wundervolle Erinnerungen und unauslöschliche Ansichten hinterlassen hat. Ein ägyptisches Sprichwort sagt: *Wer das Wasser des Nils getrunken hat, wird unweigerlich zurückkehren, um es zu trinken.* Ich bin gestresst und habe viel Geld ausgegeben, aber es hat sich wirklich gelohnt. Dank dieser Reise habe ich jetzt ausgezeichnete Arabischkenntnisse, die es mir ermöglichten, viele Menschen kennenzulernen und viel Spaß beim Umgang mit ihnen zu haben. Jetzt kann ich in jeder Situation sprechen. Manchmal vermisse ich meine Frau [Ekaterina], ich bin sicher, sie wird viel aus meinen Erzählungen lernen. Morgen früh muss ich mich mit dem Kawega Forseman treffen, um meine bei ihm verbliebenen Koffer wieder abzuholen. [... 178 ...]

Dienstag, 29. März 1859

[*griechisch*] Endlich sind wir vorgestern gegen 9 Uhr am Morgen in Kairo angekommen, wo ich mein Zimmer in demselben Hotel wie beim ersten Mal bezogen habe. Ich kann nicht mit Worten ausdrücken, wie glücklich ich bin, sowohl die harten Lebensbedingungen am Fluss als auch die schlechte Qualität des Essens, das unser Dragoman mit seinen schmutzigen Händen zubereitet hat, hinter mir gelassen zu haben.

[*arabisch*] Jeden Tag habe ich meine zukünftigen Reisegenossen nach Jerusalem gesehen [...] ich näherte mich, um zu hören, worüber sie sprachen, und einer sagte, dass er in der Herberge bei den Pyramiden lebte. [...] Ich ging dorthin und traf Ali Lezhi, eine lustige und freundliche Person, mit Frau und Sohn. [...] Dann ging ich hinein, um die Zimmer zu sehen, und durch eine angelehnte Tür sah ich meine Reisebekanntschaft aus Alexandria wieder, [James Ferrier] mit seiner Tochter. Sie erkannten mich wieder und erzählten mir von ihrer Reise. Es gibt auch fünf Briten, die mir erzählt haben, dass sie mit einem Dragoman und Dolmetscher zusammen sind. [...] Als ich allein reiste und sie den doppelten Preis für den Besuch verlangten, ging ich zu einem Freund, der seinerseits zum Exkursionsleiter ging und sagte, dass ein guter, mehrsprachiger Mensch

und authentisches Genie [sic!] sich ihnen anschließen möchte.

Mittwoch, 30. März

[... 179 ...] Heute bin ich sehr wütend über diesen Dieb, der mich reingelegt hat, indem er alles zu einem sehr hohen Preis verkauft hat, sogar die beiden Gewehre. Der starke Wind zwingt uns, in der Nähe von Kairo zu bleiben. [...]

Donnerstag, 31. März

[... 180 ...] [...] Heute Morgen erhielt ich durch einen englischen Priester, der kaum Arabisch kann, einen Brief [aus St. Petersburg], in dem mir mitgeteilt wurde, dass meine Frau ein Kind geboren hat[98] [...]

Freitag, 1. April

[*italienisch* 181] [...] Unsere Karawane besteht aus 12 Kamelen (Abb. 63), von denen einige mit Fässern

Abb. 63
Kairo, Zitadelle mit einer Karawane, David Roberts, 1839.

und Lederschläuchen, die Wasser enthalten, Käfigen mit Geflügel und den Kochgeräten, die anderen mit dem Zelt, Gepäck usw. beladen sind. In der Ferne glaubten wir immer, Teiche und Lagunen, einmal sogar die riesengroße Fläche der See und die felsige Meeresküste zu sehen. Alles aber war Illusion und nichts weiter als Fata Morgana oder Reflexionen der Sonne oder des klaren Himmels auf dem Sand. Ich hätte gern eine Photographie von unserem Karawanenzug gehabt. […]

Ich besteige einen arabischen Hengst, den mir ein Dragoman zur Verfügung gestellt hat. […]

Heute Abend haben wir das Zelt in der Nähe des Dorfes Tell Basta aufgebaut, das einst eine große Stadt mit schönen Moscheen und Kirchen war. Hier stand in der Antike die große [Stadt], die bei den Griechen Bubastis oder Pibeseth in der Bibel [hieß].[99]

Den ganzen Tag reisten wir zu den Spuren der Häuser des alten Gosen, das in der Bibel erwähnt wird.[100] Die ganze Erde ist mit Scherben von Geschirr, Töpfen und Ziegeln bedeckt, die dem zerstörerischen Einfluss der Zeit viele tausend Jahre lang getrotzt haben und an vielen Stellen sind auch die Fundamente von Häusern sichtbar. […]

Samstag, 2. April Rass El Ouad

[182 …] Wir verließen unser Zelt heute Morgen um 7 ½ Uhr ab und hielten am Nachmittag um 3 ¼ Uhr vor dem Dorf Rass El Ouad [Ras el Wadi] an, wo sich das Landhaus des Vizekönigs befindet […]. Wir sind heute Morgen weiter auf den Überresten des Dorfes Gosen gelaufen, das nach der Menge der Ziegelfragmente und Terrakottascherben anscheinend sehr bevölkert war. Danach betraten wir die

Abb. 64
Zeltlager der Kapitäne Sebastiano Martini und Antonio Cecchi in Alexandria während der italienischen Expedition nach Afrika, Stich aus: L'Illustrazione Italiana, No 15, April 15, 1877.

Abb. 65
Blick auf El Arish, unbekannter Fotograf, zwischen 1914 und 1917.

Wüste, in der keine Spur von alten Häusern mehr zu sehen war. [...] Meine Reisebegleiter, die Herren Carlo und Giulio Bassi aus Bologna, ertragen mit mir die Anstrengung der Reise gut. Unser Zelt ist blau mit roten und gelben Verzierungen und sieht gut aus mit seiner sardischen Flagge und dem Savoyer Kreuz (Abb. 64).

Donnerstag, 7. April

[*Er erzählt von der Ankunft an einem versumpften See, von dem Beladen der Kamele, von dem Durchqueren von Wüsten und sumpfigen Gebieten; sie leiden unter dem Regen und der großen Kälte; Giulio Bassi leidet an Durchfall; er spricht mit Beduinenfrauen aus El Arish, die Schafe weiden lassen*].

[186 ...] Eine Besonderheit hier in Ägypten ist diejenige, dass bei fast allen Männern um die Vierzig entweder der große Finger der rechten Hand oder das rechte Auge fehlen. [...] Sie verletzten sich selbst, um dem Militärdienst unter Ibrahim Pascha zu entgehen. [...]

Freitag, 8. April

[... 187 ...] Wir kamen um 5 Uhr in El Arish (Abb. 65. 66) gegen Sonnenuntergang an und mussten hier unsere Pässe vorzeigen. [...] Seltsam ist der Ursprung dieser kleinen Stadt. Ein König von Äthiopien eroberte Ägypten und befreite das Land von Dieben, indem er sie einsammelte und in diese Wüste verbannte und ihnen die Nase abschneiden ließ, damit sie erkannt werden konnten. [...]

Von hier aus hoffen wir, in zwei Tagen Gaza zu erreichen. Die zirka 2000 Einwohner [von El Arish] sind von den Zollsteuern befreit. Diese Wohltat sieht man sofort an ihrer Kleidung und ihren Gesichtern. Da hier die Grenze zu Syrien verläuft, sind die Einheimischen im regen Kontakt mit den Türken. Die Vermischung des Blutes erzeugt die Schönheit der Bewohner dieser Region. Tatsächlich sind die jungen Mädchen sehr schön, sauber, weißhäutig und haben nichts mit dem Schmutz und der Rauheit ägyptischer Frauen zu tun. Am Abend hatten wir Besuch des Provinzgouverneurs namens Omar oder Osman Effendi und eines Italieners, des Direktors der Passbehörde. Wir führten ein langes Gespräch miteinander. Der türkische Gouverneur sprach perfekt Arabisch. [...]

Samstag, 9. April

Der Gouverneur, mit dem ich gestern gesprochen habe, gab mir viele Erklärungen zum Tod der beiden vorletzten Vizekönige vor dem jetzigen [Muhammad Said Pascha]. Ibrahim [188] Pascha wurde vergiftet und Abbash Pascha wurde erwürgt.[101] Der Gouver-

Abb. 66 Karawane bei El Arish, Aquarell von Edward Lear, 1867. New Haven, Yale Center for British Art B1997.7.323 Orient von El Arish bis Alexandretta.

Abb. 67 Blick auf Gaza, David Roberts, 1839.

neur selbst musste die Leiche bewachen und sah zu, als sie gewaschen wurde. Er sagt, dass es keine sichtbare Wunde gab, nur ein paar blaue Spitzen [d. h. Flecken] an seinem Hals und Blut, das aus seiner zerkratzten Nase und seinem Penis floss. Es konnte auch festgestellt werden, dass die Hoden abgeschnürt waren.

Früh am Morgen um 7 Uhr sind wir aufgebrochen, damit wir morgen nach Gaza gelangen. [...] Vor 5 oder 6 Monaten haben sich die hiesigen Beduinen untereinander gestritten und es gab 600 Tote.

Sonntag, 10. April

[*arabisch*] Um 7 Uhr am Morgen brachen wir die Zelte ab und beluden die Kamele. [...] Die mit Schwertern und Gewehren bewaffneten Beduinen bedrohten uns wegen unserer Weigerung, ihnen Geld zu geben [... 189]. Nach ihrem eigenen Recht muss man eine Maut zahlen, wenn man ihr Territorium durchquert. [...] Also nahmen sie eines unserer Kamele und sagten, dass sie es erst zurückgeben würden, nachdem sie 20 Kronen erhalten hätten. Es waren zwei Jungen, einer 11 Jahre alt und der andere 16 Jahre alt, die das Kamel mit großer Kühnheit wegnahmen. [...] Dann begleiteten sie uns nach Gaza (Abb. 67), wo wir die Zelte nahe denen anderer Touristen aufschlugen [...] dort steht auch das Zelt des Kawega Ferrier aus Kanada mit seiner Tochter, die ich so sehr mag. Wir wurden daher von einigen Wächtern gut geschützt. Die Moscheen wurden auch nachts beleuchtet, weil Ramadan ist.

Montag, 11. April

Nachts konnte ich wegen der Hundekälte nicht schlafen. Es war auch unmöglich, das Zelt zu schließen, da der Wind von allen Seiten hereinblies. Ich freue mich bei dem Gedanken, dass sich die entzückende Tochter des Kawega Ferrier im Zelt nebenan befindet. Ich fühle mein Blut kochen: seit acht Monaten habe ich keinen Sex mehr gehabt und keine Frau mehr berührt. [...] Am Morgen, nachdem wir Kaffee getrunken und die Pferde beladen hatten, gingen wir zum Meer. [...] Hier gibt es Gemüsegärten, Feigenbäume, Olivenbäume und eine bunte Vegetation wie im Maghreb. Wir gingen zum Strand voller Muscheln und nahmen ein Bad. [...]

Dienstag, 12. April

[190 ...] [*Besuch des Grabes eines lokalen heiligen Mannes* ...] Ich wohne in der Nähe meiner Angebeteten [Miss Ferrier], aber ich kann ihr leider meine Liebe nicht erklären [...]

Mittwoch, 13. April

[191] Die Touristen sind heute Morgen abgereist und die Zelte sind leer geblieben. Ich beschließe, mein Leben besser zu machen. Ich bin verrückt nach dieser Liebe und im siebten Himmel. Drei Tage lang war mein Zelt in ihrer Nähe, tatsächlich hatte ich dem Organisator der Zelte Geld gegeben, um mir einen Platz in ihrer Nähe zu geben, meine Angebetete, meine Muse, die mich inspiriert. [*er erzählt, er sieht sie überall* ...] Diese Liebe hat mein Herz gebrochen, meine Gesundheit zerstört und macht mich unglücklich. [...]

Donnerstag, 14. April

[192 ...] Wir besuchten die Denkmäler der Stadt Ascalon (vgl. Umschlagabbildung), wo es eine gut erhaltene Tora-Rolle gibt. Die vielen antiken Ruinen sind mit Salz bedeckt und voller Muscheln. Es gibt auch Steinbrüche. [...] Ich bezweifle, dass das, was sie zeigen, wirklich die Überreste einer Kirche sind. [...]

Einige Diebe hielten mich an, um mir Geld wegzunehmen, aber ich peitschte das Pferd, um meine Freunde zu erreichen, die sofort herbeieilten [193], um sie zu vertreiben.

Nach vier Stunden kamen wir in der Stadt Aschdod (Abb. 68) an, wo wir unsere Zelte unter einer großen Menge Leute wieder aufbauten. Unter ihnen stachen sehr schöne Gesichter hervor, als Ergebnis der Mischung aus arabischem und jüdischem Blut. Mädchen sind Königinnen. Die Augen sind wunderschön sowie die Haare und die Haltung. Sie bieten an, Liebe für Geld zu machen, wenn auch heimlich. Die Leute hier sind konservativ. Wenn man aus Ägypten kommt, ist man erstaunt über die Ordnung und die Sauberkeit. Wir gingen gerade zu einem der ältesten Geschäfte, als wir wegen einiger Schüsse aufgehalten wurden. Wir antworteten mit zehn Schüssen, um den Beduinen zu zeigen, dass auch wir bewaffnet waren. [...]

Freitag, 15. April in Jaffa

Wir ruhten uns aus und setzten um 7 Uhr unsere Reise fort. Wir kamen den ganzen Tag an Wiesen, Bauernhöfen, bebauten Feldern usw. vorbei. Es gab zahlreiche versteckte Minen [von Bergwerken] unter dem Boden, also passten wir vorsichtig auf, wo wir unsere Füße hinsetzten. In der Stadt trafen wir einen Trauerzug mit Frauen, die weinten und schrien. Um 3 ½

Abb. 68
Ascalon, David Roberts, 1839.

Abb. 69 ⇩
Aschdod, David Roberts, 1839.

betreten wir eine Art irdisches Paradies mit Orangenhainen und vielen Obstbäumen, Blumen und aromatischen Kräutern, die uns in eine andere Welt entführten. Wir schlugen unsere Zelte vor Jaffa (Abb. 69) auf, einer Stadt, die nach alten Plänen des [Königs] Josafat gebaut wurde.[102]

Wie gerne würde ich meine Angebetete, die Tochter Ferrier, wiedersehen. Übermorgen werde ich mich beeilen, nach Jerusalem zu gehen, wo es Palmen gibt.

Wir werden noch zwei Tage hierbleiben, um meine schmutzige Wäsche zu waschen. [...] Die Stadt Jaffa wurde unregelmäßig geplant, mit engen, krummen und nicht gepflasterten Straßen gebaut. Vergebens ging ich durch die Buchhandlungen, um nach einem gedruckten Reiseführer zu suchen, und ging schließlich zum Schwimmen ans Meer [...].

Samstag, 16. April

Heute Morgen bin ich bei kaltem Wind aufgewacht, ging im Meer schwimmen und dann habe ich mit Freunden in der Stadt einen Kaffee getrunken. Ich stieß auf einen kleinen Laden eines Franzosen [194], der kleine Koffer, die ich jetzt gebrauchen könnte, zu einem hohen Preis verkauft. [...]

Dann ging ich zum russischen Konsul, um herauszufinden, ob alles mit meiner Aufenthaltserlaubnis und meinem Pass in Ordnung sei. Sie antworteten mir, dass sie es überprüfen müssten, da Napoleon im Begriff ist, einen Krieg zu erklären[103] und es dabei auch eine schwere internationale Wirtschaftskrise geben wird. Die Großmächte brauchen einen neuen Krieg, um ihre jeweiligen Machtansprüche wieder auszugleichen.

Ich schrieb einen Brief, um ihn mittels eines Kuriers nach Beirut zu schicken; ich übergab ihn meinem Fremdenführer, damit er ihn dem Kapitän des nächsten Schiffes geben kann. [...]

Sonntag, 17. April

[...] Ich fühle mich nicht gut, habe Kopfschmerzen, bin unruhig, verwirrt und krank. Ich bin auf ein ungestümes Pferd gestiegen und so bin ich bei einer Brücke auf einen Sandhaufen gefallen, ohne mich zu verletzen. [...]

Eineinhalb Stunden später kam ein Franzose und wir stiegen zusammen mit den Priestern auf die

Abb. 70
Blick auf Jerusalem vom Süden, David Roberts, 1839.

Abb. 71
Jerusalem, Grabeskirche,
David Roberts, 1839.

Pferde […] und gingen in die Kirche. Wir besuchten sowohl die Kirche als auch die kleine Moschee. [… 195 …]

Heute Morgen brachen wir auf nach Jerusalem (Abb. 70) […] die Landschaft rund um die Stadt ist fruchtbar. Heute ist es so heiß, aber abends ist es generell sehr kalt. Ich denke, das Klima von Jerusalem ist nicht gesund.

Hier fließt wenig jüdisches Blut durch die Adern der Menschen. Sogar auf dem Gesicht der Juden sieht man den Dreck, aber es gibt auch helle Gesichter. Wir konnten uns den Menschen nicht annähern, da sie etwas misstrauisch sind. […]

Montag, 18. April

Heute kam der Franzose um 2 ½ und […] wir besuchten zusammen die Galerie [Klagemauertunnel], die aus quadratischen Steinblöcken besteht und gut gepflastert ist. Wir trafen eine große Anzahl von Pilgern aus der ganzen Welt, und ich begegnete dabei dem berühmten Scheich von Abu Gosh, der die Länder und Stämme rings um Jerusalem regiert. Er verbrachte drei Jahre in der Istanbuler Armee und ist ein Experte in Militärrecht. Aus diesem Grund schickte ihn der Sultan von Istanbul hierher, um seine Macht zu festigen und gegen die Plünderer zu kämpfen. Er hat Streit mit dem Sultan, besitzt aber enorme Macht über alle Angelegenheiten in Jerusalem. Ich habe mit ihm geredet. […]

Wir haben die Zelte etwas außerhalb der Stadt aufgeschlagen. Ich hinterließ beim russischen Konsul die Aufenthaltserlaubnis und besuchte die Kawegas aus Kanada, die für eine 20-köpfige Firma arbeiten. Ich sprach mit einem englischen Priester über Gaza und mit dem Kawega Marshall Smith [*?*], der mich fragte, ob ich mit ihm reisen würde: sein Dragoman und Dolmetscher verlangt 100 Kronen für jeden Touristen in der Gruppe; natürlich habe ich es abgelehnt.

Dann begleitete er mich zur Basilika [Grabeskirche] (Abb. 71). Für die einzelnen Religionen gibt es verschiedenen Regeln und Bereiche, und in derselben Kirche feiert jeder seine eigene Messe. Die Orthodo-

Abb. 72
Jerusalem, Al-Aqsa-Moschee, aus: François Edmond Pâris Souvenirs de Jérusalem, album dessiné par M. le Contre-Amiral Pâris; lithographié par MM. H. Clerget, Bachelier, J. Gaildrau et Fichot, 1862.

xen sind in der Mehrheit. In der Mitte befindet sich das Grab Christi aus weißem Marmor. Wer hinein kommt, macht das Kreuzzeichen und küsst das Tuch auf dem Grab. Ich wurde wütend, weil ein Priester mich um eine Spende bat. [196] Dem Marmor nach glaube ich nicht, dass es sich um das Grab Jesu handelt, auch nicht wegen der Bearbeitung des Steins, weil er nicht jene heilige Aura vermittelt, die zum Beispiel in den Kirchen Syriens spürbar ist. [...] Die Kirche ist vernachlässigt, es regnet rein, alles verfällt, und mein Herz leidet.

Wir besuchten dann die berühmte und sehr alte Al-Aqsa-Moschee (Abb. 72) und dann den Garten Gethsemane, in dem Jesus betete und Schweiß wie Blutstropfen vergoss. Jeder Christ, der dorthin geht, leidet, indem er am Leiden Jesu Christi teilnimmt. [...]

Dienstag, 19. April

Heute Nacht habe ich im Zelt schlafen müssen, da die Stadttore schon um halb acht geschlossen waren. Heute Morgen, nachdem ich den Fremdenführer bezahlt und ihm ein zusätzliches Trinkgeld gegeben hatte, trank ich Tee mit Milch, um die Verdauung zu verbessern.

[*griechisch*] Ich habe ein Zimmer gemietet, [...] gestern Morgen gingen viele zum Toten Meer und nach Jordanien, so dass viele Zimmer frei waren, [...] ich habe einen Arabischlehrer gefunden, mit dem ich Streit hatte, da er meine Methode nicht anwenden wollte. Also kaufte ich mir eine Bibel, da ich das Alte und das Neue Testament gut kenne.[104] [...]

Gegen drei Uhr ging ich mit einem englischen Priester spazieren [197], mit dem ich nach Petra reisen wollte, wo es viele alte Denkmäler gibt. Wir gingen zuerst zur Zitadelle von Jerusalem, wo die Häuser nicht sehr hoch sind, ungefähr 50 Fuß oberhalb der Straße, weil die Stadt vom römischen Kaiser[105] zerstört wurde, der entschied, dass bei ihrem Tempel kein Stein auf dem anderen bleiben solle [...]

Die russische Regierung hat hier kein anderes Eigentum als ein Kloster. Wir gingen zur Via Crucis, wo Christus gezwungen war, das Kreuz zu tragen, und verließen dann die Stadt. Wir stiegen hinab zum Tal von Josaphat [Kidrontal] und gingen über den Bach der Zeder [Kidron], den Jesus in der Nacht vor der Kreuzigung auch überquert hatte.[106]

Das ganze Gebiet ist mit sehr alten Olivenbäumen bewirtschaftet. Von hier aus hat man einen schönen Blick auf die Befestigungsmauern, die im unteren Teil älter sind, während der obere Teil von den Kreuzfahrern wieder aufgebaut wurde. Die Mauern wurden von Suleiman wiederhergestellt, der Jerusalem mit ganz Palästina eingenommen hatte. Nachdem wir das Tal von Josaphat durchquert hatten, kamen wir zu den Gräbern der Könige[107], die den Gräbern von Beni Hassan ähneln. Es ist nicht möglich einzutreten, da sie nicht sauber sind. Ich glaube nicht, dass sie in der Antike innen bemalt wurden, aber ich stelle mir vor, dass sie voll waren [*?*]. Es gibt auch das in den Felsen gehauene [sog.] Grabmal des Absalon (Abb. 73) [198], aber ich denke nicht, dass es so alt ist.[108] [...]

Mittwoch, 20. April 1859

Auch wenn ich alles für meine Gesundheit tue, geht es mir schlecht wegen meines Magens. Gestern zum Mittagessen habe ich eine ganze Flasche Portwein getrunken, um den Magen ein wenig zu entlasten. Vielleicht waren die vielen Orangen schuld, die ich in Jaffa konsumiert habe, dass es mir schlecht ging.

[*arabisch*] Heute morgen mit dem Priester Smytthan besuchten wir den englischen Konsul James Finn,[109] der uns freundlich empfangen hat. Bei ihm war der Touristen-Agent Albert Riarch [?], ein sehr beschäftigter Mann, der uns erzählte, dass dieses Jahr 4000 westliche Pilger nach Jerusalem gekommen sind [...] Der Konsul zeigte uns dann die Bibliothek mit gestifteten Büchern in drei Sprachen und Antiquitäten, wie Skulpturen aus der Stadt Ninive und andere aus Jerusalem. Dann überreichte er mir ein Buch, in dem er die Geschichte dieser 1850 gegründeten Bibliothek zusammengefasst hatte.

Donnerstag, 21. April in Jerusalem

Heute morgen um 7 Uhr sind wir auf Pferden zum Kloster Sankt Samuel[110] geritten, das auf dem Hügel gebaut wurde, auf dem sich auch sein Grab befindet. Im Inneren des Gebäudes, einfach und etwas vernachlässigt, befindet sich seine Grabstätte. [...] Wir kamen [hierher], weil das Kloster in den Bergen hoch über Jerusalem erbaut wurde und eine wunderschöne Aussicht mit Blick auf die Große Moschee und die Kirche von Ramallah hat. [...] Auf Stein kritzelten die Palästinenser, dass die Juden [199] versteckt in den Höhlen leben, was mich sehr wütend machte. [...] Wir aßen bei einem der Königsgräber und hinterher haben wir sie besucht [...]

Freitag, 22. April

[*englisch* ...] Ich ging heute Morgen mit Herrn Smytthan [?] [...] zur Kirche. [...] der Seelsorger las alles von seinem Blatt ab. Ich denke, wenn ich Prediger des

Evangeliums wäre, würde ich versuchen, frei zu predigen, ohne mich vorzubereiten. Am Nachmittag ging ich zu den Juden, die die Zerstörung des Tempels und das unglückliche Schicksal ihrer Stadt beklagen. Sie sitzen beide, Männer als auch Frauen: die Männer lesen mit klagender Stimme, und die Frauen weinen.

Später ging ich mit einem Engländer in die Kirche des Heiligen Grabes, in der wir zuerst eine griechische und danach eine lateinische Predigt hörten. [...] Tausende Pilger lagen auf dem Boden. Einige schliefen und andere unterhielten sich mit lauter Stimme. Sie verbringen die Nacht dort, essen und trinken wie in einem Gasthaus. Eine so große Ansammlung von Menschen der unteren Klassen muss notwendigerweise in der Kirche eine infektiöse Luft erzeugen [...] Nichts ist für einen Touristen interessanter, als die Vielfalt der Kleidung und Physiognomien der Pilger [...] Das Innere der Kirche ähnelt ein wenig dem Pantheon in Rom, ist aber viel kleiner.

Samstag, 23. April

Heute morgen um 10 ½ Uhr schickte der englische Konsul James Finn seinen Assistenten, um uns zur Kirche des Heiligen Grabes zu begleiten, [200] um uns die Gelegenheit zu geben, an der Prozession des griechischen Feuers teilzunehmen.[111] Wir wurden zwischen langen Reihen von Soldaten geführt [*...sie finden in den Nischen der Empore Platz unter einer großen Menschenmenge, darunter französische, spanische, griechische und arabische Pilger*].

Gegen 2 ½ ging eine Prozession griechischer Bischöfe, die die üblichen Fahnen mit heiligen Bildern trugen und den syrischen Metropoliten Mar Gregorius in ihre Mitte genommen hatten, dreimal um die Kapelle des Heiligen Grabes herum, und dann wurde auf einmal bei dem ersten die Kerze angezündet. [...] In fünf Minuten war die ganze Kirche erleuchtet [...]. Dann machten die armenischen Bischöfe mit ihren Fahnen ihre Prozession dreimal um das Grab herum.

Abb. 73
Jerusalem, Grab des Absalon im Tal von Josaphat, David Roberts, 1839.

Abb. 74
Jerusalem, Zeremonie des Heiligen Feuers in der Grabeskirche, Ölgemälde von William Holman Hunt, 1892–1899.

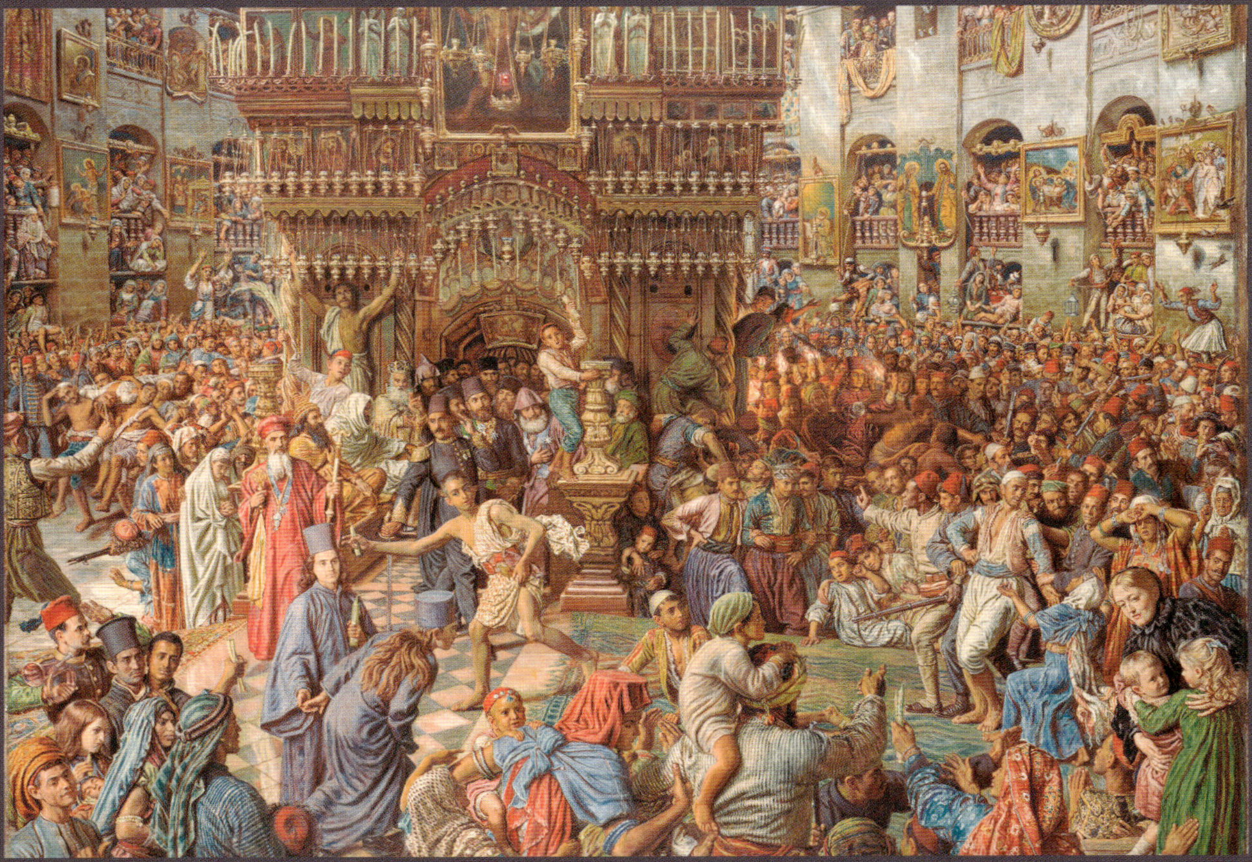

Abb. 75 ⇩
Blick auf Jerusalem vom Ölberg, David Roberts, 1839.

Die ganze Szene ähnelte eher dem römischen Karneval als einer religiösen Zeremonie. [...] (Abb. 74)

Gestern ging ich zu der jüdischen Klagezeremonie, die seit der Zerstörung des alten Tempels regelmäßig jeden Freitag auf seiner Terrasse durchgeführt wird. Sie [...] beten, damit er wieder aufgebaut wird. Die Männer lesen das althebräische Testament laut vor, die Frauen, die wahrscheinlich nicht lesen können, murmeln etwas mit einer klagenden Stimme. Dann ging ich ins Tyropoion-Tal.[112] [201] [...]

Sonntag, 24. April

[...] Heute Morgen bin ich [...] zu Fuß zum Ölberg (Abb. 75) gelaufen, der direkt gegenüber der Omar-Moschee liegt. [...] Von oben [...] genießt man einen schönen Blick auf die Heilige Stadt und ihre Umgebung. [...] Nachher wurde mir in einer kleinen Moschee der Fußabdruck unseres Heilands gezeigt, [...] als er in den Himmel aufstieg. [...] Dann [...] der Garten Gethsemane. [...] Endlich ging ich ins Hotel und las den ganzen Tag im Reiseführer von Mr. Marshall. [...]

Montag, 25. April

Heute Morgen habe ich Herrn und Tochter Ferrier zu Pferd durch das Jaffa-Tor zum Damaskus-Tor begleitet, wo wir die Steinbrüche betraten, in denen die Steine für den Bau des Tempels und wahrscheinlich für alle Paläste gebrochen worden waren, [202] die einmal die antike Stadt schmückten.[113] Der Eingang befindet sich unter der Stadtmauer und ist aufgrund des Bluts und anderer Tierüberreste, die beim Schlachten [...] übrigbleiben, sehr schmutzig. Die Steinmetzzeichen der Arbeiter, die dort gearbeitet haben, sind an den Wänden deutlich sichtbar. [...]

Hinterher ritten wir zu den Königsgräbern [...] und dann zu einem griechischen Kloster [Kreuzkloster], das über der Stelle errichtet wurde, wo der Baum gestanden hatte, aus dem das Kreuz gemacht worden war.[114] Dort wurde das Loch gezeigt, in dem einst der Baum stand. Eine Lampe brennt dort immer, um den heiligen Ort zu beleuchten. Danach ging ich mit Lord Belmore[115] und einigen anderen zur Festung auf den Berg Zion, die sich in einem miserablen Zustand befindet und auf deren Gipfel ein paar rostige Kanonen aufgestellt sind.

Dienstag, 26. April

[*arabisch*] Gestern Abend waren wir Gäste des englischen Konsuls, bei dem wir unter anderen trafen: den russischen, den französischen und den österreichischen Konsul, einen polyglotten Herrn, der auch hebräisch spricht. Im Allgemeinen sind in Jerusalem

Abb. 76
Hebron, David Roberts, 1839.

lebende Ausländer mit ihm [Gastgeber] zufrieden. Er lebt in einem Viertel, in dem auch die berühmte Fredrika Bremer wohnt.[116] Sie wird immer von Männern bedrängt, die mit ihr sprechen wollen. Sie selbst beherrscht vier Fremdsprachen.

[203] Heute Morgen habe ich mich mit guten Wünschen für Gesundheit und Glück vom Kawega Ferrier und seiner Tochter verabschiedet, die mich sicherlich vermissen wird [...] und ich habe versprochen, sie dieses Jahr in Kanada zu besuchen [...] In Kälte und Regen gingen wir noch einmal zum Samuel-Kloster und dem wunderschönen Panorama. Das Dorf hat 4000 Einwohner, alle schön und gepflegt, vor allem die Frauen, die sich gut anziehen und ihr Leben der Religion widmen. [...] Die Häuser hier sind zweistöckig und solide. Wir betraten die Kirche auf dem Hügel. Dann aßen wir an den Quellen zu Mittag, die Wasser zu den Seen bringen. [...] Um 5 ½ kamen wir in Al Khalil [Hebron] (Abb. 76) an, wo wir die Ruinen der Stadt mit den Türmen sahen. Dann bauten wir die Zelte auf und genossen das Kommen und Gehen der Menschen vor der Moschee, in der sich das Grab des Abraham [Höhle der Patriarchen] befindet (Abb. 77).

Mittwoch, 27. April

Heute Morgen sind wir zur Eiche des Abraham geritten, die 5000 Jahre alt und 22 Fuß hoch ist. Ich nahm einen Zweig als Andenken mit.[117] [...]

Nach dem Mittagessen haben uns zehn Beduinen, angeführt von ihrem Scheich einer aramäischen religiösen Sekte, von Al Khalil begleitet und sie verließen uns gegen sieben Uhr am Abend. Wir haben unsere Zelte im Wadi Araba[118] inmitten einer Menge von Kindern und neugierigen Zuschauern aufgeschlagen [... 204 ...]

Donnerstag, 28. April

Heute blieben die Dragomane und ich bis 5 Uhr am Morgen wach und frühstückten um 7 Uhr, da der geplante Aufbruch um 8 Uhr war. Wir reisten auf einem festen steinigen Sand. Wir hatten die Nacht bei einem alten Scheich verbracht, der mir ein weißes Pferd auslieh, mit dem ich einen Ausritt unternahm. Hier sind die Leute sauber, höflich und wohlerzogen und fragen nicht nach Trinkgeld. [...]

Am Morgen ging ich zu einer Quelle, um mich zu waschen. Eine graue Schlange kam aus der Erde, aber

Abb. 77
Hebron, Abrahams Grab, Stahlstich von William Finden, um 1835.

irgendjemand hat sie getötet. Heute Abend haben wir in einem Tal angehalten, in dem es Ruinen gab, und in der Ferne sah man eine alte Stadt mit turmähnlichen Gebäuden [...].

Freitag, 29. April

Wir haben die Zelte heute Morgen um 5 Uhr verlassen. In der Nacht hatte es sogar in das Zelt geregnet und alles war nass [...] bis 4 Uhr am Nachmittag, sodass wir nichts tun konnten [...].

In der Ferne liegt das das zwei Tage entfernte Musa-Tal. In der Nacht begleitete uns derselbe Scheich, der nach seiner Reise nach Mekka lieber Pilger (Hadschi) genannt werden wollte.

Samstag, 30. April

Ich befinde mich auf dem Berg Hor,[119] wo wir am Morgen um 7 ¼ unsere Zelte aufgeschlagen haben und [zu dem] wir am Nachmittag um 5 ½ zurückkehrten. Wir stiegen zwischen harten Lavasteinen in das Tal hinunter. Abrahams Neffe Lot beschützte diese Stadt [Zoar], weil sie fruchtbar und gesegnet war.[120] [...]

Petra, Sonntag 1. Mai

[*englisch* 205] Wir sind heute Morgen um 6 ¼ aufgebrochen und brauchten mehr als 4 Stunden, um das Tal zu durchqueren, das uns vom Berg Aaron[121] trennte. Das Tal ist voll von Steinen in allen Größen und besonders von Flintsteinen [Silex]. Das gesamte Aussehen der Oberfläche ist so, als ob das Land einst den Auswirkungen von Vulkanen und Erdbeben ausgesetzt gewesen wäre.[122] [...]

Wir ritten durch tiefe Schluchten oder am Rande von Abgründen den Berg hinauf und kamen um 3 ¾ Uhr zu einer Hochebene, von der sich der Gipfel des über 800 Fuß hohen Berges Aaron schroff und steil erhebt. Wir stiegen dort von den Pferden ab, die nach Petra weitergeführt wurden, und stiegen zu Fuß den Berg hinauf bis zu dem Gipfel.

Der Aufstieg ist weder schwierig noch gefährlich, weil an steilen Stellen überall Stufen in den Felsen gehauen wurden. Auf halber Höhe fanden wir eine Art Mauerwerk, von dem der Dragoman sagte, es sei ein Brunnen, obwohl kein Schacht darin sichtbar war.

Nach einer anstrengenden halben Stunde waren wir auf dem Gipfel und wurden durch die schöne Aussicht

Abb. 78
Grab des Aaron auf dem Gipfel des Horeb, David Roberts, 1839.

auf das riesige Wadi Araba und die Berge, von denen es umgeben ist, reichlich für die Mühe entschädigt. Es war ein wenig dunstig, sonst hätten unsere Augen noch einen viel größeren Weitblick gehabt.

Die Aussicht auf die andere Seite der Berge des Wadi Musa war wild und großartig. Auf der Spitze des Berges Aaron (Abb. 78) befindet sich eine Mohamedanische Kapelle [Moschee], die genau an derselben Stelle errichtet wurde, wo zur Zeit des Ali ein prächtiges Marmordenkmal zur Erinnerung und höchstwahrscheinlich über dem Grab des Hohepriesters Aaron errichtet wurde, der auf diesem Berg seine Macht an seinen Nachfolger Eliazah [Eleasar] übergab.[123] Fußboden und Wände der Kapelle bestehen größtenteils aus bearbeiteten Marmorstücken des alten Denkmals. Innen, wie üblich bei arabischen Gräbern, befindet sich ein von einem schmutzigen grünen[124] Tuch bedecktes Steingrab. Auf einer Säule in der Mitte sind eine Reihe kleiner Opfergaben aufgehängt, die aus Kupferringen, Glasperlen usw. bestehen. Eine Treppe führt etwa 15 Fuß hinunter. Wir zündeten eine Lampe an, die wir in der Kapelle fanden, gingen hinunter und fanden dort am Ende der Aushöhlung 2 eiserne Gitter in Form von Türen, die lose auf einer Art Grab hingen.

Wir stiegen hinab. Mr. Marshall, der seine Pistole verloren hatte, schickte einen der Dragomane auf die Suche, [206] nachdem er ihm einen Dollar versprochen hatte, falls er sie zurückbringen würde.

Ein stundenlanger Spaziergang brachte uns zu dem Ort, an dem einst die große Stadt Petra (Abb. 79) stand, die in der Heiligen Schrift Sila genannt wird.[125] Unsere Zelte waren bereits aufgeschlagen. Wir gingen ständig über rote, blaue, graue, grüne und schwarze Felsen, die ein unbeschreiblich schönes Aussehen hatten. Überall, wohin man die Augen wendet, sieht man in den Felsen viele Gräber, die sich manchmal in beträchtlicher Höhe befinden. Aber hier sind wir nicht in Ägypten, wo die trockene Luft die Denkmäler bis in alle Ewigkeit bewahrt. Hier ruinieren die Feuchtigkeit und die häufigen Regenfälle alles und der Fels ist nicht sehr hart (es ist nämlich Sandstein) und die Auswirkung der Zeit ist bei jedem Schritt sichtbar.

Von den alten Treppen, die in der Antike alle Gräber verbunden haben müssen, sind nur hier und da einige Stufen sichtbar, die durch die Zeit ziemlich abgenutzt sind. An prominenter Stelle fanden wir eine Säule als einzigen Überrest eines alten Theaters. Die Ebene, in der wir die Zelte aufgeschlagen haben, ist mit Trümmern alter Häuser bedeckt; da und dort sieht man die Fundamente von Häusern oder alte Mauern usw. Ich frage mich, wie einmal eine Stadt über diesen gewaltigen Felsen gebaut werden konnte, wo es kaum genug Vegetation gibt, um ein paar Schafe zu ernähren.

Petra Montag, 2. Mai

Heute morgen bin ich um 5 Uhr losgegangen. Ich ging an dem Bach entlang, der einst die Altstadt durchlief und jetzt völlig ausgetrocknet ist.[126] Auf beiden Seiten des Baches sind noch die Uferbefestigungen zu sehen und die Reste von Brücken. Das Tal und die Hügel auf beiden Seiten sind mit Ruinen der alten Gebäude bedeckt, die einst die alte Stadt schmückten. Auf der linken Seite in der Nähe des Felsens fand ich ein großes Gebäude, das stark verziert und nur wenig beschädigt war. Ich konnte nicht erkennen, ob es einst ein Tempel oder ein privates Wohnhaus war. Nach dem Frühstück ging ich mit meinen Begleitern durch die große Schlucht zur Kasne, dem prächtigsten Gebäude des Ortes. Auf beiden Seiten der Schlucht sind die Felsen bis in beträchtliche Höhe voller Gräber in allen möglichen Dimensionen.

Auf der rechten Seite befindet sich ein in den Felsen gehauenes Theater, das groß genug ist, um 3000 bis 4000 Zuschauer aufzunehmen. Die Sitzreihen sind im Laufe der Zeit kaum beschädigt worden. Die Bühne besteht aus Steinen. Direkt über dem Theater und an allen Seiten befinden sich Gräber, so dass die Zuschauer, wenn sie ihre Augen von der Bühne wendeten, die Häuser der Toten sahen.[127]

Die Schlucht [... 207 ...] heißt Sik. Die Kasne ist von wunderbarer Schönheit und dank der größeren Härte des Felsens ist sie wunderbar erhalten, alle Ornamente befinden sich in einem so perfekten Zustand, als wären sie erst heute gemeißelt worden.

Die Innenwände sind ca. 50 Fuß hoch. Die Mitteltür ist 33 Fuß und die Seitentüren 20 Fuß hoch. Der Tempel besteht aus 2 Stockwerken. Das Obergeschoss ist unzugänglich. Oben befindet sich eine Kugel, in der nach dem Glauben der Einheimischen Schätze versteckt sind und selten geht einer von ihnen vorbei, ohne einen Schuss abzugeben, um sie zu durchschlagen.

Danach gingen wir gegenüber der Kasne durch die schmale Schlucht [Sik]. Die Felswände sind von wunderschönster purpurroter, weißblauer, gelber und grauer Farbe und ragen 200 bis 300 Fuß hoch, so dass

Abb. 79
Petra, Blick nach Süden, David Roberts, 1839.

Abb. 80
Petra, El Deir, David Roberts, 1839.

193

it is 3 times larger than the latter it is far less ornament[ed] and besides the rock presents by far not such rich colours as that of the "Kasné"

altar

interior

I inscribed my name with charcoal as I had done in the Kasné. At every step the rocks present a wild and grand aspect. Their colours are gorgeous in the extreme. A staircase cut in the rock leads up but it is in many places quite obliterated by time. Whitherso ever one may turn the eyes everywhere there are tombs. We examined afterwards a number of tombs in the rocks fronting the valley where the old city stood. One of them is ornamented in the following way:

another

another

We found only one tomb with an latin inscription above the door. In one tomb which had evidently served as dwelling house we found 3 doors and as many windows. Our Dragoman, who by means of the Schech Abu Daud has settled with the Scheich of the Vady Musa tribe has as it appears, to pay daily 5 $ for each of us and contrives therefore to get us off tomorrow morning early saying that another tribe will come and bother us to death. As I learned from a conversation he had with the Scheich il pourrait facilement arranger tout moyennant une nouvelle contribution a l'autre tribut appelé de la de Beniessy, mais il veut faire des economies. Le Scheich des tribus de Vadi Moussa est un bel homme intrepide

Abb. 81
Tagebuch A 3, Seite 193 mit Skizzen von Gräbern in Petra.

an vielen Stellen die Sonnenstrahlen überhaupt nicht eindringen können.

Diese Schlucht war auch einst gepflastert und besaß auf beiden Seiten große in den Felsen geschnittene Wasserkanäle. Es gibt etwa 80 Fuß hoch über der Schlucht eine Brücke, die einst als Teil des Aquädukts gedient hatte. Die Schlucht ist voll von schöner Vegetation wie Oleander, Feigenbäumen, Kapernpflanzen usw. Nachdem wir diese Schlucht durchquert hatten, stießen wir auf eine größere, auch beidseitig voller Gräber, wovon einige einen prächtigen Anblick bieten, wie zum Beispiel [*es folgen einige Skizzen*]. Viele Gräber wurden mit der Zeit so stark zerstört, dass sie nur wie natürliche Höhlen aussehen.

Nach dem Mittagessen gingen wir die Felsen hinauf zu Al Deir (Abb. 80), einem heidnischen Tempel, der auf der mehr als 1000 Fuß hohen Bergspitze angelegt wurde. Dieses Gebäude befindet sich ebenfalls in einem guten Erhaltungszustand, wenn auch weitaus weniger schön als die Kasne, aber [208] es ist dreimal größer und weit weniger verziert und außerdem präsentiert der Fels bei weitem nicht so reiche Farben wie der der Kasne.

Ich schrieb meinen Namen mit Holzkohle ein, wie ich es auch in der Kasne getan hatte. Bei jedem Schritt präsentieren die Felsen einen wilden und großartigen Anblick. Ihre Farben sind extrem prächtig. Eine in den Felsen gehauene Treppe führt hinauf, ist aber an vielen Stellen durch die Zeit ziemlich abgenutzt. Wohin man auch schaut, überall gibt es Gräber.

Danach untersuchten wir eine Reihe von Felsgräbern in dem Tal, in dem die Altstadt stand. Eines von ihnen ist folgendermaßen verziert: [*es folgen drei Skizzen*] (Abb. 81) Wir fanden nur ein einziges Grab mit einer lateinischen Inschrift über der Tür.[128] In einem Grab, das offenbar als Wohnhaus gedient hatte, fanden wir 3 Türen und ebenso viele Fenster.

Unser Dragoman, der offensichtlich mit Hilfe des Schech Ali Daud mit dem Schech des Wadi Musa-Stammes vereinbart hatte, täglich 5 $ für jeden von uns zu bezahlen, wollte uns deswegen gleich morgen früh weglotsen, indem er behauptete, dass ein anderer Stamm kommen und uns zu Tode quälen würde. Wie ich aus einem Gespräch mit dem Schech erfahren habe [*französisch*], könnte er leicht einen neuen Preis mit dem anderen Stamm namens Beniesy [Benjazi] aushandeln, aber er will Geld sparen.[129] Der Schech von Wadi Musa ist ein gutaussehender, stolzer, [209] mutiger und höflicher Mann. Er trägt einen roten Mantel und läuft barfuß.

Dienstag, 3. Mai im Wadi Araba am Fuße des Noumella-Gebirges

Wir sind heute Morgen um 4 ½ Uhr aufgestanden, um die Zeit bis 9 Uhr zu nutzen, um die Akropolis und verschiedene andere Teile der antiken Stadt Syla zu besichtigen. Die Akropolis wurde auf einem ziemlich spitzen Felsen in der Nähe der Schlucht errichtet, in der wir [gestern] zu Al Deir hinaufgestiegen sind. Wieder sehen wir auf der Spitze des besagten Felsens eine Masse von Trümmern und unter anderem den Bogen einer Brücke (Abb. 82), die einen Gipfel mit dem anderen verband. Als wir von der Akropolis zurückkehrten, waren unsere Zelte von einer Menge Beduinen umgeben, die miteinander stritten und einen großen Lärm machten. Meine Mitreisenden, die glaubten, die Tage unseres Dragomans seien in Gefahr, wollten nicht mehr ausgehen.

[*griechisch*] Ich habe auch noch einmal die Kasne besucht, die einen einzigartigen, aber schönen Anblick bietet. Eine große Menge wilder Beduinen, die vor dem Tempel leben, kamen, und es sah aus, als wollten sie uns zusammenschlagen. Sie waren überrascht, aber sie fingen an zu lachen und machten schließlich einen netten und freundlichen Eindruck.

Abb. 82
Petra, laut Bildunterschrift: Triumphbogen über der Schlucht, die nach Petra führt, David Roberts, 1839.

Abb. 83
Petra, Versammlung der Beduinen, David Roberts, 1839.

Abb. 84 ⇩
Wüste El Araba, Gemälde von Eugen Bracht, 1882. Karlsruhe, Staatliche Kunsthalle Inv. Nr. 2852.

Zur gleichen Zeit kam ein Teil der Beduinen singend und schreiend auf dem kleinen felsigen Weg entlang. Alle waren ruhig gegenüber uns Ausländern und begleiteten uns in die Stadt Sila und nahmen eine andere Straße zu unserem Lager, wo alle in einem großen Kreis saßen und über den zu zahlenden Betrag [11 Lire] für freies Geleit redeten, den unser Dragoman für den Anführer der Beduinen des Wadi Musa namens Suleiman eingesammelt hatte (Abb. 83).

Dann kam der Stammesführer, der Scheich des Benjazi-Stammes, plötzlich ins Lager, nahm das Geld und ging weg. [210] Die wenigen Beduinen des anderen Stammes zogen sich zurück und wollten sich nicht hinsetzen, weil der Benjazi-Stamm stärker war. Dieser letztere nahm die Hälfte des Kaffees und des Tabaks, die unser Dragoman dem Oberhaupt des Wadi Musa-Stammes schon geschenkt hatte. Nicht ohne Angst gingen wir, sicher, dass die Beduinen uns folgen würden, was zu unserem Glück nicht geschah.

Wir überquerten die arabischen Berge auf und ab und mussten ständig gefährliche Abgründe mit Pferden und Kamelen überwinden. Die Berge scheinen vulkanischen Ursprungs zu sein und die Tausende von Steinen in den Ebenen sind aus reiner Lava. Die Ebene ist voll von giftigen Schlangen, vor denen wir uns in Acht nehmen müssen, da sie die größte Gefahr während der Reise darstellen.

Unbeschadet von den Ereignissen am Morgen kamen wir nach 7 ¾ Stunden gegen 5 ½ am Nachmittag an. Als wir das Feuer anzündeten, riefen die Beduinen, die herumsaßen, *Schlange, Schlange*, weil einer von ihnen, der den Biss und das Gift an seinen Füßen spürte, voller Schmerz und Angst hochsprang. Im Feuer waren zwei Schlangen, die entkamen.

Mittwoch, 4. Mai

[*italienisch*] Wir sind heute Morgen um 7 ½ Uhr losgeritten und haben zuerst die Wüste El Araba (Abb. 84) 5 Stunden lang durchquert [... 211 ...] wir haben die Ufer gesehen, die von dem reißenden Fluss abgetragen waren, der scheinbar ins Tote Meer fließt [...] Letzteres verdunstet so stark, dass trotz des Wasservolumens des Jordans, der Wasserspiegel im See nicht steigt. Der Sand ist hier voller Salz.

Donnerstag, 5. Mai

[*griechisch*] Wir verließen unser Lager 6 ¾ und erreichten eine ziemlich sandige Ebene. Ich blieb mit einem unserer Dragomane namens Smilan zurück. Plötzlich machte sein Pferd einen kleinen Sprung, aber er fiel nicht aus dem Sattel. Ich hielt das Zaumzeug des Pferdes fest, während Smilan einen Nagel aus dem Huf herauszog. [...] In der Zwischenzeit war die Karawane weitergezogen und wir befanden uns allein zwischen den Bäumen. Deshalb ritten wir stundenlang geradeaus weiter in Richtung Totes Meer, [...] ohne jegliche Spur unserer Gefährten. [... 212 ...] Zu unserer Überraschung tauchten plötzlich zwei Araber auf, die gekommen waren, um uns zu holen. Von ihnen erfuhren wir, dass die anderen zu einer Quelle in den Bergen gegangen waren [...], dann erreichten wir auch die Quelle. Einer von uns eilte, als wollte er alles austrinken [...] Nach zwei Stunden konnten wir uns wieder mit unseren Reisebegleitern vereinen. [...]

Freitag, 6. Mai

[*arabisch*] Heute morgen um 6 ¼ Uhr sind wir abgereist und nach einer Stunde am Toten Meer angekommen. Wir gingen dann zum Strand, an dem es harte Steine gibt, als ob wir in den Bergen wären. Wir hielten an einer Quelle an, in der ich mich gründlich wusch [... 213] Das Wasser, das ich getrunken habe, ist absolut das beste nach dem des Nils. [...] Mit dem Kawega Marshall bin ich im Toten Meer geschwommen, das sehr tief ist. Das Wasser des Sees ist reich an Salz und mit diesen Salzen könnte ich viel Geld verdienen. Ich habe ein paar Proben mitgenommen. Meine Augen brannten auf Grund des hohen Salzgehaltes. Nach 2 Stunden Reise schlief ich eine halbe Stunde. Wir hielten vier Stunden in der Nähe des Meeres an.

Samstag, 7. Mai

[*griechisch*] Die ganze letzte Nacht war der Wind so heiß, dass wir völlig nackt schlafen mussten. Wir waren buchstäblich schweißgebadet wie in einem Dampfbad. Wir haben nicht nur die Tür offengehalten, sondern auch versucht, die Anzahl der Leute im Zelt so gering wie möglich zu halten, damit der Wind frei darin wehen konnte. Obwohl die Mücken uns im Schlaf weiterhin belästigten, war ich so müde, dass ich in den Schlaf gefallen bin bis vier Uhr am Morgen, ohne die Stiche der Mücken zu spüren.

Schmitten [ein Mitreisender] fragte mich, ob ich ihn zum Baden im Toten Meer begleiten wolle, was ich sehr gerne tat. Der Meeresboden war voller Steine, was es ziemlich unangenehm machte, ins Meer zu gelangen. Wir haben versucht, tief zu tauchen, und ich habe mich bis in eine beträchtliche Tiefe gewagt,

Abb. 85
Mar Saba, David Roberts, 1839.

Abb. 86
Mar Saba, Klosterkapelle, David Roberts, 1839.

ohne jedoch den Boden zu erreichen. Ein Wassertropfen, der in mein Auge eindrang, verursachte mir einen qualvollen Schmerz. [...]

Wir fanden die Überreste der antiken Stadt En Gedi am Südhang des gleichnamigen Berges. Die Fundamente der Häuser und eine Unmenge von Scherben waren deutlich sichtbar, was die Bedeutung der Stadt bewies. [214]

Nachdem wir den Berg bestiegen hatten, erreichten wir eine ausgetrocknete Quelle, aber wenn es regnet, tritt das Wasser kräftig aus und bildet viele kleine Bäche. Wir hielten an, um Pferde und Kamele zum Tränken zu bringen und ein erfrischendes Bad zu nehmen. Wir waren eine halbe Stunde unter einem kleinen Wasserfall und haben uns eingeseift, dann aßen wir mit unseren Dienern im Schatten eines Baumes zu Mittag, denen wir Sodom-Äpfel anboten.[130] [...] Wir stiegen dann auf unwegsamen Pfaden auf den etwa 2000 Fuß hohen Gipfel eines [anderen?] Berges. [...] Von dort aus konnte man das Panorama des Toten Meeres und der umliegenden Berge bewundern. [...]

Sonntag, 8. Mai im Kloster Mersabus [Mar Saba]

[*griechisch* 215] Wir sind heute gegen 6 ¾ Uhr aufgebrochen und gegen fünf am Kloster (Abb. 85) angekommen. Wir haben nichts getan, als hohe Berge hoch und runter zu gehen.

[... *Auf dem Weg nach Mar Saba Halt in Masada*] Von Flavius Iosephus wissen wir, dass [die Römer] die Juden in großes Elend gstürzt und führerlos gemacht hatten. Sie töteten einen nach dem anderen. So sind sie mit Frauen und Kindern zu Tode gekommen und beraubt worden, bis nur noch zehn übriggeblieben sind. Sie beauftragten einen [von diesen], die Verbliebenen zu töten und sich selbst als letzten.[131]

Viele Ruinen ihrer Häuser sind übriggeblieben, von denen zwei ziemlich groß und [216] intakt waren und Zisternen für Regenwasser hatten. [...]

Montag, 9. Mai

[*arabisch*] Heute um 9 Uhr am Morgen haben wir das Kloster verlassen. Gegen Mittag kamen wir in Jerusalem an und ich ging sofort zum Gasthaus. Ich habe genau das Zimmer genommen, in dem mein guter Freund Ferrier und seine Tochter 12 Tage zuvor gewohnt hatten.

Ich bemerkte sofort, dass sie hinter ihrem Bett einen Brief vom 30. Dezember verloren hatten, den der Arzt Schaffler von Konstantinopel an den kanadischen Kawega geschickt hatte. Mit freundlichen Worten schreibt er, dass er sie am folgenden Freitag gerne besucht hätte und dass – seit das Mädchen mit seinem Vater weggegangen ist – ihm die Lebensfreude fehle [217]. Ich fand auch ein Fragment eines Antwortschreibens meiner Angebeteten, wobei mich ein starkes Gefühl der Eifersucht überkam. [...]

Heute morgen hatten wir noch das Kloster und die Kirche von San Saba (Abb. 86) besucht. Ein Priester zeigte mir die Höhle, in der der Heilige mit sieben Löwen gelebt hatte, und eine von dem Heiligen selbst gepflanzte Palme, die nie vertrocknet ist, aber ich glaubte es nicht. Die Glocken klingen seltsam, weil sie aus Silber sind. Das Kloster steht am Ende eines Tales, das nach Jerusalem hinabführt. [...]

[*Kaum in Jerusalem angekommen, plant Schliemann schon die Weiterreise*] Der Dragoman wollte mehr Geld für diese Reise, also protestierte ich beim russischen Konsul und wir erzielten eine Einigung. In der neuen Vereinbarung steht, dass der Dragoman *Youhana Habbech* [Johann Abbass] den Kawega Heinrich Schliemann mit Pferden und Kamelen ausstatten muss, um von Jerusalem über Syrien nach Beirut zu gelangen, über Nablus, Jenine [Dschenin], Nassiriya [Nazareth], Tiberiade [Tiberias] mit der Festung des Zahir Al-Omar [Dhaher al-Omar], Jabel el Carmel und Akko. Er soll nur einen Tag in Sidon im Libanon bleiben und von dort nach Deir El Qamar und nach Homs, dann nach Shem [Damaskus] und von dort nach Beirut mit einem Abstecher nach Baalbek. Er soll 7 Tage im Libanon und einen Tag in Shem bleiben und daher werden es insgesamt 22 Tage sein. Im selben Vertrag ist Youhana verpflichtet, Speisen und Getränke außer Wein zu liefern. Auf dieser Grundlage wird der Kawega dem Youhana 1 ½ Britisches Pfund pro Tag bezahlen. Die Kosten des Pferdes werden auf das Konto des Kawega gehen. Die Berechnung wird mit der Abreise aus Jerusalem am Freitag, dem 13. Mai 1859, beginnen; bestätigt durch den Konsul.

Donnerstag, 12. Mai Jerusalem

[218] Gestern Morgen um 7 Uhr brachen wir mit dem Dragoman Johann Abbass von Jerusalem in ein Wüstengebiet auf, die Sharjah [Judäische Wüste]. Wir gingen durch das Jaffa-Tor, dann durch das Damaskus-Tor (Abb. 87), um dann in Richtung Jenine und Jasmina zu gehen. Wir besuchten die Gräber im Licht der Fackeln, darunter ein sehr großes, aber wenig besuchtes. [...].

Abb. 87
Jerusalem, Damaskus-Tor,
David Roberts, 1839.

Abb. 88 ⇩
Nablus, David Roberts,
1839.

Viele Touristen kommen aus dem Wadi Musa.[132] […] Wir haben in einem alten Gebäude gegessen, in dem es Kruzifixe gab. In der Mitte der Ruinen befindet sich ein sehr tiefer Brunnen. Schließlich kamen wir in Al-Shu'bah [?] an, dann gingen wir ins Tal [Wadi] und kehrten dann nach Shu'bah zurück. […]

Gegen Mittag aßen wir und um sieben Uhr kamen wir [wieder in Jerusalem] an. Dort erfuhren wir, dass der Prinz von Russland[133] zu Besuch kommen wird. Der britische Konsul lud uns ein und forderte uns auf, die Zelte ordnungsgemäß aufzubauen, um den Prinzen würdig willkommen zu heißen. Die Delegation wird aus vielen Personen bestehen. Eine Stunde später kam er an. Er ging in eines der Zelte, um sich umzuziehen. Er erschien Hand in Hand mit seiner Frau. Der französische Konsul hat am meisten gesprochen. Die Kleidung des Prinzen ist die eines Admirals mit einem weißen Seidenmantel. Sie kehrten durch das Jaffa-Tor wieder zurück zum Hotel Europa, in dem sie untergebracht sind.

Freitag, 13. Mai in Jerusalem

Heute habe ich den ganzen Tag vergeblich nach diesem verdammten Dragoman gesucht [Youhana Habbech] […]

Samstag, 14. Mai

Ich bin in einer Stadt namens Al-Bireh[134] […] Der Lehrer Sheikh Al Besta kam. Mit ihm habe ich eine Stunde zusammengearbeitet und ihn gebeten, einen Brief nach Beirut zu schicken. Als er mir sagte, dass es 35 Tage dauern würde, zerriss ich ihn aus Wut.

[Gestern] nach dem Mittagessen ging ich in die Kirche [… 219] Der Gottesdienst fand zu Ehren des russischen Prinzen statt, der mit seiner Frau dort war. Ich hatte gehört, dass er die Omar-Moschee in Jerusalem besuchen wird. Ich hoffte, es passiert nicht heute, sondern erst am nächsten Freitag, weil ich sie noch nicht gesehen hatte und ich mich darauf freute, sie zu besuchen. Sobald der Prinz im Hotel eingetroffen war, kamen auch viele Honoratioren, die Emire, die Bevölkerung, Tausende von Soldaten. Nachdem sie die Rede des Prinzen gehört hatten, begannen die anderen zu sprechen.

Heute um 1 Uhr reiste ich mit dem Dragoman Youhana Habbech und wir ritten von Jerusalem weg, […] als wir uns allmählich entfernten, nahmen wir die majestätische Landschaft um Jerusalem wahr. […] Wir gingen durch die Altstadt, die Ghibea [Tall al-Ful] heißt […] rechter Hand ließen wir Ramallah liegen, was auf Hebräisch Benyamin bedeutet.

Abb. 89
Nablus, Grab des Joseph, David Roberts, 1839.

Wir kamen gegen 4–5 Uhr in Al-Bireh an. Die Häuser hier wurden mit Steinen gebaut, weil es so kalt ist.

Sonntag, 15. Mai in Neapolis / Nablus (Abb. 88)

Heute Morgen bin ich um 4 Uhr aufgewacht und habe mit Vergnügen Mr. Gibbs gesehen, der [auch hier] sein Zelt aufgebaut hat. Wir begannen unsere Reise zwischen 5 und 6 Uhr. Überall war die Aussicht wunderbar. Die Berge waren grün von den Feigen- und Olivenbäumen, ein bezauberndes Panorama mit einem sehr tiefen Tal und kleinen Dörfern aus soliden Häusern. Der Weg verlief über Peten [Bethel] Yabrud, Singel [Sinji], Hawara [Huwara]. Wir aßen bei einer Quelle beim Khan El Louban [Al-Lubban ash-Sharqiya], wo römische Ruinen zu sehen sind.

Wir gingen zum Jakobsbrunnen[135] und eine dunkelhäutige Frau gab uns Wasser. [...] Wir kamen am Grab des Joseph (Abb. 89) vorbei,[136] über dem eine Kirche gebaut ist, umgeben von Feigen- und Olivenbäumen usw. Die Stadt Nablus mit etwa zweitausend Einwohnern hat schöne Bauwerke. [...] Es gibt achthundert türkische Soldaten zum Schutz vor den lokalen Rebellen.

Als wir die Kirche der barmherzigen Samaritanerin verließen, haben wir [220] die berühmte Thora [der Samaritaner] gesehen, die auf Pergament geschrieben ist. Von hier aus, vom Berg Gerizim aus,[137] gab Moses, der erste Prophet, die Prophezeiung Gottes an die Menschen weiter.

Montag, 16. Mai

Heute Morgen verließen wir Napolis / Nablus um sieben Uhr, durchquerten die Täler in der Hitze und kamen um 10 Uhr in Sebaste an, dem antiken Samaria (Abb. 90). Hier gab Herodes der Große, derjenige, der befahl, alle Kinder unter zwei Jahren zu töten, [...] vielleicht selbst den Auftrag für den Bau mit den vielen Säulenreihen, die den Eingang zur Stadt markieren. [...] Überall gibt es Fragmente und bis zu 20 Fuß hohe Säulen. Die Bauten bestehen aus lokalem Stein. Als wir die Stadt verließen, fanden wir viele Säulen um einen großen quadratischen Innenhof, der aus der Antike stammt, und die Ruinen einer Kirche aus der Zeit der Kreuzzüge. [...] Es gibt viele alte Münzen mit hebräischen Buchstaben. Die Felder hier sind fruchtbar, weil es viele Quellen gibt und aus der guten Bauart der Häuser geht hervor, dass es den

Abb. 90
Blick auf Sebaste / Samaria, David Roberts, 1839.

Abb. 91
Nazareth, Kapelle der Verkündigung, David Roberts, 1839.

Bauern gut geht. Sie zahlen dem Sultan 30 Kronen Steuern für jedes Stück Land. […]

Wir hielten in einem Sykomoren-Hain an, in dem ich ein Bad nahm. Ich erfuhr, dass mein Freund Ferrier und seine Tochter am Samstag, dem 30. April, in Nablus waren. […] Da es viel regnete, suchten wir Zuflucht im Haus des Samaritaners Jakob, der mir das Zimmer zeigte, in dem die Ferriers wohnten. […] Er sagte mir, dass die Ferriers auch in Jenine verweilt haben. Morgen früh werde ich meine Angebetete besuchen. Ich wache früh auf, um dem Gesang der Vögel zu lauschen, die im Chor für Gott singen.

Dienstag, 17. Mai

[221 …] Wir begannen unsere Reise um 5:10 Uhr. Wir durchquerten das weite Esdraleon-Tal [Jesreelebene][138] auf dem Wege nach Syrien. Dann besuchten wir den Turm von Fula [Afula/El Fuleh], berühmt während der Kreuzzüge und berühmtes Schlachtfeld zwischen Franzosen und Türken im April 1799.[139] Nicht weit vom Turm entfernt entspringt die Quelle von Ein Yalu in der Nähe vom Berg Ghilboa [Jabel El Boa], der in der Bibel wegen einer berühmten Schlacht erwähnt wird.[140] […]

Ich habe es eilig, nach Nazareth zu gelangen, das wir von den Bergen gesehen haben. Wir kamen dorthin, und meine Reisebegleiter hielten in der Nähe einer Quelle an. Ich besuchte diese Stadt, um das Kloster zu bewundern, wo das Haus stand, in dem Maria von Gott die Botschaft erhielt, seinen leiblichen Sohn zur Welt zu bringen. Die Kirche auf dem Hügel ist klein, aber schön ausgestattet. Dort steht ein Altar mit einem schwarzen Kruzifix auf einer weißen Marmorplatte.[141]

Die Stadt ist unregelmäßig gebaut. Es gibt christliche Klöster und schöne Häuser wie das des französischen Bischofs [?]. Hier zeichnen sich die Menschen generell durch ihre Sauberkeit und die Mädchen durch ihre Schönheit aus. Ansonsten gibt es hier nichts zu sehen, deshalb sagte uns der Dragoman, dass wir nach Beirut weiterreiten könnten. Ich gab sofort meine Zustimmung. Ich begann mich auch zu erkundigen, wann wir den Dampfer nehmen werden, aber auch nach den Zeiten und Preisen. […] Ich habe

Abb. 92
Tiberias und der See von Tiberias, David Roberts, 1839.

Abb. 93 ⇩
St. Jean d'Acre / Akko, David Roberts, 1839.

erfahren, dass Miss Ferrier in Beirut ist und so werde ich die Gelegenheit haben, meine Angebetete wiederzusehen. [...]

Was mir hier am besten gefällt, ist, dass an der Quelle alle Mädchen ihre Krüge mit Wasser füllen, aber da die Wassermenge sehr gering ist, kommen sie mehrmals. Hier beginnen ihre Liebesgeschichten, die dann in der Ehe enden.

Mittwoch, 18. Mai in Nazareth

[222] Gestern hat die Stute des Dragomans ein Fohlen geboren und aus diesem Grund hat mich der Dragoman gebeten, heute zu Fuß weiterzugehen. [...] Nach einer Stunde kamen wir durch Kapernaum und Kana, wo Jesus das Wasser in Wein verwandelte. In der Kirche mit Säulen am Ort des Wunders werden noch heute Schalen aus jener Zeit gezeigt. Rechts erhebt sich der Berg Tabor, auf dessen Gipfel sich Jesus in Begleitung von Jakob und Johannes zum Gebet zurückzog, und Moses und Elias an seiner Seite erschienen.[142]

Wir überquerten den Berg, auf dem Jesus zu den Aposteln redete. In der Nähe des Sees von Tiberias[143] sahen wir den Ort, an dem Jesus das Wunder der Vermehrung der Brote und Fische vollbrachte und damit Tausende von Menschen ernährte. Schließlich sahen wir vom Gipfel des Berges die Überreste der Stadt Tiberias (Abb. 92) aus der Zeit der Kreuzzüge, die heute nur noch Ruinen sind. Die heutige Stadt ist dank ihrer strategischen Lage gut an alle Städte angebunden und hat folglich 3–4000 Einwohner, was mich sehr überrascht hat.

Wir betraten die Festung durch eine so winzige Tür, dass ich mich kaum hindurchzwängen konnte und ich habe einen heftigen Stoß am Rücken erhalten: meine Kleidung zerriss und ich fühlte mich mies. Außerhalb der Stadt gibt es viele heiße Quellen, bei denen Bäder gebaut worden waren. Diesmal ging ich nicht baden, weil ich Fieber hatte und außerdem den Eintritt nicht bezahlen wollte. [...] Ich erinnerte mich an das Wunder Jesu Christi, der auf dem Wasser wandelte, ohne zu ertrinken[144] [...]

Donnerstag, 19. Mai, St. Jean d'Acre [Akko]

Wir kamen heute Nachmittag aus Nazareth an, das wir um sieben Uhr am Morgen verlassen hatten. Diese Reise schien mir nicht gut zu sein. Ich war sehr genervt, weil der Esel, der unsere Koffer trug, von den früheren Reisen sehr müde war und, obwohl er geschlagen wurde [223], nicht zügig vorankam. Außerdem war die Straße voller Steine.

Abb. 94
Tyros, David Roberts, 1839.

Wir sind im Dorf Safuria [Zippori] vorbeigekommen, wo die Jungfrau Maria, die Tochter von Anna und Joachim, geboren wurde. [...] Es ist heiß, ich bin sehr durstig und meine Füße tun weh [...] endlich kamen wir in der Stadt (Abb. 93) an, in der der Dragoman bei der Festung mit den Gärten anhalten wollte. Ich denke, es wäre besser, in der Stadt zu übernachten, bevor die Stadttore bei Sonnenuntergang geschlossen werden. Wir schlugen das Zelt in einem Hof voll Kamel- und Pferdekot mit Würmern auf.

Ich besuchte alle Viertel der Stadt, deren Festung der englische Commodore Napier 1843 eroberte, in-

Abb. 95
Die sog. Ruinen von Om El Hamed bei Tyros, David Roberts, 1839.

dem er sie 3–4 Stunden lang bombardierte. Ibrahim Pascha kam überraschend hinzu und half Napier, die Schlacht zu gewinnen.[145] [...] Überall sieht man die Ruinen der britischen Kanonade. [...] Die Stadt ist weniger schön als Jaffa und die Leute schreien laut auf der Straße. Ungeachtet der Hitze nahm ich ein Bad im Mittelmeer im kühlen und angenehmen Wasser. [...]

Freitag, 20. Mai, auf den Ruinen des alten Tyros

Heute Morgen haben wir Akko um 7 Uhr verlassen, um Tyros (Abb. 94. 95) um 7 Uhr am Abend zu erreichen. [...] Wir nahmen einfache Küstenstraßen mit wunderschönen Ausblicken, oft mit Ruinen alter Denkmäler und Aquädukte. Alexander der Große ließ einen Damm bauen, um das Festland mit der Insel zu verbinden.[146]

Überall befinden sich Reste eingestürzter Mauern und Säulen und sogar die Fundamente einer frühchristlichen Kirche, alles Beweise für die Größe dieser antiken Stadt. [224] Am Strand gibt es überall Säulenfragmente und im Meer sah ich ein Stadttor. Die Stadt hat einen tiefen Eindruck auf mich gemacht, den ich aber nicht beschreiben kann. Ich verstehe nicht, warum die Römer diese Stadt mit einer Mauer befestigen mussten, obwohl sie sich schon als gut befestigt erwies.

Samstag, 21. Mai, in Sidon

Die Straße von Tyros nach Sidon ist gut, obwohl es viele Vertiefungen und Steine gibt. [...] Wadi Noub (Nub-Tal) [... *unverständlich*] Auf der einen Seite befindet sich das Meer und auf der anderen die Quellen, die das Land fruchtbar machen. Überall wachsen Blaubeersträucher. Die Bewohner profitieren stark von der Zucht der Seidenraupen. Das Klima ist immer schwül, also müssen wir uns beeilen, bevor es noch heißer wird. Wir kamen um 3 Uhr nachmittags in Sidon (Abb. 96) an, das von Gärten und Bauernhöfen mit Feigenbäumen usw. umgeben ist.

Als wir in der Stadt waren, schlugen wir unsere Zelte im großen Innenhof eines französischen Gentlemans auf. Ich eilte zu dem französischen Konsul, der dort lebt, um ihn zu fragen, wann das französische Schiff Beirut verlassen wird. Ich war erstaunt, bei ihm die beiden Italiener [die Grafen Carlo und Giulio Bassi] zu treffen, mit denen ich von Kairo nach Jerusalem gereist bin.

Der Konsul ließ uns von einem Diener begleiten, um die Gräber der Phönizier zu besichtigen. An den Seiten der Straßen gibt es wunderschöne Gärten. Die Gräber ähneln denen, die ich in Jerusalem gesehen habe; sie überragen die Steinfundamente der Wohnviertel und setzen sich bis zum Meer fort. [...] Ich schätze ungefähr 1200 Einwohner, die in der heutigen Stadt leben.

Sonntag, 22. Mai, Beirut

Ich bin sehr müde und überdies war der Wein gestern Abend nicht gut. Außerdem fanden wir den Hof, in dem wir das Zelt aufgebaut hatten, geschlossen vor, und erst um 4 Uhr morgens wurde er wieder geöffnet, sodass wir uns bereits um fünf Uhr auf den Weg machten.

Auf der Küstenstraße näherten wir uns der Stadt Darba[147] [...] hier gibt es keine Ruinen. Schließlich erreichten wir die Stadt [Beirut] (Abb. 97), in der wir unsere Zelte in einer Soldatenkaserne aufschlugen. Von hier aus ist die Aussicht wunderschön. Die Häuser sind gut gebaut. Man kann in der Ferne das Libanongebirge sehen. [...]

Montag, 23. Mai in Beirut

[225] Heute Morgen habe ich mich beeilt, um Informationen zu bekommen, zum Friseur zu gehen und Geld zu wechseln, dann habe ich mich von den beiden Italienern [den Grafen Carlo und Giulio Bassi] verabschiedet. Am Nachmittag traten wir unsere Reise auf einer neuen im Bau befindlichen Straße an, die Beirut mit Syrien verbindet. Die Arbeiter sind faul und es wird mindestens ein Jahr dauern, bis sie fertig ist. Youhana Habbech führt uns.

Wir haben das Libanongebirge überquert, um später einen anderen Berg zu besteigen, was fünf Stunden dauerte. Schließlich machten wir heute Abend Halt in der Herberge von Abu Dukhan. Ich habe noch nie ein Gebirge gesehen, das so majestätisch ist wie das Libanongebirge. Hier haben die Bauern Terrassen angelegt, sogar die Felsen abgetragen, um Weizen, aber auch Feigen-, Zitrus- und Olivenbäume anzupflanzen. Ich verstehe nicht, wie sie es geschafft haben, daraus ein so fruchtbares Land zu machen. Überall gibt es Quellen, die der Landschaft zugutekommen. Es schneit oft und aus diesem Grund wird der Pass jährlich zwei Monate lang gesperrt.

Ich kam gestern Abend an und eilte sofort zum Gasthaus, wo meine Angebetete mit ihrem Vater [Ferrier] wohnt, um sie wissen zu lassen, dass ich hier bin. Unterwegs traf ich den Kawega Taylor, der mit der Familie Ferrier reiste. Er ist eine kleine und

Abb. 96
Sidon, David Roberts, 1839.

⇩ Abb. 97
Beirut, Stahlstich von Henry Winkles, um 1850.

Abb. 98
Zedern im Libanongebirge, Aquarell von Louis-François Cassas, 1813.

traurige Gestalt. Er sagte mir, er würde in die Kirche gehen. Er muss gespürt haben, dass ich eine gewisse Zuneigung für das Mädchen habe. Wie gerne würde ich mit ihnen von Istanbul nach Europa reisen. Ich würde gerne wissen, ob sie in mich verliebt ist. Ihr Vater schlug ihr vor, so bald wie möglich alleine nach England zurückzukehren, aber das Mädchen wollte nicht und behauptete, sie hätte noch Zeit, die anderen europäischen Länder zu sehen. Ich sollte jedoch das Leiden der Liebe vermeiden, da Liebe, insbesondere zwischen zwei Menschen mit religiöser Erziehung, Probleme mit sich bringt.

Ich habe vergessen, dass ich ihnen in Jerusalem einen Brief geschrieben habe, in dem ich sagte, dass ich unverheiratet bin.[148] Es wäre besser, wenn ich in die Hölle versinken würde! Ich wartete vergeblich auf sie und kehrte dann in mein Hotel zurück.

Während meines ganzen Lebens habe ich mich nie in einer solchen Situation befunden. Aus diesem Grund habe ich mich nach langem Nachdenken entschlossen, allein zu sein, ein Einzelzimmer zu nehmen und die Reise ebenfalls allein fortzusetzen.

Dienstag, 24. Mai in Mulaqa [Zahleh]

Ich befinde mich in einem Dorf in einem grünen und sehr schönen Tal, wo wir gerade um 4 Uhr am Nachmittag angekommen sind. Die Reise war sehr anstrengend, weil die Straße voller Löcher war. Wir haben beim Abstieg vom Gebirge viel riskiert, weil die Esel überladen waren [...] Diese Dörfer geben dem Emir zwischen 2050 und 2060 Kronen an Steuern, obwohl die Einwohnerzahl nur zwischen 50 und 60 liegt. Alle sind bekennende Christen, eine weitverbreitete Religion im Libanon.

Hier gibt es große Unterschiede zu anderen muslimischen Gegenden: Frauen sind aufgeschlossen, sie bedecken ihre Gesichter nicht [226], sie werden nicht wie Gefangene in den Häusern gehalten und können sich frei bewegen. [...] Die Gesichter der Menschen sind gesund. Hier gibt es maronitische, orthodoxe und christliche Felsenklöster, in denen keiner der Priester Arabisch spricht. Es gibt auch viele Landgüter, die dem englischen Konsul gehören.

In Beirut sind die Leute ehrgeizig, herzlich und liebevoll. Sie kommen zu mir ins Zelt, um mit mir zu sprechen und eine Zigarette zu rauchen. Sie sind wütend auf die Briten, die mächtig sind und sich in ihre Geschäfte und sogar in ihre Religion einmischen. Den Libanesen gelang es jedoch, einen sehr mächtigen Engländer zu besiegen und ihn zu vertreiben.

Ich glaube, überall gibt es Wasserläufe, die von der Schneeschmelze aus den Bergen stammen. Das Wasser ist jedoch schmutzig und verursacht Durchfall. Es beginnt mich zu langweilen, hier allein herumzugehen, und ich will unbedingt weiterreisen.

Mittwoch, 25. Mai in der Bekaa-Ebene

Heute sind wir durch das Tal gelaufen und nach fünf Uhr am Nachmittag kamen wir auf dem Weg an Baalbek und seinen majestätischen Ruinen vorbei und erreichten am Abend Deir El Ahmar, das unterhalb des Roten Klosters [mit gleichem Namen Deir El Ahmar], liegt. In diesem befindet sich eine Höhle im Berg. Es ist ein altes Kloster und viele Ruinen sind in der Umgebung zu sehen.[149] Auf einem der Berge habe ich auch viele Ruinen gesehen, aber wegen Müdigkeit konnte ich nicht dorthin gehen. Man kann auch eine ausgetrocknete Zisterne sehen; weiter oben andere unbedeutende Ruinen, die Reste von kleinen Häusern und massive Fundamente.

Ich fühle mich nicht gut, ich bin gestresst und nervös und alle meine Gedanken gehen an meine Angebetete [Miss Ferrier], die ich umarmen möchte. Heute ist es kalt wegen des Windes, der aus der Bekaa-Ebene bläst.

Donnerstag, 26. Mai

[*griechisch*] Heute Morgen haben wir die hohen Berge des Libanon gesehen. Nachdem wir die Zelte verlassen hatten, gaben wir unseren Beschützern und Bediensteten zu essen. Unser Dragoman hatte einen Mann aus dem Dorf mitgenommen, um uns zu führen, der einen Esel für sich selbst mitbrachte, einen anderen für den Dragoman und für mich ein Pferd, um zum Roten Kloster zu gehen.

Wir ritten gegen 5 ½ Uhr am Morgen los [...] und gegen 3 Uhr nachmittags waren wir in Ainette [Aynata/Aainata], das sich im Hochgebirge befindet. [...] Im Dorf lud mich ein Priester ein, die Kirche zu besuchen [...] alle hier sind Maroniten, eine Religion, die sich von der katholischen ableitet. [... 227 ...]

Endlich kamen wir zum Zedernwald (Abb. 98), und es hat sich gelohnt, hier hochzukommen, weil sie angenehm duften. Von diesen sind nur 50 alt und haben einen dicken Stamm, aus dem A[lexander] von Humboldt ihr Alter auf über 2700 Jahre berechnet hatte. Die Stämme sind oft mit Einritzungen mit den Namen unbekannter Reisender bedeckt: eine zeigt das Jahr 1722 und eine andere das Jahr 1700. [...] Unter den Namen fand ich einen D. André 1754, der ist [*Lücke im Text*] derselbe war ein Liebhaber der Königin Marie Antoinette. [... 228]

Es gibt auch 300 jüngere Zedern, die zu den sonderbarsten Dingen der Welt gehören, die ich je in meinem Leben gesehen habe. Diese Zedern wachsen mindestens bis zu einer Höhe von 10.500 Fuß über dem Meeresspiegel, da weiter oben, etwa 200 Fuß höher, die Schneegrenze liegt.

Im Frühjahr bedeckt der Schnee auch diese Bäume, gerade wenn sie anfangen zu blühen, wie ich es auch bei St. Petersburg gesehen habe. Bereits in der Heiligen Schrift heißt es, der König von Sidon habe Salomon eine bestimmte Anzahl alter Zedern geliefert, die für den Bau des Tempels von Jerusalem verwendet wurden.

Freitag, 27. Mai

Ich schreibe dies im Dorf Surwaya, das wir nach 6 ½ Reisestunden gegen 7 Uhr am Abend in der Nähe von Heliopolis (Baalbek) erreichten. [...]

Da unsere Sachen noch nicht von den Tieren abgeladen waren, nutzte ich die Zeit von 2 ½ Stunden, um die kleine Ebene zu Pferd zu durchreiten, und kam in den Bezirk des großen Tempels (Abb. 99), wo ich das Pferd stehen ließ und umherging, um die 4–5 Tempel zu sehen. Schon in Italien und Ägypten hatte ich viele

Abb. 99
Baalbek, David Roberts, 1839.

Abb. 100
Baalbek, sog. Rotunde,
David Roberts, 1839.

Abb. 101 ⇩
Damaskus, Stahlstich von
John Saddler nach einem
Gemälde von Carl Werner,
1882.

große Denkmäler der Antike gesehen, aber nie solche kolossalen Gebäude, die scheinbar von Giganten [Riesen] gebaut worden waren [... 229] Diese Blöcke (Abb. 118) sind ca. 60–65 Fuß lang, 8 Fuß breit und 14 Fuß hoch.[150] Ich habe auch bei den Tempeln einen Block mit Brandspuren gesehen, als ob er für den Abtransport bereit sei. Er hatte eine Länge von 68 Fuß, 19 Fuß in der Höhe und 19 Fuß in der Breite. Welche Menschen konnten diese gigantischen Tempel bauen? [... 230 *Skizzen*]

[231] Der kleine [Rund-]Tempel (Abb. 100) wurde später in eine christliche Kirche umgewandelt, wie man an den Innenwänden sieht, die mit Heiligen bemalt wurden.[151] Die Blöcke *in situ* stammten aus der Stadt Heliopolis. Als ich zum Pferd zurückkam, bemerkte ich, dass mein Mantel gestohlen worden war.

Samstag, 28. Mai

Wir sind heute um 6 Uhr von Surwaya abgereist [... 232 ... *er kommt allein zu einer Quelle, die zwar seine Erwartungen enttäuscht, aber die Aussicht ist schön*]. Nach 7 ½ Uhr kampierten wir in einer kleinen Karawanserei vor Dumas oder Dimas [Ad Dimas].

Sonntag, 29. Mai in Damaskus

Wir reisten früh am Morgen ab und befanden uns in der großen Ebene, in der sich die antike Stadt Damaskus befindet. Das Panorama keiner anderen Stadt scheint ebenso schön zu sein (Abb. 101). [...] Am Eingang der Stadt ist ein riesiges Bild des Agha gemalt. Die Straßen ähneln denen von Kairo: kurz, eng und schmutzig. Die meisten Häuser haben wie in Ägypten drei Stockwerke [233], aber die Fenster bestehen aus Glas. Wir durchquerten den Park der Karawanserei. Dieser, wie der von Schloss Peterhof,[152] ist wunderschön, hat viele Quellen, wird von vielen Bächen durchzogen und ist voller Vögel. Wir stellen unser Zelt dort auf. Es scheint mir ein öffentlicher Park zu sein, weil er voller Menschen ist, die rauchen. Es gibt einen separaten Teil für Frauen [...] Sie kamen, um unsere Aufenthaltserlaubnis zu überprüfen. [...]

Ich sah die Fundamente eines alten Turms oder einer Burg noch vor der Römerzeit. Innerhalb der Ruinen der Mauern haben wir viele bearbeitete Steine gesehen, die zu Gebäuden gehörten, die einst dort standen.

Ich bin drei Stunden lang durch die Stadt gelaufen. [...] Ich mochte die einheimischen Araber sehr, die gut gelaunt, zugänglich und glücklich sind, wenn sie einem Ausländer helfen können. Ihre Gastfreundschaft ist mit keinem anderen Volk vergleichbar. [... 234] Sie gerieten erst aneinander, seitdem die Bevölkerung aus 20.000 Christen und 125.000 Mohammedanern besteht [...] Fremde in der Stadt sind auch 5.000 Juden, die friedlich mit den anderen leben, weil sie keine Fanatiker sind. [...]

Die Leitungen des Aquädukts führen Wasser in die Stadt [...] Auf den Straßen stößt man bei jedem Schritt auf Limonadenverkäufer, [...] auf Perserteppichverkäufer in großen Mengen, aber auch auf Schweine und Ferkel. Die große Anzahl der öffentlichen Bäder sorgt für die allgemeine Reinigung und keine Frauenhand ist schmutzig.

[... 235 ...] In den Läden kann man immer den großen Aga Khan sehen, der Khan El Said Pascha[153] heißt. Gesegnet sind diejenigen, die der Großen Moschee Geld spenden, was ich auch getan habe. In der Mitte des Innenhofs der Moschee (Abb. 102) befindet sich ein großer Brunnen. Der Eingang ist mit 6 Säulen geschmückt, die offensichtlich aus einem alten Tempel stammen. Die Geschäfte ausländischer Kaufleute waren heute geschlossen, da Sonntag ist.

[*arabisch*] Heute wurde ich von Wut und Stress gefoltert. Ich bin um 5 Uhr am Morgen aufgewacht. Ich wusch mich und ging dann zum Souk El Baazar, wo ich einen Goldschmied suchte, dem ich meinen Goldring mit dem Namen meiner Frau [Ekaterina] zeigte, den ich um jeden Preis loswerden wollte, um diese sehr schlechte Erinnerung zu löschen. Schon gleich nach dem Reiseantritt brachte mir dieser Ring Unglück. Das Leben ist kurz und ich bete zu Gott, dass er mir den Tod gibt und mich von dieser Bürde befreit. Aus diesem Grund habe ich den Ring für 60 Kronen verkauft.

[*griechisch*] Ich ging den ganzen Morgen auf und ab [... *er wird von negativen Gedanken erfasst* ...], dann ging ich den Hügel hinauf, wo ich das Grab des Herrschers Zahir Baybars in einem sehr zerstörtem Gebäude sah.[154] Ich durfte nicht eintreten, aber ich sah durch die Fenster ein großes Grab in der Mitte des Hofes, auf dem die wichtigsten Gegenstände des Verstorbenen lagen: Waffen, Schwerter und Grabungswerkzeuge. [236] Danach versuchte ich leise mit Erlaubnis der Wächter in das Haus einzutreten, welches das Haus des Paschas von Damaskus war. Sie sagten mir, dass dies das Schwert des Paschas von Damaskus war. Der Hof wurde von Handwerkern aus Portugal [mit *portugiesischen* blauen Ka-

Abb. 102
Damaskus, Innenhof der Großen Moschee, aus: Louis Lortet, La Syrie d'aujourd'hui. Voyages dans la Phénicie, le Liban et la Judée, 1875–1880.

cheln?] geschmückt. Ich betrat das Zimmer des Verstorbenen und setzte mich auf den Boden, ringsum standen Sofas.

Später besuchte ich eine kleine Waffenfabrik. Ich habe viel mehr erwartet, weil es hier kleine Handwerker gibt, die sich auf Waffen, Schwerter und Zubehör spezialisiert haben. Sie luden mich ein, einen guten eisernen Säbel mit einem soliden Griff anzuschauen, den sie für 200 Pfund verkaufen wollten. Aber ich hatte nur 50 Pfund bei mir, also antwortete ich ihnen, ich würde am nächsten Tag mit einem Dolmetscher zurückkommen. […]

Ich habe meinen Dragoman gebeten, schon morgen früh aufzubrechen, da ich mich hier allein fühle. Es ist unerfreulich, Damaskus allein und ohne Gesellschaft zu besichtigen. Man kann sich wohl vorstellen, wie traurig es sein kann, irgendwo mit schlechter Laune anzukommen, so wie ich jetzt.

Dienstag, 31. Mai in Syrien

[*arabisch*] In meinem ganzen Leben fühlte ich mich noch nie so traurig wie heute. Ich bin verzweifelt. Ich ging zum Souk, fühlte mich aber schwach und wurde fast ohnmächtig. Sie sagten mir, dass es in Stockholm in Schweden einen Investor für Währungen gibt. Aus diesem Grund schrieb ich einen Brief an meinen sehr treuen Freund Schröder in London, um ihn um Rat zu bitten und um ihn zu fragen, ob es in Stockholm viele Investoren gibt, die so reich sind wie die in St. Petersburg, wo es vier Reiche gibt, die viele Häuser besitzen und noch mehr Geld als ich haben. Ich möchte meine Währungen solide umtauschen, habe aber ein wenig Angst. Der Stockholmer sagt, er kann alles machen, aber ich warte auf die Meinung meines Freundes.

Heute habe ich den Moskauer Konsul Henna Farij [?] besucht, der mich herzlich empfing und mir seinen reich ausgestatteten Wohnsitz zeigte. Er ist einer der reichsten und bekanntesten Menschen der Stadt. Er bot mir einen Kaffee an, aber er schien mir ein bisschen zu eitel.

Ich habe heute auch das Grab des Sultan Nur al-Din[155] besucht, der vor 500 Jahren gestorben ist. Der Konsul versprach mir, noch viel mehr zu zeigen, und sagte mir, ich solle heute Abend zu ihm kommen. Gott segne ihn für seine Gastfreundschaft. Im Allgemeinen mag ich Syrien nicht sehr.

[*griechisch* 237] Niemals im Leben hätte ich diese Reise nach Palästina alleine unternehmen sollen. Meine Idee war, ein Handelsbüro in Stockholm zu eröffnen. Meine Melancholie und Ungeduld sind heute noch größer geworden.

Gegen 5 Uhr nachmittags besuchte mich der russische Konsul und blieb eine Stunde. Er ist orthodox, spricht aber nur Arabisch. Er macht über den Pascha ironische Bemerkungen und sucht den neuen orthodoxen Kalender, den er dem Pascha schenken will. Er hatte auch mit dem katholischen Bischof darüber gesprochen. Er hat ein Einkommen von 50.000 £ und dazu kommen seine Häuser mit dem Mobiliar, abgesehen vom Bargeld. Er bot mir an, mir für jedes Geschäft, das ich unternehmen wollte, beliebig viel zu geben. [...] Er sagte mir, dass [die Araber] Garantien geben müssen, bevor sie Kredite erhalten, und wer Geld verleiht, wird immer als ein Ehrenmann betrachtet.

Mittwoch, 1. Juni im Dorf El-Meshdel[156]

[*arabisch*] Im Zelt ... heute Morgen haben wir unsere Sachen zusammengepackt, um die Reise fortzusetzen. Den Garten betraten sehr schöne Frauen, mit denen ich mich vom Pferd herab unterhielt und ihnen versprach, dass ich nach Syrien zurückkehren würde.

[... 238] Wir hatten drei Tage Pause eingelegt, um Pferde und Esel ausruhen zu lassen. So laufen sie heute besser als an den anderen Tagen. Wir ritten um 7 Uhr am Morgen los und kamen um 7 Uhr am Abend in El Meshdel an. Heute ist nichts Wichtiges passiert. Der Dragoman hat neue Steigbügel für das Pferd gekauft, damit ich noch leichter aufsteigen kann.

Donnerstag, 2. Juni 1859

[*griechisch*] Nachdem wir [gestern] unser Zelt im Park der Karawanserei [in Damaskus] abgebaut hatten und weiter zum Dorf El Meshdel geritten waren, waren die Tiere [heute] so müde von der langen Reise und marschierten langsam [...]. Wenn ich in Europa diese Straße, die die beiden Städte Syriens verbindet, beschreiben würde, [...] könnte jemand glauben, dass ich lüge. Man muss sich eine sehr schmale Straße voller Steine vorstellen, mit Felsbrocken, die überstehen und bei großen Erdbeben herunterrutschen, [...] wenn es regnet, kann kein Pferd weiterlaufen. Ganz Palästina ist so. [...] Ich habe mich zweimal am Kopf gestoßen. [...]

Die Hotels waren immer mein Zuhause, aber sie haben meistens keine Fußböden, keine Fenster und liegen in der Nähe der Ställe. [... 239 ...] Manchmal habe ich den Pferdemist geraucht. [...] Kaffee und Tabak werden im Garten genommen.

Freitag, 3. Juni 1859 Berytos

[...] Wir erreichten den Hafen von Beirut (Abb. 103), wo wir einen betrunkenen russischen Seemann und das Dampfschiff sahen, mit dem ich hätte fahren können. Die Landschaft, die ich schon aus einer Höhe von 10.000 Fuß [ca. 3000 Meter, vom Libanon-Gebirge ?] bewundert hatte, ist eine der schönsten, die ich je gesehen habe, während das Gefühl der Depression, das mich lange Zeit geplagt hatte, allmählich verschwindet. [...]

Meine guten Freunde, Herr Ferrier und seine Tochter, begleiteten mich zum Hafen. [... 240 ...] Nachdem ich mit dem Gepäck den Zoll passiert hatte, nahm ich meinen Platz auf dem Dampfschiff ein. Auf Deck standen viele Menschen vieler Sprachen, vieler ethnischer Gruppen und Religionen. Das Essen war ausgezeichnet.

Samstag, 4. Juni in Latakeia [Latakia]

[... *sie landen in der Stadt und werden vom russischen Konsul von Beirut empfangen. Das Schiff ist voll von Leuten, die aus Jerusalem kommen*].

Nur langsam nähern wir uns Konstantinopel. [... 241 ...] Es dauert noch zwei Wochen, um nach Konstantinopel zu kommen, aber ich kann nach Athen mit einem längeren Aufenthalt in Smyrna weiterfahren. Unter den Reisenden befindet sich der Sohn von Leonidas Telatinidis,[157] der in Damaskus lebt und zwanzig Jahre lang Konsul von Russland gewesen war.

Sonntag, 5. Juni bei Alexandretta [Iskenderun]

Mit Bedauern erfuhr ich vom Kapitän, dass ich eine Woche in Smyrna bleiben müsste, bevor ich weiter nach Piräus fahren kann, weil dieses Schiff ein anderes kreuzen wird, das nach Syros fährt, und von dort werde ich ein griechisches Schiff nach Piräus nehmen.

Ich muss sowieso meine Schriften durchlesen und korrigieren sowie einige Eingriffe an den Zähnen machen lassen, weil meine Zähne vor langer Zeit abgebrochen sind.

Meine einzige Sorge ist, ob das Geld ausreichen wird. Wenn ich jedoch dringend Geld brauche, kann ich aus Petersburg fremde Währung erhalten und sie dann in Smyrna wieder verkaufen. Ich könnte auch eine kleine Geldsumme ausleihen, die ich bei der Ankunft in Athen zurückgeben kann. Ich zögere jedoch, weil ich zu stolz bin einzugestehen, dass ich einen großen Fehler gemacht habe, da ich mir nicht

Abb. 103
Der Hafen von Beirut, Aquarell von Leander Russ, 1842. Wien, Graphische Sammlung Albertina, Inv. no. 22753.

Abb. 104
Pompeiopolis, Stich von James Harfield Kernot, 1841.

früher einen Kreditbrief besorgt habe. Falls sie mir in Smyrna etwas Geld ausleihen, werde ich einfach fragen, ob sie in Petersburg eine Geldanweisung von weniger als 20 Pfund aushandeln können, die ich dann in London zurückgeben werde. [...]

Am Abend waren wir in dem kleinen Hafen von Alexandretta, in dem schon Alexander der Große nachdenklich anhielt, um den Horizont zu betrachten. [... 242 ...] In der Nähe von Alexandretta befindet sich der Fluss Issos, wo Alexander das gewaltige Heer des Darios besiegte. Vielleicht heißt der Ort der Schlacht Trasis. Man sieht ringsherum das Taurosgebirge, das in der Antike auch Amanos hieß.[158] Die Stadt Alexandretta hat nichts zu bieten, [...] die Häuser haben ein tholosförmiges Dach mit einem Gewölbe im Inneren, das den Abfluss von Regenwasser begünstigt.

Das Deck unseres Schiffes ähnelt einem Krankenhaus. Das Schiff ist schmutzig und voller Läuse, so dass wir Reisenden uns ständig kratzen müssen. Das Problem ist, dass wir viel für die Reise bezahlt haben. Diese Insekten übertragen Cholera, aber wir sind wenigstens auf dem oberen Deck und können herumlaufen. Der Kapitän ist ein seltsamer Typ mit einer Leidenschaft für die Seefahrt; sein Name ist Pavel Petrovič Maksutov [kyrillisch: Павел Петрович Максутов].[159] Es gibt 7 Reisende in der ersten Klasse, 7 in der zweiten und 306 in der dritten und vierten. Das Schiff fährt in 15 Tagen die Strecke von Ioppe [Jaffa] nach Odessa. [...]

Montag, 6. Juni

[... 243 ...] Wir landeten in der kleinen Stadt Mersin, die 1 ½ Stunden von Pompeiopolis[160] entfernt ist. Dort kann man noch 43 korinthische Säulen an Ort und Stelle sehen (Abb. 104).

Gegen 4 Uhr am Nachmittag setzen wir die Reise fort. [...] Von den Konsuln Russlands und Preußens erfuhr ich mit Erstaunen, dass die großen Bankiers von Wien Aristein, Escheles und Stames bankrott gegangen und wir in eine große Wirtschaftskrise geraten sind. Ich habe auch erfahren, dass die Straße von Beirut nach Damaskus aus Geldmangel nicht mehr gebaut werden kann und dass die Pariser Unternehmer sich nicht mehr beteiligen wollen.

Ich traf einen Mönch, Leonid Kavelin,[161] dessen Bruder Professor an der Universität von St. Petersburg ist.

Ich habe aus den Worten des russischen Konsuls verstanden, dass orthodoxe Christen in Beirut eine

Abb. 105
Rhodos, unbekannter Künstler, aus: Louis Lortet, La Syrie d'aujourd'hui. Voyages dans la Phénicie, le Liban et la Judée. 1875–1880.

Abb. 106
«Scènes des massacres de Scio», Eugène Delacroix, 1824, Paris, Musée du Louvre Inv. 3823.

Bank gründen möchten und dass die Banker [... 244 ...] Maroniten sein sollten, weil sie sowohl an die Katholiken als auch an die Orthodoxen Geld zu günstigen Konditionen ausleihen könnten [...]

Dienstag, 7. Juni

[*das Schiff wurde von einem Sturm erfasst und alle leiden unter der Seekrankheit*] Wir kamen an Xeras[162] vorbei und sehen auf der einen Seite die Küste und auf der anderen die Insel Zypern. Morgen früh werden wir in Rhodos ankommen und am Abend werden wir die Insel Kreta sehen. Damit haben wir die Tour um den großen Golf gemacht.

Mittwoch, 8. Juni

Heute nach 9 ½ Stunden haben wir in Rhodos angehalten. Um die verlorene Zeit auszugleichen, bat der Kapitän die Reisenden, nicht an Land zu gehen [... 245 ...]. Die Stadt Rhodos wurde vor zwei Jahren durch ein schreckliches Erdbeben vollständig zerstört und konnte nicht wieder aufgebaut werden. Deshalb kann man die Burg nicht sehen. [...] Wir blieben 4 Stunden auf Rhodos (Abb. 105). [...] Ich hätte die Stadt sehen können, wenn der Kapitän den Landgang in die Stadt nicht verboten hätte. Es gibt einen großen und einen kleinen Hafen [...] in dem in der Antike der Koloss stand, eines der 7 Weltwunder, 50 Palmi [handbreit] hoch und mit gespreizten Beinen am Eingang des Hafens [...]

Donnerstag, 9. Juni auf Chios

Wir kamen heute Morgen an [...] die Insel war vor der Griechischen Revolution [1821–1829] von ungefähr 100.000 Einwohnern bewohnt, aber jetzt sind es ungefähr 50.000–60.000, weil die Türken 20.000 Einwohner massakrierten (Abb. 106), während die einen in den Bergen Zuflucht suchten, flohen die anderen mit den Booten.[163] [...] Von hier aus wanderten sie in die ganze Welt aus und gründeten Handelsniederlassungen.

[246] Ich ging mit dem Konsul von Russland und einem örtlichen Lehrer, der uns beherbergte und durch die Stadt führte. Nur wenige Ruinen schienen 37 Jahre nach der Zerstörung durch die Türken wieder aufgebaut zu sein.[164] Wir haben die Ruinen großer und schöner Häuser [Chios-Stadt, Stadtviertel Kambos] gesehen, die von dem früheren wirtschaftlichen Wohlstand der Stadt zeugen.

Die Frauen hier sind wunderschön Sie haben große, funkelnde Augen, eine gebogene Nase, einen sinnlichen Mund, schwarze Haare und eine herzliche Art. Auch ihre Mentalität zeigt Schönheit. Sie tun alles, um angenehm zu wirken, und [es gelingt ihnen], weil sie sehr faszinierend sind.

Der Lehrer Achilles Matarangas führte uns zur Kirche und zur Schule, von denen die Aussicht wunderschön war. Er stellte uns die Lehrer der verschiedenen Klassen vor, die die Schüler in unserer Gegenwart prüften. Der Lehrer der zweiten Klasse gab uns eines seiner Bücher über das Massaker von Chios im Jahr 1822. In dem Buch beschrieb er auch die Schüler von damals, stark und gesund wie die heutigen. Ein weit verbreiteter Wunsch, überallhin zu entfliehen, [wird wahrgenommen].

Ich gab allen, Lehrern und Schülern, die Hand und lobte ihre Vorbereitung. [247] Große Komplimente auch an die Lehrer des Gymnasiums, in dem auch ein guter Wettstreit dazu führt, dass junge Menschen sich würdig präsentieren.

Sie zeigten uns auch die reiche öffentliche Bibliothek, in der die meisten Bücher der toten Philhellenen und Patrioten wie der große Korais[165] aufbewahrt sind. Korais wurde in Chios geboren und stiftete seine Bibliothek, einschließlich der *Description de l'Egypte*, die er von Napoleon erhalten hatte.

In der Grundschule werden 1500 Schüler unterrichtet. Das Schulgebäude ist gut erhalten. Achilles Matarangas brachte uns auch in das Kasino, was unseren kurzen Aufenthalt sehr angenehm machte. Alle waren so gastfreundlich, dass meine Liebe zu Homers Heimat zunahm.

Freitag, 29. [Mai]/10. Juni in Smyrna

Heute gegen 5 Uhr am Morgen stieg ich auf das Schiffsdeck und vor mir erschien die große Stadt Smyrna (Abb. 107), die von weitem wie ein wunderschönes riesiges Theater aussieht, das vom Berg bis zum Hafen reicht. [...] Ich kam in einem sehr kleinen Hotel an, nicht sehr sauber, mit einem beengten Raum, ohne Bettwäsche, aber dafür sehr billig, tatsächlich bezahle ich nur 8 Grosia[166] pro Tag. [...] Von dem Moment an, als ich an Land ging, offenbarten mir die Griechen ihre gierige Natur. Heute hatte ich zahlreiche Beweise dafür, da ich nichts kaufen konnte, ohne mich betrogen zu fühlen.

[248] Beim Mittagessen traf ich einige Juden, die unsere Sprache konnten und ebenfalls betrogen wurden. Sie hatten recht gepflegte Manieren. Einem von ihnen, einem Zahnarzt, zeigte ich meine abgebrochenen künstlichen Zähne, um sie zu reparieren, und er verlangte von mir 30 Fr[anken]. Ich habe keine Angst, dass er die Arbeit schlecht machen wird.

Mit dem Brief des Freundes Amira ging ich zu seinem Schwager Ant[onios] Paleologos, der eine kleine Tuchfabrik besitzt. Er ist 65 Jahre alt, Analphabet, spricht aber mehrere Dialekte. Seine Frau scheint etwa 45 Jahre alt zu sein. Als ich unangemeldet ankam, fand ich alles sehr gepflegt und sogar das Haus war ein Muster an Sauberkeit, obwohl es sehr einfache Möbel hatte. Ich erfuhr von ihnen, dass der Bruder Giorgios [Amira] eine Engländerin geheiratet hatte. [...]

Samstag, 30. [Mai]/11. Juni in Smyrna

[... 249 ...] Gestern, als ich ins Bett ging, haben mich Tausende Wanzen angegriffen, die es hierzulande massenhaft gibt. Ich reagierte sofort, indem ich persisches Pulver[167] zerstreute, so dass sie mich die ganze Nacht in Ruhe ließen. Am nächsten Morgen war ich von einer Flut toter Insekten bedeckt: Flöhe, Wanzen und Läuse, die ich sogar in meinem Wollhemd fand. Ich habe noch nie in meinem Leben so viel Schmutz gesehen.

Im Café traf ich Aristoteles von Trier, der für Giorgios Papàs arbeitete. Sehr höflich begleitete er mich auf die Akropolis, von der man das Panorama der Stadt bewundern kann. [...] Er zeigte mir den Markt von Sklaven und Dienern, die man wie Tiere verkauft. Er wies mich auf den höchsten und schönsten Teil der Stadt hin, der zuerst den Christen gehörte, die von den Türken damals getötet wurden, und heute von jüdischen Familien bewohnt ist. Die Christen, die vorher sowohl wirtschaftlich als auch sonst stark waren, sind jetzt verarmt. Vor der Griechischen Revolution verbrachte der junge Mann dort seine Ferien. Für diejenigen, die keine Türken sind, ist das Leben miserabel und gefährlich geworden. Vielleicht kann ein Ausländer das nicht verstehen, und es ist besser für ihn, neutral zu bleiben.

Die Griechen bestechen die staatlichen türkischen Steuereintreiber [...] indem sie Steuern hinterziehen, also der Hohen Pforte unterschlagen, die sie dann mit diesen Beamten teilen. [...]

Montag, 1./13. Juni in Smyrna

Gestern Morgen bin ich mit dem Sohn von Paleologos ausgegangen, um den anderen Schwager meines Freundes Amiras in einem nahegelegenen Dorf zu besuchen. Sein Name ist Della Bianca, der mit der älteren Schwester Barbara [zusammenlebt], aber nicht verheiratet ist. Die anderen Schwestern sind Elena, Kallistò, Margot und ..., die beiden letzteren leben in Konstantinopel.

[... 250 ...] Zwei Stunden später traf ich mich mit Aristoteles von Trier in demselben Café und wir gingen dann zu seinen Eltern, die arm aber sehr gastfreundlich sind. Er brachte mich dann zur Familie Koutpas (Coutpas), die vielleicht reicher ist. Es schien mir, dass der junge Mann von Trier ein besonderes Interesse an der schönen Tochter zeigte, mit der wir dann im Garten des Cafés des Pavlos spazieren gingen, in dem russische Militärmusik gespielt wurde und man schöne Menschen treffen konnte. Ich habe noch nie so viele Blumen mit so vielen schönen Damen gesehen. [...] Dort sah ich den Architekten Wenz wieder – Leopoldstadt 623 in Wien – mit dem ich nach Beirut gereist war.

Heute Morgen bin ich zum Konsulat von Russland gegangen, um den Konsul zu treffen, der noch nicht da war oder abgesagt hatte, aber ich konnte nicht auf ihn warten. Ich werde später zu ihm zurückkehren,

Abb. 107 Smyrna, Aquarell von Maxim Vorobyov, 1820. Moskau, Staatliche Tretjakow-Galerie.

Abb. 108 Der Hafen von Piräus, Aquarell von Themistokles von Eckenbrecher, 1890. Washington, National Gallery of Art. Inv. Nr. 1977.6.22.

Abb. 109
Athen, Akropolis, aus:
Edward Dodwell,
Views in Greece, London
1821, Taf. 35.

weil ich einen Ratschlag zu meiner Idee möchte, eine Geschäftsbank in Smyrna zu gründen, und insbesondere prüfen möchte, ob dies riskant ist, da ich Menschen ohne Garantien kein Geld leihen kann.

Wir sind heute um 5 ½ von Smyrna abgereist. [...] Nachdem ich meinen Aufenthalt in dieser Stadt genossen habe, wäre ich gerne noch hiergeblieben. [... 251 ...] Ich kann die schönen Frauen nicht vergessen, die ich getroffen habe.

Das Schiff ist nicht mehr ein österreichisches, sondern ein griechisches namens *Hydra*. Es befördert viele Passagiere. Auf meinem Deck gibt es eine ähnliche Anzahl schöner Frauen wie auf dem russischen Schiff zu sehen. Der zweite Offizier und die Besatzung, die sehr an der Zunahme der griechischen Handelsschiffahrt interessiert sind, haben mir auf vielerlei Weise gezeigt, dass sie sich durch meine Anwesenheit geehrt fühlten. Alle waren liebenswürdig und freundlich [...]

Dienstag, 2./14. Juni auf Syros

Gegen 2 Uhr am Morgen kamen wir in Chios an, das wir um 6 Uhr verließen. [...] Von nun an fahren wir durch die Ägäis. Das Wetter hat sich in der wunderschönen Stadt Ermoupolis auf der Insel Syros beruhigt. Mein Gepäck wurde auf das Schiff *Basilissa tis Ellados* [Königin von Griechenland] gebracht, das viel größer und schwerer ist.

In der Stadt suchte ich das Haus des Petrokokkinos, da ich für ihn einen Brief seines Sohnes aus St. Petersburg hatte, der sehr gut ausgebildet ist, weil seine Mutter eine sehr respektable Person ist [...] Wegen der absoluten Einfachheit der Dame glaube ich nicht, dass Themistokles sich in diesem Haus wohlfühlen würde, [252] da er durch sein Auftreten und seine Intelligenz eine sehr prominente Persönlichkeit geworden ist [...] und niemals hierher zurückkehren würde.

Donnerstag, 4./16. Juni in Athen

Gestern Morgen um 9 ½ Uhr kamen wir im schönen Hafen von Athen, dem Piräus (Abb. 108), an, einer kleinen, aber wichtigen Stadt mit sehr großen Gebäuden. Meine Ungeduld, die mir per Post zugesandten Briefe zu lesen, veranlasste mich, meine Koffer im Büro der französischen Hafenbehörden zu lassen.[168] [...] Die Briefe beunruhigten mich so sehr, dass ich sie verbrannte.

Am Abend, als ich in der Stadt ankam, ging ich zur Akropolis (Abb. 109). In der Antike befand sie sich im Zentrum, während sie heute am Rande liegt, auf einem 150 Fuß hohen Burgberg. Zu diesem kann man nur auf der Westseite durch den Eingang der Propyläen, die 437 v. Chr. von Perikles in nur fünf Jahren errichtet wurden, über eine Treppe hinaufsteigen. [Die Propyläen] haben dorische Säulen aus pentelischem Marmor. Diese [Gebäude] standen auf der Westseite der Akropolis, die durch die Explosion von Schießpulver zerstört wurden, das dort gelagert war.[169] Aus diesem Grund ist nur noch ein kleiner Teil der Gebäude erhalten. [253] Im vorderen Teil der

Propyläen befindet sich ein 27 Fuß hoher Sockel, auf dem sich Statuen befanden.[170]

Wenn man zum Burgberg hinaufsteigt, erreicht man den Parthenon, das Glanzstück der Akropolis. Die Bauweise ist dorisch und alles besteht aus pentelischem Marmor: erhalten sind 33 Säulen, 34 Fuß hoch und 5 Fuß im Durchmesser. Das Dach war schon vor der Explosion des Schießpulvers zusammengebrochen. Der Boden bestand aus großen Marmorplatten, die Innenwände waren mit Heiligenbildern bemalt, da der Tempel in eine christliche Kirche umgewandelt worden war. Wie überall zu sehen ist, standen auf der Akropolis türkische Häuser und ein Minarett. Auf der Akropolis existiert zur Erinnerung noch ein einziges türkisches Haus, das als Museum dient [...].

Abb. 110
Athen, Philopappos-Denkmal, Giovanni Battista Lusieri, 1805. Edinburgh, Scottish National Gallery Inv. No. 2815.

Freitag, 5./17. Juni in Athen

Letzte Nacht konnte ich nicht schlafen, weil ich viele Sorgen hatte, als wäre ich wieder von Wanzen und Läusen zerbissen worden. Als ich aufstand, fing ich an, Decken und Matratzen zu untersuchen, aber ich sah keine Insekten. Ich wachte um 4 Uhr auf und ging um 4 ¾ zusammen mit einem Diener los, um die Denkmäler in der Stadt und in der Umgebung zu besuchen. Zuerst dachte ich, dass die Ruinen der Stadt römisch wären. [...] dort, wo heute Kaufleute sind, gibt es ein Bauwerk [Hadriansbibliothek], in dem sich ein Stall für Pferde befindet.

[254] Wie mein Diener sagte, gehört die gekrümmte Mauer zur Stoa des Hadrian. In der Nähe der Mauer befindet sich ein kleines Museum mit fragmentierten Statuen, unter denen wichtige Zeugnisse antiker Kunst ausgestellt sind. Unter diesen befindet sich auf einem Grabstein die Figur einer jungen Frau, die eine Fackel in den Händen hält.

Als wir weitergingen, sahen wir, dass sie gerade Ausgrabungen in den Gassen durchführten, in denen sich in der Antike das Gymnasion der Ptolemaier [Attalos-Stoa] befand. Zwei weitere Statuen von Athleten ohne Gliedmaßen lassen keinen Zweifel daran, dass es hier eine Palaistra gab.

Wir gingen dann zum Tempel des Theseus [Hephaisteion]. Er wird heute als Museum und Depot für Ausgrabungsfunde genutzt. Es gibt viele Statuen, darunter insbesondere den Gott Pan mit Bocksfüßen, eine Statue des Patroklos und die Büste des Themistokles, auch einige, die Korrosion durch Meerwasser erkennen lassen. Das Dach wurde zerstört, ohne wiederaufgebaut zu werden. Zwischen dem Tempel und der Stoa stehen einige Marmorthrone, die möglicherweise vom Areopag stammen.[171] [...]

Wir laufen weiter in Richtung Areopag, der sich auf einem großen Plateau befindet, dessen Abhang die Festung [Akropolis] erreicht. Rund um ein Rednerpodest, von dem Verteidiger und Ankläger sprachen, standen Sitze, vielleicht jene der Dreißig Tyrannen. In einem Erdspalt wurde der Verurteilte [...] eingesperrt.

Als wir zum Felshügel [Pnyx] weitergingen, stießen wir auf das Bema des Demosthenes. Dort sahen wir lange Mauern [...] Zwischen diesen 4 Hügeln: Pnyx, Musenhügel, Akropolis und Areopag befand sich die [255] berühmte Agora, die von Schutthügeln bedeckt ist.[172]

[Auf dem Weg zum Musenhügel liegen Felshöhlen, die als Gefängnis des Sokrates bezeichnet wur-

Abb. 111
Athen, Erechtheion, Aquarell von Carl Werner, 1877. Athen, Benaki Museum.

den.] Es schien mir inakzeptabel, dass diese Höhle im Felsen das Gefängnis des Sokrates gewesen sein könnte,[173] mit einem großen kreisförmigen Loch, durch das man in die Gefängnishöhle hinuntergehen und Essen reichen konnte. Der Eingang und die Fenster waren durch Lattenzäune verschlossen, um zu verhindern, dass die Jungen eintreten, kacken und pinkeln. Ich stellte mir diesen großartigen Mann hier mit übereinandergeschlagenen Beinen vor, der sagte: *Süß und bitter sind die beiden Seiten derselben Medaille.*[174]

Wir gingen weiter zum Philopappos-Denkmal (Abb. 110). In der Nähe befinden sich die osmanischen Befestigungen, von denen aus Kanonenkugeln auf die Gebäude der Akropolis geschossen wurden [es waren aber die Kanonaden der Venezianer, die 1687 von Morosini angeordnet wurden].

Danach gingen wir [zurück] zum Areopag, von dem nur die Treppe erhalten ist. Im oberen Teil ist es sehr schwierig, Spuren zu erkennen, außer wenn der Tag sehr lang ist [bei Streiflicht]. Hier fragt man sich, wie es jemals möglich war, dass die Menge auf der Agora die Reden der Verteidiger und Ankläger hören konnte, weil die Entfernung beträchtlich ist.

Wir gingen weiter zum Theater des Herodes [Atticus], dessen Reste nur teilweise ausgegraben worden sind. Es wurde von einem Mann namens Herodes gebaut, der einen großen Schatz gefunden [geerbt] hatte. Er fragte den Kaiser in Rom, was er mit all dem Geld anfangen sollte und die Antwort war, dass er etwas Wunderbares schaffen sollte. Alle Sitze am Abhang sind immer noch mit Erde bedeckt.

Eine Treppe führt von der antiken Agora zu den Propyläen. Sie ist im unteren Teil zerstört, im oberen Teil jedoch durch die von den Venezianern errichtete Mauer begrenzt. [256] Ein heiliger Wagen konnte in der Mitte hochfahren, wie aus den Rillen in der Pflasterung ersichtlich ist. Sicherlich diente dieser Weg nur diesem Zweck.

Im oberen Teil der Propyläen befand sich die antike Pinakothek, die heute als Depot für Statuenfragmente genutzt wird. Wir gingen auf den Parthenon zu, und die Spuren in den Stufen deuten darauf hin, dass er mit Statuen geschmückt war. In der Mitte der Cella stand eine kolossale Statue der Athena, deren Höhe fast das Dach des Tempels berührte.

Danach gingen wir zum Erechtheion (Abb. 111), einem Tempel, der sowohl Athena als auch Poseidon geweiht war. Er schlug [mit dem Dreizack] auf die Felsen und ließ daraus auf wundersame Weise Salzwasser herausquellen, Athena aber ließ dagegen einen Olivenbaum hervorsprießen.

Auf der Akropolis traf ich den berühmten Archäologen Pittakis,[175] der mir zwischen dem Parthenon und den Propyläen die Basis der Athena Promachos zeigte. Alle, die damit rechnen mussten, in einem gefährlichen Krieg zu sterben, kamen hierher, um die Statue zu verehren.

Wir gingen dann zum Tempel der Nike Apteros, der vor langer Zeit zerstört wurde und jetzt von der Regierung restauriert wird. Aus diesem Grund gibt es eine große Anzahl von Statuen ohne Gliedmaßen, darunter einige weibliche Statuetten, die auf dem Höhepunkt der Kunst [d. h. in klassischer Zeit] geschaffen wurden.

Wir gingen zum großen Theater des Dionysos, vollständig mit Erde bedeckt. Wir setzten unseren Weg zum Lysikrates-Denkmal[176] fort, aber auch zum großen Hadriansbogen (Abb. 112), der, obwohl [257] einfach, nur ein zwanzigster Teil der großen Bögen in Rom ist. Das ist ein Beweis für die Größe der antiken griechischen Architektur.

In der Nähe steht der Tempel des Olympischen Zeus, in dem noch 15 Säulen der ursprünglichen 124 stehen, die den alten Tempel schmückten. Aufgrund eines großen Sturms liegt eine Säule auf dem Boden.

Abb. 112
Athen, Hadriansbogen, Aquarell von Themistokles von Eckenbrecher, 1890. Washington, National Gallery of Art Inv. Nr. 1977.6.21.

Gegen Sonnenuntergang gingen wir zum Königspalast (Abb. 113).[177] Wir mussten ein wenig warten, bis der König und die Königin[178] am Nachmittag auf ihren üblichen Ausritten vorbeikamen. Das königliche Paar antwortete mit einem Gruß auf unsere Küsse. Ich denke, das Gerücht, dass der König in ständigem Streit mit der Königin steht, ist eine Lüge. Ein Bediensteter zeigte uns die dekorierten Empfangsräume. Aufgrund seiner bewussten Einfachheit mag ich diesen Palast viel mehr als den Palast in St. Petersburg. Nachher haben wir den Park [Nationalgarten] besucht, der mit großer Sorgfalt gepflegt ist. Die von Bäumen gesäumten Wege sind sehr schön. Die Königin hat viel Geld investiert, um Palmen zu pflanzen, aber der Versuch ist gescheitert.

Samstag, 6./18. Juni in Athen

Heute gegen 6 Uhr am Morgen ging ich mit Christos Iliakopoulos in das Dorf Charvati, wo der Landbesitzer Emmanouil Koutzikaris mehr Landgüter gekauft hat, als er mit seinen bescheidenen Mitteln pflegen konnte. Er hat mir gesagt, dass das Dorf nur 1 ¼ Stunde entfernt sei, aber wir waren 2 ½ Stunden unterwegs, obwohl die Pferde schnell liefen. [...]

Donnerstag, 11./23. Juni

[258 ...] Meine schlechte Angewohnheit, die Fenster offen zu lassen, war die Ursache meiner Krankheit und bereits am Sonntagmorgen spürte ich die ersten Symptome. Ich fühlte mich von einer Art Müdigkeit belastet, die meinen ganzen Körper erfasste. Ich dachte, dies könnte durch meinen Ritt verursacht worden sein.

Am Morgen ging ich zur Messe und am späten Nachmittag hörte ich ein Musikkonzert in der Stadt. Da auch die königliche Familie teilnahm, war viel los. Am Montag wurden die Bauchschmerzen unerträglich. Ich konnte kaum laufen oder konnte es nur mit großen Schmerzen. Ich hatte Schmerzen hauptsächlich im Rücken und in den Beinen. Außerdem litt ich unter Durchfall und Schwindel, bis ich vor Marinos Papadopoulos, Vretos und Christos Iliakopoulos ohnmächtig wurde. Sie hielten meinen Kopf und sprühten mir frisches Wasser auf die Stirn, um mich wiederzubeleben.

Da sie mir versprachen, dass der Arzt mir keine Spritze geben würde, gab ich meine Zustimmung, von einem berühmten Nachkommen des Asklepios untersucht zu werden. Sie riefen einen Professor, dessen Name, glaube ich, Katertis war, der mir Abführmittel

Abb. 113
Athen, Königspalast, Illustration von E. A. Tilly, ca. 1889.

und zwei Chinintabletten zum Schlucken verschrieb. Zwischen Montagnachmittag und Donnerstagmorgen schwitzte ich pausenlos unter zwei oder drei Wolldecken im Bett. Ich litt sehr unter den schrecklichen Rückenschmerzen und versuchte vergeblich, im Bett die Seite zu wechseln.

[... 259 ...] Heute habe ich mich besser gefühlt, meine Koffer gepackt und bin nach Piräus gefahren. Hier wollten sie mir das Ticket für das Schiff nicht geben, weil es von der Polizei abgestempelt werden musste. Die Polizei wollte mir ihrerseits kein Visum geben, weil mein Diener vergessen hatte, das osmanische Visum abzuholen. Erst nachdem ich meine Situation geklärt hatte, gelang es mir, ein Visum zu bekommen.

Genauso viele Schwierigkeiten hatte ich beim Zoll, weil zwei Koffer, die mir aus Ägypten nachgeschickt werden sollten, gestohlen worden waren. Der Zollbeamte war damit beschäftigt, Kaffee zu trinken und eine Zigarre zu rauchen, also musste ich auf die Kontrolle des übrigen Gepäcks warten, bei dem die Schlösser schon beschädigt waren. Als dieser elende Mann fertig war und sich endlich der Kontrolle widmete, war auch – Gott sei Dank – der französische [260] Dampfer *Neva* angekommen. Er war sehr bequem. Das Ticket kostete 134 Franken, die ich dann mit den anderen Passagieren teilte. Unter diesen war der Herr aus Athen, den ich am Sonntag getroffen hatte. Er besaß noch ein Grundstück in Galatz [Galați] an der Donau und dazu noch eins in der Nähe von Kakosalesi [Avlona], das mir schon von Christos Iliakopoulos angeboten worden war.

Freitag, 12./24. Juni Fahrt zu den Dardanellen

Gestern und die ganze Nacht fuhren wir an felsigen Inseln [vor der Einfahrt in die Dardanellen] vorbei. Heute Morgen kamen wir an der Insel Tenedos vorbei, wo sich laut Homer die griechische Flotte versammelte, um Troia zu belagern. Vor Tenedos, in der Nähe der türkischen Festung, sahen wir die Mündung des Skamander, der mit seinen Nebenflüssen durch die Troasebene fließt. In meiner Phantasie sah ich die Stadt, die Burg, die Zelte der alten Griechen und den von Agamemnon beleidigten Priester Chryses, der hofft, dass der Gott Apollon sich rächen wird.[179]

Das [mir] unbekannte Meer, der Seeweg durch die Dardanellen, ist von Burgen gesäumt. Man bemerkt einen Wechsel der Beschaffenheit der Küste und Art der Bewirtschaftung. Diese Orte sind wunderschön und für die Landwirtschaft geeignet. [...]

Samstag, 13./25. Juni in Konstantinopel

[*italienisch* ...] Ich stieg auf das Schiffsdeck. Wir kamen vom Marmarameer zur Meerenge des Bos-

Abb. 114
Panorama von Konstantinopel, sechs aneinandergehängte Panoramabilder, Fotos von Guillaume Berggren, 1880.

porus […] die Stadt [Konstantinopel] (Abb. 114) hat den bezauberndsten Anblick, den man sich überhaupt vorstellen kann. Die zahlreichen Moscheen mit ihren vier oder sechs sehr hohen, schlanken und riesigen Türmen [Minaretten], die Wachen halten, tragen wesentlich dazu bei. [… 261 …]

Außerdem ist der äußerst schöne Bosporus flankiert von Gebäuden und belebt von Segel- und Dampfschiffen, die kommen und gehen. Schließlich der schöne Scutari [Üskidar] am gegenüberliegenden [kleinasiatischen] Ufer, gebaut wie ein Amphitheater mit Holzhäusern mit rot gestrichenen Dächern, und dann das riesige Arsenal, das Hospital und der osmanische Friedhof voller trauriger Zypressen. […]

Heute Morgen […] schlenderte ich zum ersten Mal mit einem Dragoman namens Dimitri herum […] und ging mit ihm und drei Engländern […] zur Moschee

Abb. 115
Konstantinopel, türkischer Friedhof mit der Stadt im Hintergrund, Aquarell von M. O'Reilly, 1854.

Agia Sophia. [...] wir konnten nur den Korridor betreten [...]. Ich mietete dann eine Gondel mit einem Engländer und überquerte den Bosporus, um [...] den Friedhof anzusehen, auf dem die Engländer begraben sind, die hier an ihren Verletzungen (Wunden) gestorben sind. Auf dem Friedhof befindet sich ein hohes Denkmal, das in England entworfen wurde. Alle dort Bestatteten sind junge Menschen in der Blüte der Jugend.[180] Wir besuchten dann den osmanischen Friedhof [...] an der Form des Turbans kann man sofort erkennen, unter welchem Sultan der Mann gestorben ist (Abb. 115).

[...] Das Äußere der Stadt ist so schön wie das Innere hässlich, [...] die engen Straßen sind mit Müll bedeckt [...] und die Pflasterung ist beschädigt [...] durch große Löcher, so dass es unmöglich ist, auf den Straßen zu reiten. [262]

Sonntag, 14./26. Juni in Konstantinopel.

Herr Matthieu hat mir gesagt, dass sein Diener weiß, wie er mich ohne Ferman in die Moschee Agia Sophia hineinbringen kann. So versuchte ich es erneut. [...] Die Leute, die [...] dort fegten, riefen, dass es strengstens verboten sei, ohne Erlaubnis einzutreten. [...]

Montag, 15./27. Juni in Konstantinopel

Heute [...] bin ich mit dem Diener hinausgegangen. Wir mieteten zwei Pferde mit Sätteln und Zügeln [...] und trabten und galoppierten. Wir durchquerten die Stadt bis zum antiken Hippodrom (Abb. 116), von dem heute ein großer Teil überbaut ist.[181] Man sieht einen ägyptischen Obelisken, der vom Kaiser Theodosius aus Heliopolis hierher transportiert wurde. Dieser Obelisk hat nicht seine ursprüngliche Höhe, da ein großer Teil abgesägt wurde. Dieser steht auf großen Kupferblöcken, die auf einem Sockel angebracht sind, der tief in die Erde versunken ist, die sich um ihn angehäuft hatte. Die Hieroglyphen sind gut erhalten. Auf dem Sockel befindet sich eine grobe Darstellung von der Errichtung des Obelisken.[182]

Auf demselben Platz befindet sich noch ein viel größerer Obelisk, aber in schlechtem Zustand.[183] Weiterhin gibt es ein Kupferdenkmal [Schlangensäule] [...] Dieses Denkmal scheint zwei ineinander verschlungene Schlangen dargestellt zu haben und ist von einer Balustrade (Abb. 117) umgeben.[184] Angeblich standen an den vier Ecken des alten Hippodroms die vier Bronzepferde, die von den Venezianern weggenommen wurden und jetzt den Platz von S. Marco in Venedig schmücken.[185] [...]

Wir setzten den Weg [...] bis zum Ende der Stadt fort, wo wir die alte Festung betraten, die Burg der sieben Türme [Yedikule] genannt wird [263] und die als Staatsgefängnis für große Persönlichkeiten wie Botschafter diente, von denen viele Inschriften erhalten sind. [... *er setzt den Weg entlang der Mauern fort*] wir sahen den fast zerstörten Palast des Belizar, der ein großer Minister war. Infolge einer Beschuldigung wurde er seiner Ämter enthoben und seine Augen wurden ihm herausgerissen. Am Ende bat er als Bettler auf dem Hippodromplatz um Almosen.[186] Schließlich besuchten wir die Orte, an denen die großen Staatsmänner begraben sind, wie Aiub, der hier getötet wurde und dessen Grab von den Türken gefunden wurde.[187] [...]

Dienstag, 16./28. Juni

Heute [...] bin ich mit dem Diener zum Hotel Europa gegangen, von dem eine Gruppe mit Ferman losge-

Abb. 116 Konstantinopel, Hippodrom, Foto von B. Kargopoulo, um 1886.

Abb. 117 Konstantinopel, Schlangensäule, im Hintergrund die Blaue Moschee, Foto von Guillaume Berggren, 1880.

hen sollte. [...] Nachdem wir mit Booten das Meer überquert hatten, besuchten wir zuerst einen Holzpalast des Sultans, nichtsdestotrotz enthielt er große und wunderschöne Hallen, Marmorbäder, einen prächtigen Harem und kurzgesagt allen Komfort, den sich ein Herrscher nur wünschen könnte.[188]

Wir sahen auch die wunderschönen Gärten, von denen der Palast umgeben ist, und gingen danach zur alten Kirche Agia Eirini [264], die heute in eine Art Depot für alte Waffen umgewandelt worden ist. Es gab eine große Menge an Gewehren, von der ersten einfachen Sorte bis zu den besseren unserer Zeit. Es wurde auch eine große Anzahl von Kettenhemden und Trommeln von außergewöhnlicher Größe ausgestellt. Wir gingen danach zu einem Haus, wo Wachsfiguren von Janitscharen, die trickreich vom Vater des jetzigen Sultans ausgewählt worden waren, ausgestellt sind: jeder Rang des Janitscharenkorps ist vertreten.[189]

Wir gingen dann zur berühmten Moschee Agia Sophia (Abb. 118), in der wir bereits im Korridor Schuhe oder Stiefel ausziehen mussten. Der Boden besteht aus großen Marmorplatten und ist mit Rattanmatten bedeckt. Alle Wände sind voller schöner Mosaike, die von den Türken mit Gemälden in ihrem eigenen künstlerischen Stil überdeckt wurden [*da der Islam nur geometrische und dekorative Ornamente erlaubt*]. Die Kuppel ist zwar weniger hoch als die von St. Peter in Rom, aber nicht weniger bemerkenswert, da sie nicht von Säulen getragen wird. Die Moschee ist voll von riesigen Säulen aus verde antico [grüner Marmor] und es gibt auch 8 große rote Marmorsäulen aus dem Tempel der Diana in Ephesus [Artemistempel]. Ein spiralförmiger Zugang führt zu den mit schönen Säulen geschmückten Emporen. Die Eingangstüren sind aus Bronze und so schwer, dass sie nicht bewegt werden können. Die Architektur ist großartig und ich habe hier keinen Fehler gefunden, außer dass sie keine christliche Kirche ist. In einer mit Bronze verkleideten Säule gibt es ein kleines Loch, und angeblich jeder, der an den Augen leidet, steckt seinen Finger in das Loch, hält diesen hierauf auf die Augen und ist sofort geheilt.

Wir schauten uns den Thron des Konstantin[190] an, umgeben von 4 Säulen, die mit vergoldetem Silber und Tausenden von Juwelen bedeckt ist. Sie restaurieren im Moment Konstantins Thronsaal. Dann gingen wir zur Ahmed-Moschee [...], die nichts Interessantes zu zeigen hat.

Schließlich holte ich mein Ticket für das Schiff *Ferdinando I.* beim Lloyd [...].

Mittwoch, 17./29. Juni auf dem Dampfer Ferdinand I.

[…] Heute Morgen habe ich die beiden Kisten mit in Kairo eingepackten Antiquitäten geöffnet und alle diese Sachen in eine größere Kiste gelegt, die ich extra hatte anfertigen lassen. […]

Samstag, 20. [Juni]/2. Juli auf der Donau bei Kirsova

[266] Letzte Nacht um 8 Uhr kamen wir in Galatz[191] an, wo die vielen Steinhäuser mit Eisenrahmen uns einen höheren Zivilisationsgrad zeigten als in Konstantinopel. Man konnte auch viele Kutschen mit guten Pferden sehen … alles zeigte uns, dass wir den Osten verlassen hatten und in Europa angekommen waren. […]

Abb. 118 Konstantinopel, Agia Sophia. Blick vom nördlichen Seitenschiff durch die Arkaden, Gaspare Fossati, 1852.

Briefe zur ersten Reise

Von Heinrich Schliemann an Giulio Nicati in London

St. Petersburg, 30. November 1859[192]

[…] Meine eigene Laufbahn sollte Sie davon überzeugen, daß ich die Wahrheit sage, denn zu Beginn des Jahres 1846 kam ich nach hier mit R 150.– Schulden, aber mit der Kenntnis der russischen Sprache und dem Vertrauen, daß wenn ein Mann, der zu einem eisernen Willen einen nicht ermüdenden Fleiß fügt, hier besser vorwärts kommen müßte als irgendwo anders und tatsächlich habe ich seit dem März 1848 bis zum Ende Dezember 1855 mir mein ganzes Vermögen erworben. Wie Ihnen bekannt ist, wollte ich mich vom Handel zurückziehen; nachdem ich aber während 15 Monate Schweden, Dänemark, Deutschland, Frankreich, Spanien, Italien, Ägypten, Ethiopia [?], Palästina, Arabien, Syrien, Griechenland, Türkei usw. bereist habe, beschloß ich, die Geschäfte fortzuführen und nie aufzuhören, hier ein Handelshaus zu besitzen, den erstens scheint es, daß ich zum Handel bestimmt bin und zweitens beunruhigt mich der Gedanke, daß infolge der wachsenden Goldeinfuhr aus Kalifornien und Australien täglich der Wert des Geldes abnimmt […]

Heinrich Schliemann an den Vater und die Schwestern

Jerusalem am 1. Ostertage 12./24. April 1859[193]

Ich schrieb Euch am 19./31. v. Mts. von Kairo, daß ich im Begriffe stand, in Gesellschaft 2er Grafen di Bassi von Bologna im Kirchenstaate durch die Wüste nach Jerusalem abzureisen. Da es auf dieser langen Reise nichts als Sand, Steine und Räuber gibt, so mußten wir 12 Kamele mit Lebensmitteln, Hausgeräten, Zelten und Waffen beladen. Wir selbst ritten junge arabische Hengste. In der Wüste sieht man fortwährend die Täuschung der Fata Morgana, welche den ganzen Tag hindurch die herrlichsten Seen mit Holz umgibt und dann und wann auch das Meer präsentiert; deutlich sieht man, wie sich die Wellen an den Ufern brechen, und kommt man an den Ort hin, wo man das Wasser sah, so sieht man nur Flugsand, den der Wind in Massen emporhebt. 5 Tage waren wir in Quarantäne in Gaza und kamen nach einer 19tägigen Reise im kleinen, seit Christi Tode 17mal ganz zerstörten und jetzt 17 Mille Einwohner zählenden Jerusalem an. […] Ich brauche Euch wohl kaum zu versichern, daß ich den Garten von Gethsemane, (von welchem einliegend eine Blume), den Ölberg und kurz jeden im Neuen und Alten Testamente erwähnten Platz besuchte. […]

Schon seit Kairo gehe ich als Engländer mit weißem Turbane und nenne nie den Namen Mohammed, denn das Volk ist hier sehr fanatisch, und man würde mich auf der Stelle töten beim leisesten Argwohne, daß ich über die Religion spotten wollte. […]

Heinrich Schliemann an den Vater und die Schwestern

Auf dem Libanongebirge im alten Phönizien in der Mitte der berühmten Zedern, 26. Mai 1859[194]

Lieber Vater und liebe Schwestern!
Ich schreibe Euch dies im Haine der über 4000 Jahre alten Zedern, von denen Salomon das Holz zum Tempelbau nahm. 4 Tage brauchte ich, um das Gebirge bis hier zu übersteigen. Heute war ich den ganzen Morgen im ewigen Schnee. Die Reise nach Petra wurde glücklich vollendet, denn wir machten in Hebron mit dem berüchtigten Räuberhauptmann Abu Dahud einen Kontrakt, daß er uns persönlich nach Petra und längs des Toten Meeres zurück nach Jerusalem bringen mußte. […]

Von Heinrich Schliemann an den Herausgeber der Times

Jerusalem, den 10. Mai 1859[195]

Ein Besuch in Petra
Sir, da es in letzter Zeit erhebliche Schwierigkeiten gab, Petra zu besuchen, und wir annehmen, dass wir die einzigen europäischen Reisenden sind, die seit fast zwei Jahren dort waren, denken wir, dass es anderen von Nutzen sein könnte, wenn wir in Ihrer Zeitung das Ergebnis unserer Erfahrungen darlegen.

Wir, ein russischer Gentleman und ein junger Engländer, starteten unsere Reise am 26. April von Jerusalem aus in Begleitung eines erfahrenen Dragomans und unter dem Schutz der Jehalin-Beduinen. Ihr feiner alter Scheich, Hadjee Abao Dahuk, begleitete uns, und von ihm und seinen Männern erhielten wir stets die größte höfliche Aufmerksamkeit.

Wir hatten keinerlei Schwierigkeiten, Petra zu erreichen, und kamen am Abend des 1. Mai an, nachdem wir auf dem Weg den Berg Hor bestiegen hatten. Wir blieben den ganzen nächsten Tag in Petra. Die Araber von Wadi Musa und ihr Scheich schienen sich sehr zu freuen, uns zu sehen, und fungierten den ganzen Tag als unsere Dragomane, brachten uns dahin, wohin wir wollten, und machten uns keine Probleme außer der üblichen Belästigung wegen *Baksheesh*, an die sich aber jeder nach einer Weile im Orient gewöhnen kann.

Am nächsten Morgen versammelten sich die Araber in beträchtlicher Zahl, und es gab viel Lärm und Streit untereinander. Einer von ihnen, der sich aufregte, packte plötzlich den Dragoman, forderte ihn auf, seine Feldflasche zu öffnen, und gab ihm ein paar Schläge auf den Kopf, als er sich weigerte.

Aber einige der anderen mischten sich sofort im Namen des Dragomans ein und vertrieben den Angreifer. Dann kam der Scheich des Benjazi-Stammes mit einigen seiner Anhänger und forderte den Wadi-Musa-Scheich ruhig auf, das gesamte Bakschisch (ungefähr 1 Liter), das er von unserem Dragoman erhalten hatte, herauszurücken. Da sich offensichtlich ein Aufruhr unter ihnen zusammenbraute, hielten wir es für klüger aufzubrechen, was wir völlig unbehelligt taten. In der Zwischenzeit meldeten sich ein oder zwei Männer der Wadi-Musa-Leute freiwillig, um uns ins Tal zu führen, und taten es auch.

Wir glauben, dass es mit einem erfahrenen und diskreten Dragoman und mit etwas Nachsicht und Urteilsvermögen seitens der Reisenden keine Hindernisse gibt, um die herrliche Landschaft und die einzigartige Größe und Schönheit von Petra einen ganzen Tag lang zu genießen, genauso wie wir es getan haben.

Mann sollte noch hinzufügen, dass der Scheich von Wadi Musa uns mitgeteilt hat, dass Reisende, die vom Berg Sinai kommen, einen Umweg über Nakel [Nekhel] nehmen müssen, da er keine Abmachung mit Scheich Hussein hat, der früher die Reisenden vom Süden heranführte.

Es wäre auch einer Überlegung wert – da der Benjazi-Stamm offensichtlich mächtiger ist als der von Wadi Musa – ob es nicht vorteilhaft wäre, sich bei der Ankunft in Petra unter ihren Schutz zu stellen. Ihr Scheich sagte unserem Dragoman, dass er, wenn er von europäischen Reisenden angefordert würde, mit einem Trupp seiner Männer in die Ebene hinunterkommen würde, um sie während ihres Aufenthalts im Wadi Musa zu bewachen und sie dann sicher wieder in die Ebene zurückzubringen. Natürlich würde dies ein ansehnliches Bakschisch mit sich bringen, aber wir denken, dass es wahrscheinlich die vernünftigste Lösung wäre.

Wir verbleiben, *Sir*, Ihre gehorsamen Diener
W. M. - G. [Druckfehler?] H. S.

Von Heinrich Schliemann an Graf Bassi

St. Petersburg, 15. Juni 1861[196]

[...] Ich habe bis jetzt gewartet, Ihnen zu schreiben, da ich von Tag zu Tag hoffte, Ihnen ein glückliches Ergebnis in den 5 Prozessen melden zu können, die ein Schelm von einem Mitbürger gegen mich begonnen hatte, als ich im Frühjahr 1859 mit Ihnen auf der Orientreise war. Ich hatte die Prozesse bereits im Oktober 1859 hier im Handelsgericht gewonnen, mein Mitbürger und Gegner hatte aber beim Senat Berufung eingelegt, wo sich die Sache 2 Jahre lang befand, und trotz aller meiner Bemühungen war es nicht möglich, zu einem Ende zu gelangen, denn mein Gegner bestach die Sekretäre, die den Bericht zu schreiben hatten, um zu verhindern, daß sie berichteten und um das Ergebnis hinauszuzögern. Er glaubte, dadurch mich die Geduld verlieren zu lassen und mich zu zwingen, ihm die Hälfte der Streitsumme von 80.000 R (ca. 60.000 röm. Scudi) zu bezahlen.

Ich kann Ihnen nicht beschreiben, wie sehr ich gelitten habe bei meinem heißblütigen Charakter in all dieser Zeit. In der Tat, recht oft habe ich in einer einzigen Nacht für eine Million Ärger und Wut in mich hineingeschluckt. Viel lieber hätte ich zehnmal den strittigen Betrag bezahlt als all diese Unannehmlichkeiten zu erleiden, nachdem aber meine Ehre außerordentlich bloßgestellt war, konnte ich nicht auf einen einzigen Bajocco[197] verzichten.

Dem Himmel sei Dank, daß nun gestern der Senat endlich sein Urteil verkündet hat; er hat mich aller Schuld freigesprochen, er hat meinen Gegner einen niederen Verleumder genannt, ihn verurteilt, mir die 80.000 R zu bezahlen und außerdem wegen der falschen Anklage eine Strafe von 25% dieser Summe zu Gunsten der Stadt zu bezahlen, wobei er hinzufügte, daß diese Klage so ungefähr die scheußlichste Absurdität darstelle, die je die heiligen Stätten der Justiz verunehrt haben. Obgleich ich sicher war, daß der Senat gar kein anderslautendes Urteil hätte fällen können, bin ich dennoch höchst zufrieden, mich am Ende dieser verwünschten Prozesse zu sehen, die mir soviel Sorgen verursachten ...

Von Heinrich Schliemann an G. Janssen in New York

St. Petersburg, 19. Dezember 1859[198]

... Bei meiner Rückkehr nach Kairo reiste ich in Begleitung von 2 italienischen Grafen [*Bassi*] mit 3 Pferden, 12 Kamelen für unser Gepäck und 10 Dienern durch die Wüste nach Jerusalem, wo wir nach 19 Tagen ankamen. Ich blieb in Jerusalem während der Osterfeiertage und ging dann mit drei Engländern mit 4 Pferden und 12 Kamelen nach Arabia Petraea. Bei der Rückkehr fuhren wir immer am Toten Meer entlang. Eine zusammenfassende Darstellung unserer wunderbaren Reise finden Sie in der Londoner Times vom 27. Mai [*1859*].

Ich blieb wieder 8 Tage in Jerusalem und ging [...] ganz allein mit einem Majordomus [Haushofmeister], 2 Dienern, 2 Pferden, 9 Maultieren und 9 Eseln über Nazareth, dem See von Galilea [See Genezareth], Sant Jean [*Akko*], Tyrus, Sidon, Beyruth und das Libanon-Gebirge nach Damaskus. Ich besuchte danach Kleinasien, Griechenland, die Türkei, Österreich, Frankreich und Spanien. Im letzten Land allein war ich mehr als 2 Monate und jetzt bin ich wieder hier ziemlich ausgelastet mit unermesslich vielen Geschäften.[199] Ich danke dem Himmel, dass ich 15 Monate nicht hier war, denn die hiesigen Zeiten waren außerordentlich schlecht und ich hätte mehrere Hunderttausende verlieren können wie meine Geschäftskollegen ... aber wenn ich früher oder später den Wunsch zu reisen nicht mehr zurückhalten kann, werde ich hier alles meinen Prokuristen überlassen. Wie bisher ist mein wichtigstes Handelsgut Indigo, was ich manchmal mit einer jährlichen Rate von 640.000 [*Pfund*] importierte ...

Schliemanns zweite Reise
aus St. Petersburg
Kopenhagen
KGR. NIEDER-LANDE
London
Amsterdam
Brüssel
Berlin
KGR. BELGIEN
Aachen
Polen
KAISERREICH RUSSLAND
N
W
O
S
Paris
Prag
München
Wien
ÖSTERREICH-UNGARN
Budapest
Odessa
KAISERREICH FRANKREICH
Bern
Mailand
Venedig
Genua
Bologna/Porretta
Belgrad
Rumänien
Bukarest
SCHWARZES MEER
Marseille
Livorno
Florenz
Ancona
Serbien
KGR. SPANIEN
KGR. ITALIEN
Rom
Konstantinopel
Neapel
Pompeji
OSMANISCHES REICH
Cagliari
Smyrna
Alexandretta
Athen
Aleppo
Sizilien
Algier
Tunis
GRIECHEN-LAND
Rhodos
Zypern
Laodikeia
Kreta
Malta (brit.)
Tunesien (osman. Vasall)
Algerien (zu Frankreich)
Beirut
Damaskus
MITTELMEER
Jaffa
Jerusalem
Tripolis
Tripolitanien (osman. Provinz)
Cyrenaika
Port Said
Alexandria
Petra
Kairo
Ägypten (tribut. Vizekgr.)
ROTES MEER
0 300 600 900
Kilometer
MITTELMEER
Damietta
Rosetta
Nildelta
Alexandria
Port Said
al-Mansura
Pelusium
Saïs
Tanis
Avaris
Cantara
Tanta
Kanal im Bau
Zagazig
Kanal
Ismailia
Benha
Tell El Kebir
Unterägypten
Heliopolis
Gizeh
Kairo
Saqqara
Memphis
Dahschur
Fayum
Nil
Golf von Suez
0 10 20 30 40 50
Kilometer

Die zweite Reise (1864)

So reiste ich im April 1864 nach Tunis, nahm die Ruinen von Karthago in Augenschein, und ging von dort über Aegypten nach Indien. Der Reihe nach besuchte ich die Insel Ceylon, Madras, Kalkutta, Benares, Agra, Lucknow, Delhi, das Himalaya-Gebirge, Singapore, die Insel Java, Saigon in Cochina und verweilte dann zwei Monate in China, wo ich nach Hong-Kong, Canton, Amoy, Foochoo, Shangai, Tin-Sin, Peking und bis zur Chinesischen Mauer kam. Dann begab ich mich nach Jokohama und Jeddo in Japan, und von hier auf einem kleinen englischen Schiffe über den Stillen Ocean nach San-Francisco in Californien …[200]

Die Reise

Die Eintragungen in das Tagebuch A 5, das insgesamt 249 beschriebene Seiten enthält, beginnen am 21. Mai 1864 und reichen bis zum 16. April 1865. Die Seiten dieser zweiten Ägyptenreise vom 18. Juni bis 25. Juli 1864 sind auf italienisch und arabisch geschrieben, ansonsten kommen noch vor: französisch, deutsch, englisch, russisch, griechisch, holländisch und sogar Urdu und Farsi.

In einem Brief an seine Schwester schreibt Schliemann am 18. Dezember 1863:

An eine Versöhnung mit meiner Frau ist für dieses Leben nicht mehr zu denken.[201]

Trotzdem bleibt er seiner Familie in St. Petersburg verbunden und wahrt nach außen die gesellschaftlichen Formen.

Seine Unruhe und Wissbegier treiben ihn aber wieder auf Reisen. Zunächst zu einer fünfwöchigen Kur nach Aachen, dann über Paris, Genua, Livorno nach Cagliari auf Sardinien.

Die Reise geht weiter nach Tunis, wo er über eine Woche bleibt und Karthago besucht.[202]

Ernst Meyer schreibt dazu:

Der Bericht über seinen dortigen Aufenthalt umfaßt zwölf Seiten in arabischer Sprache. Der Höhepunkt dieser Zeit in Tunis war für ihn das Erlebnis des feierlichen Einzugs des regierenden Beys, mit einer Musikkapelle und großem Pomp zum Gerichtstag. Es ging dabei patriarchalisch zu, aber zugleich diktatorisch, ohne Möglichkeit eines Widerspruchs. In einer Mischung von salomonischer Weisheit und Menschenkenntnis im Schnellverfahren mit sofortigem Strafvollzug folgten sich ohne das sonst übliche Palaver die einzelnen Fälle. Darüber hat er danach in einem mehrseitigen, russisch geschriebenen Brief an den Vorsitzenden der Handelsrichter in Petersburg berichtet und eine Übersetzung in das Italienische seinem Tagebuch beigefügt.[203]

Ehe er nach Ägypten (Abb. 119) weiterreist, bleibt Schliemann eine Woche auf der Insel Malta. In Alexandria kauft er sich sofort zwei Wörterbücher, weil er entschlossen ist, sein Arabisch zu verbessern. Er besucht wieder die Pompeius-Säule, die inzwischen restauriert wurde.

Trotz einer beginnenden Krankheit fährt er nach Kairo, dort verschlimmert sich sein Zustand: Nilpusteln (Wundrose) bedecken seinen ganzen Körper, so dass er nicht weiterreisen kann.

Schließlich wird er durch die Seebäder in Alexandria wieder soweit hergestellt, dass er den Zug nach Zakazik und dann eine Feluke nach Port Said nehmen

⇦ Abb. 119
Karte Nildelta: Ausschnitt aus Bartholomew's tourists' map of Egypt and the Lower Nile, 1897.

kann. Auf der Strecke zwischen Ismailia und Port Said besichtigt er die Baustellen des Suez-Kanals. Seiner Meinung nach werden dort zu wenige Arbeitskräfte und Baumaschinen eingesetzt. Er schätzt weiter 20 Jahre bis zur Vollendung, doch der Kanal wird schon fünf Jahre später eröffnet.[204]

Da sich keine Verbesserung seines Gesundheitszustandes zeigt, bricht er seine Reise ab und kehrt über Alexandria nach Italien zurück in die Mineralbäder von La Porretta in der Nähe von Bologna. Erst nach Wochen ist er vollständig geheilt, er kann die Grafen Bassi auf ihren Landgütern bei Bologna besuchen, mit denen er 1859 von Ägypten nach Jerusalem gereist war.

Anschließend besucht er noch einige Orte in Italien (Florenz, Pompeii, Neapel)[205] und setzt dann seine Weltreise fort, die insgesamt zwei Jahre dauern wird.

Das Tagebuch der zweiten Reise

Alexandria in Ägypten, 18. Juni [1864]

[*arabisch* 23 ...] Ich bin gestern Abend angekommen und war wieder beeindruckt von der Großartigkeit dieser Stadt. Der geringe Abstand zwischen den Gebäuden erklärt sich durch das kontinuierliche Wachstum. In Wirklichkeit haben große Stadtteile die alten baufälligen Gebäude ersetzt, und die Zahl der Bevölkerung hat exponentiell zugenommen. Die Mietpreise sind ebenfalls gestiegen.

Abb. 120 Alexandria, Mehemet-Ali-Platz, unbekannter Fotograf, 1903.

Im französischen Viertel gibt es einen großen Platz namens Maiden Al Manchiatu [Mehemet-Ali Platz], von Bäumen umgeben und mit großen Arkaden ausgestattet (Abb. 120). Die Straßen sind abgesehen von den kleinen Wegen nicht gepflastert, aber gemäß einem neuen Dekret des Paschas ist man dabei, alle zu pflastern.

Um den ägyptischen Dialekt zu üben, nahm ich zwei Wörterbücher und ging spazieren, wobei ich zuerst die Säule des Pompeius besuchte, die ich mit großer Bewunderung betrachtete. Sie wurde restauriert, weil sie auseinanderfiel, und dabei entdeckte man auf der Verkleidung eine Inschrift mit drei Königsnamen, aber ich fand keinen dieser Namen in meinen Wörterbüchern. Rund um die Säule sind andere Reste zu sehen und in der Nähe habe ich eine Schlange mit einem Stock getötet.

19. Juni [Alexandria]

Auf Anraten meines Kawega Forseman, bin ich heute morgen mit einer Kutsche und einem Dragoman zum Souk gefahren, wo sich die Baumwollgroßhändler mit ihren Lagerhäusern und Büros befinden. Dort kauft und verkauft man Baumwolle, aber auch die Samen [...]. Die Lagerhäuser sind nicht gut gebaut und die Kuppeln des Souks bestehen aus Holz. Folglich, wenn ein Feuer entsteht, verbrennt alles innerhalb weniger Minuten. Dann werden die Leute vielleicht Vernunft annehmen und anfangen, Häuser aus Stein zu bauen. Die Arbeiter hier sind sehr gefragt und deshalb hochmütig und arrogant, faul und auch richtige Arschlöcher [sic!].

22. Juni [Alexandria]

[24] [...] Ich bin letzte Nacht in die Moschee gegangen, um mit einem Scheich [hier ein Imam] zu sprechen. Ich habe mich bemüht, so gut wie möglich den ägyptischen Dialekt zu sprechen. Heute bin ich wieder in die Moschee gegangen und habe eine Stunde lang mit dem Imam gesprochen.

Alexandria, Sonntag den 26. Juni

Heute bin ich von der Herberge, in der ich gewohnt habe, in die eines Sepharden [aus Spanien vertriebene Juden] umgezogen, weil das erstere sehr vernachlässigt war und die französischen Arbeiter sehr dumm waren und es soweit gekommen ist, dass ich es nicht mehr ertragen konnte, dort zu bleiben. Nachdem ich mich mit ihrem Chef gestritten hatte, weil er sich weigerte, mir ein Desinfektionsmittel zu geben, und er mir sagte, dass es das hier nicht gäbe, ging ich mit meinem Gepäck zu dem Sepharden. [25]

Die Wunde, aus der reichlich Eiter fließt, tut immer noch weh. Der Chirurg hat rund um meinen Fuß tiefe Schnitte gemacht, die zu heilen scheinen. Er brachte mir gelbe Bandagen, ein Handtuch und einen Kräuterumschlag, den er auf die Wunde legte. Mein Fuß hat angefangen, mehr als zuvor zu brennen, und die Haut juckt noch mehr. Vielleicht liegt das alles an den Speisen und Getränken. Daran bin ich noch nicht gewöhnt, denn hier in Ägypten werden die Gerichte mit viel scharfem Paprika und Salz zubereitet und auch die Früchte und Desserts sind besonders süß.

Kairo, 4. Juli

Als ich am 28. Juni bemerkte, dass meine Wunden heilten, ging ich zum Apotheker, dem ich die Stelle zeigte, und erklärte ihm die Ursache. Er verlangte eine Lira als Gegenleistung für die Heilung. Er sagte mir, ich solle zweimal am Tag kommen, um die Verbände zu wechseln. Ich war beschämt, mich in seinem dunklen Laden auszuziehen. Ich mochte die Krankenpfleger nicht, die rau und dumm waren. Das Desinfektionsmittel, das er mir verabreichte, brachte keine Besserung, also ging ich zu einem englischen Arzt, Patterson, der mir verschrieb, mich im Bett auszuruhen, jede Stunde einen kalten feuchten Umschlag aufzulegen und bis zur kompletten Heilung viel zu schlafen. Die Wunde war sehr entzündet, die Haut um sie herum war gereizt und es tat mir so weh, als hätte mich ein heißes Eisen berührt. Die Infektion ist jedoch allmählich abgeklungen, und die Wunde heilte langsam. Ich konnte jedoch weder aufstehen noch sitzen, ohne starke Schmerzen zu bekommen. Deshalb hat der Arzt angeordnet, eine Creme aufzutragen, bis die Schmerzen vollständig verschwunden seien.

Ich kann meine Wut und Panik nicht beschreiben noch zudem bei diesem heißen Klima. Die Temperatur, nur in meinem Zimmer, erreicht im Schatten 90 Grad [Fahrenheit = 32° Celsius] und ich habe Angst, hier noch zwei Wochen in dieser ekelhaften Situation zu bleiben.

Alexandria, 16. Juli

[*italienisch*] In Kairo (Abb. 121) verschlechterte sich mein Gesundheitszustand, weil ich immer auf dem Bett oder auf dem Sofa liegen musste und durch die ungeheure Hitze sich am linken Bein die Nilpusteln entzündet hatten, mit denen jetzt der ganze Körper bedeckt war. Doktor Patterson ließ mich eine Salbe auftragen, und da diese [26] keine Wirkung hatte, befahl er mir, verschimmeltes Brot[206] aufzutragen. Er verschrieb mir schließlich Wasser und sagte, dass dies die Schwellung in 2 Tagen verschwinden lassen würde. Aber dieses Wasser vermehrte nur die Entzündung und die Anzahl der Pusteln, so dass ich verunstaltet aussah und mein linkes Bein nicht mehr benutzen konnte. Schmerz und Angst wuchsen von Stunde zu Stunde, und ich erwartete bereits eine Gangrän [Wundbrand], wenn ich noch ein paar Tage gewartet hätte, da tagsüber im Raum 98 Grad [Fahrenheit = 37° Celsius] Hitze und nachts unter meinem Moskitonetz mehr als 103 Grad [= 39° Celsius] herrschten [...].

In diesem Elend beschloss ich, nach Alexandria zurückzukehren, um Bäder im Meer zu nehmen, und verließ daher Kairo am 11. Juli und hielt mich hier am englischen Hafen in der Nähe der Seebäder auf.

Zuerst musste ich gestützt werden, wenn ich zum Baden ging, aber die heilende Kraft des Wassers verringerte die Schwellung und die Schmerzen jeden Tag, so dass ich nach 4 Tagen bereits einen Stiefel über mein krankes Bein ziehen konnte und gestern begann, in der Stadt spazieren zu gehen. Ich nehme 3 Bäder pro Tag und bleibe jedes Mal eine Stunde im Wasser.

Vor ein paar Tagen, als ich zum Mittagessen ging, vergaß ich meinen Hut, den ich an einem Nagel in einem Balken des Gartens aufgehängt hatte, in dem wir essen. Um den Hut hatte ich einen Schal gewickelt,

Abb. 121 Kairo, Blick vom Citizenib-Tor auf die Stadt, David Roberts, 1839.

der 87 ½ Franken gekostet hatte. Zu meinem Kummer fand ich am nächsten Tag nur meinen Hut, während der Schal gestohlen worden war. Vergebens bot ich jedem, der ihn mir zurückbringen würde, 25 Franken an.

Im Vergleich zu Kairo ist die Temperatur hier sehr kühl und das Thermometer in meinem Zimmer zeigt nicht mehr als 75 Grad [= 24° Celsius] am Morgen und 80–83 Grad [= ca. 28° Celsius] am Tag, während es am Meer 81 ½ am Morgen und 82 ½ Grad am Tag sind.

Der Blick aufs Meer von meinem Fenster ist großartig. Die Badeanstalt ist nur einen Steinwurf vom Hafen entfernt und auf Pfählen gebaut. Im ersten Trakt gibt es ein Café-Restaurant, dann folgen die Umkleidekabinen und dann die Galerie, die die Badeanstalt umgibt. [27] Es ist eine Freude, in diesem warmen Wasser zu baden, besonders wenn es stürmt und sich die tobenden Wellen an den Pfählen brechen.

Alexandria, 17. Juli

[*arabisch*] Heute habe ich zum ersten Mal mein weißes arabisches Gewand angezogen, in dem ich mir sehr fremd vorkam. Ich nahm den Zug zum Golf von Suez. Leider haben sie vor ein paar Tagen die Abfahrtszeiten auf 6 oder 8 oder 9 Uhr morgens geän-

dert, so dass ich mich vergeblich beeilte. Ich musste in meine Herberge zurückkehren, um morgen früh um 8 Uhr abzureisen.

Der Kawega Forseman gab dem Vermittler James Schutz einen Brief des Ad-Sala-Komitees, der an alle Niederlassungen der großen Unternehmen adressiert war, wie Roumain im Zentrum von Zakazik, die Agentur Maurel der Transportunternehmen in den Großen Bergen [Tell El Kebir], die Agentur Iris für die Bibliotheken der Stadt Ismailia (Chef des Bureaux détachées), Moreaux (Chef des Components) in Routhart, Laroche (Ingenieur de la Division [von Schiffen]) in Port Said, Reveroni, Agent des Unternehmens in der Stadt Damietta [Dumyat], in Suez Larousse Ingenieur de la Division [von Schiffen].[207]

Das Ad Sala-Komitee bat die notierten Unternehmen, mir alle nützlichen Informationen zur Verfügung zu stellen und mir alle mögliche Hilfe zu geben, um meine Projekte am Golf besser durchführen zu können. Das Komitee ist der älteste Vertreter der Reederei, die einer südlichen Gesellschaft angehört.

Heute tun meine Fußwunden wieder weh, weil sie nicht gut behandelt wurden und der Eiter weiterhin herauskommt.

19. Juli, am Kanal zwischen den Großen Bergen [Tell El Kebir] und Ramses [Pi-Ramesse]

Gestern Morgen verließ ich Alexandria und kam um ein Uhr am Nachnittag in Benha an, wo ich mit dem Zug nach Zakazik [Zagazig] weiterfuhr (Abb. 122). Ich kam dort um drei Uhr nachmittags an. Ich übermittelte dem Agenten der Gesellschaft Roumain das Empfehlungsschreiben. Er fragte mich, ob ich allein auf einer privaten Feluke oder mit anderen Personen auf der öffentlichen reisen wollte. Er fügte hinzu, dass es alles in allem besser wäre, die öffentliche Feluke zu nehmen, da sie zur gleichen Zeit ankomme und nur 6 Franken koste, während die private 20 Franken koste, weshalb ich die öffentliche vorgezogen habe.

Dann bot er mir [28] ein Zimmer in einem sehr schlechten Haus mit dem Schild *Bistro Français* an. Es war nur eine Hütte! Der Boden war dreckig, ebenso wie die Zimmer im ersten und im zweiten Stockwerk. Es war sehr schmutzig und die Hitze unerträglich.

Ich musste dort bis 8 Uhr am Abend warten. Sie gaben mir eine Suppe mit Rippchen und etwas Petersilie zum Mittagessen. Die Suppe war sehr kräftig und die Rippchen waren hart, deshalb konnte ich sie nicht essen und verließ den Tisch noch sehr hungrig.

Das Dienstmädchen legte einen Leinenverband auf die Wunde, wofür ich 10 Franken bezahlte, wodurch ich noch mehr Schmerzen bekam. Ich ging dann mit dem Assistenten des Agenten zur Feluke. Beim Segeln kamen wir an den Ruinen einer antiken Stadt vorbei. Die Kanäle waren schmal und gekrümmt, so dass die Feluke im Zick-Zack-Kurs fuhr.

Nachts schlief ich auf meinen Kleidern und verwendete einen Sack als Kissen, aber diese meine Matratze war hart, weshalb ich mich herumwälzte, ohne schlafen zu können. Es war kühl, besonders im Morgengrauen.

Abb. 122
Blick auf Zakazik, Zeichnung von Dominique Grenet de Joigny, 1863. Paul Merruau, Journey to the Suez Canal, in: Il Giro del mondo, Journal of geography, travel and costumes, Volume I, Issue 3, October 15, 1863.

Gegen 2 Uhr in der Nacht hielten wir in der Nähe von Tell El Kebir (Abb. 123). an, wo wir bis zum Morgen blieben und einen Kaffee tranken.

Die Kanalbreite beträgt bis zu 30 Fuß und die Tiefe variiert zwischen zwei und vier Fuß. Ich konnte nicht verstehen, warum sie den Kanal [nur] so tief graben, wenn er sich schnell füllt, und keine dauerhafte Lösung finden. Unsere Feluke war offen und der Schutz [vor der Sonne] bestand aus Teppichen.

Port Said, 21. Juli

[*italienisch*] Ich bin vorgestern Abend auf dem Süßwasserkanal (Abb. 124) in Ismailia oder Timsah[208] angekommen, einer kleinen Stadt, die in tiefem Sand errichtet wurde in der Mitte der Landenge und in der Nähe des Timsah-Sees, der Salzwasser und einen schlammigen Boden enthält.

Diese kleine Stadt hat 4000 Einwohner. Die Häuser sind aus einem Stein gebaut, der von der auf arabisch *guisr* genannten Felsbarriere stammt. Straßen und Plätze sind sehr breit und die Gründer scheinen sehr große Pläne für die Zukunft gehabt zu haben. Hier wird mit Mist und Dung von Tieren und kontinuierlicher Bewässerung kultiviert, sodass fast jedes Haus einen kleinen Garten hat, dessen Gemüse im Kontrast zu dem Sand steht, der ihn zu verschlucken droht.

Abb. 123
Tell El Kebir, unbekannter Künstler, aus: William R. Smith, Africa Illustrated, 1889, 57.

Der Agent des [29] Bureaux Détachés war nicht da und sein Agent Mr. Hardan sagte mir, dass es kein Boot mehr gebe, um nach Port Said zu fahren. Deshalb bat ich um ein Dromedar, das mir bis Cantara [Al Qantarah] bewilligt wurde.

Ich verbrachte die Nacht in einem französischen Hotel, in dem alles sehr sauber war und der Kellner, ein Grieche, einen Umschlag aus Leinsamen zubereitete und ihn auf die Pusteln meines kranken Beines legte. Ich habe mit offenen Türen und Fenstern geschlafen.

Am Morgen legte ich einen kleinen Salbenumschlag auf die Pusteln, überließ meinen Koffer dem Agenten und ritt auf dem Dromedar immer am Ufer des Kanals entlang. Mein Sattel war der schlimmste, den ich je hatte. [...]

Es scheint, dass sie den Kanal bis nach Timsah graben wollten, nur um sagen zu können, dass der Kanal existiert, denn zur Zeit ist er nichts wert. Er ist nur 30 Fuß breit mit höchstens 2–3 Fuß an der tiefsten Stelle. Die Höhe der Guisr-Felsbarriere überschreitet im höchsten Teil keine 28 Meter und da der Stein weich ist, wäre es besser gewesen, hier den Kanal zu graben und zu unterhalten als in den sandigen Gebieten.

Auf dem Weg von Ismailia nach Cantara sah ich einen einzigen Dampfbagger (Abb. 125), welcher die ausgehobene Erde in einige Kipploren, einer Art kleinen Eisenbahn, warf.

Nach dem Guisr-Felsen durchquert der Kanal große Salzwasser-Seen. Es scheint, dass die Arbeit hier einfacher ist als anderswo, weil sie dem Kanal an vielen Stellen seine volle Breite gegeben haben, während die Tiefe nur 3–4 Fuß beträgt. Bei den Sümpfen und Salzwasser-Seen werden auf beiden Seiten Deiche und Dämme angelegt. Erschöpft von Schmerzen und Müdigkeit [30] kam ich endlich in Cantara an.

Einige Kilometer vorher sah ich auf beiden Kanalseiten viele Fahrzeuge, die mit Schutt und großen weißen Steinblöcken beladen waren. Dies waren die Überreste einer riesigen Brücke, die sie beim Ausbaggern des Kanals im Sand verschüttet fanden. Es scheint, dass es hier in der Antike einen Teich oder eine Zisterne für Süßwasser gab, an dem die Karawanenroute vorbeiführte. Die Steine dieser Brücke reichten aus, um alle Häuser von Cantara zu bauen, die fast einen Kilometer vom Kanal entfernt ist [...].

Da das Büro des Agenten geschlossen war, ging ich allein und mit Mühe zum Gasthaus des Italieners Rodolfo Querzoli, der aus San Matteo di Decima in der Nähe von Bologna stammt, auf einem Auge blind ist und die Grafen Bassi gut kennt, weil sein Neffe Mauro Querzoli ihr Kammerdiener ist.

Danach ging ich zum Leiter der Firma Moreau, der mir erneut einen Brief für den Transportagenten Lourli gab. Aber trotzdem weigerte sich dieser, mir ein Boot zur Verfügung zu stellen, [...] ich fing an, ihn grob zu beschimpfen, [...] dann gab er mir das

Abb. 124
Der Süßwasserkanal bei Ismailia, Foto von Francis Firth, 1856.

Abb. 125
Viermaster und Baggerschiff auf dem Suezkanal, kolorierte Fotografie, um 1890.

Abb. 126 ⇩
Port Said, Verwaltungsgebäude der Suezkanal-Gesellschaft, unbekannter Fotograf, 1880.

Boot und ich ging weg. Ich legte mich auf meine Decken auf dem Boden des Bootes und nahm einen Sack als Kissen unter meinen Kopf, konnte aber nicht schlafen. Der Wind war ungünstig und die 2 Bootsführer zogen das Boot abwechselnd.

Wir kamen um 5 Uhr am Morgen in Port Said an, einer kleinen Stadt, die auf tiefen Sand gebaut wurde. Die Häuser sind fast alle einstöckig und aus Holz. Mit Ausnahme von 3 Häusern, die als Gasthaus dienen, werden alle Häuser von Mitarbeitern der Kanalgesellschaft bewohnt. Sie haben bereits vor 4 Jahren [31] mit dem Bau der Mole begonnen, aber da sie die Steine aus der Umgebung von Alexandria holen müssen, haben sie noch keine Fortschritte gemacht. Was sie bis jetzt getan haben, scheint nur eine Stelle mitten im Meer zu sein. Es gibt eine provisorische Mole aus Holz, an der kleine Schiffe anlegen, während große auf der Reede ankern. Es liegen jetzt 12 Schiffe vor Anker.

Die Kanal-Gesellschaft (Abb. 126) hat letztlich einen Vertrag mit einem französischen Unternehmen über den Bau der Mole abgeschlossen. Es ist dieselbe, die den Hafen von Cherbourg gebaut hat. Sie haben auch einen Vertrag mit einer englischen Firma abgeschlossen, um die Einfahrt vom Meer aus zu graben und den inneren Hafen auszuheben, was Sie mit riesigen Dampfmaschinen machen.

Ich fuhr heute um 9 Uhr am Morgen mit einem günstigen Wind los, der stärker wurde, und so schafften wir 3 Kilometer in einer Viertelstunde.

Ich möchte nicht sagen, dass es sich bei dem Kanalprojekt um eine Chimäre handelt. Ich glaube, dass dies innerhalb von 20 Jahren realisiert werden könnte, wenn die Gesellschaft unbegrenzte Geldmengen und ohne Unterbrechung eine Anzahl von 50.000 Arbeitern zur Verfügung hätte. Aber die Bauarbeiter fehlen heute völlig, da der Pascha alle Arbeiter abgezogen hat, während er zuvor der Firma 40.000 zur Verfügung gestellt hatte.

Die heutigen Bemühungen sind vergebens, auch wenn sie versuchen, die Belegschaft durch Maschinen zu ersetzen. Sie werden niemals Erfolg haben, weil sie mehrere tausend Maschinen und viele tausend geschickte Hände benötigen würden, um ihn in Betrieb zu nehmen und zu reparieren, wenn etwas kaputtgeht.

Der verstorbene Vizekönig Said Pascha [1854–1863] (vgl. Abb. 41) favorisierte das Unternehmen, bei dem er Hauptaktionär war, und stellte regelmäßig 40.000 bis 50.000 einheimische Arbeiter zur Verfügung, die die harte Arbeit unter sengender Sonne ertragen konnten. Aber der heutige Vizekönig [Ismail Pascha 1863–1879] (Abb. 127), der weiser und klüger ist, sieht deutlich, dass dieses Projekt niemals abgeschlossen und verwirklicht werden kann.

Da das Land dünn besiedelt ist, möchte er ihm nicht die notwendigen Hände wegnehmen, die für die Verbesserung der Kultivierung [32] der Felder und zur Ausdehnung der Landwirtschaft gebraucht werden, was aufgrund der teuren Baumwollpreise sehr vorteilhaft ist. Deshalb hat er alle arabischen Arbeiter abgezogen. In der Tat sieht man auf der 75 km langen Strecke von Port Said bis nach Ismailia nur einige hundert Griechen und einige Italiener bei der Arbeit.

Um die Welt zu täuschen, gruben sie den Kanal in der Nähe von Port Said in voller Breite, jedoch ohne die erforderliche Tiefe. Aber dann in der Wüste und am Guisr-Felsen ähnelt das Kanalbett einem deutschen Mühlgraben und hat noch nicht einmal dessen Tiefe.

Um den Kanal in der erforderlichen Breite und Tiefe zu graben, wäre eine gigantische Arbeit erforderlich und ich bin mir ganz sicher, dass – selbst wenn sie es durch Zauberei erreichen würden – er ziemlich bald vom Sand verstopft und verschlossen wäre, wenn sie das Bett und die Seiten des Kanals nicht mit großen flachen Steinen oder zumindest mit Ziegeln bauen oder pflastern würden, wie es die Alten bei dem Kanal gemacht hatten, der den Nil mit dem Roten Meer verbunden hat.

Abb. 127
Porträt des Ismail Pasha (reg. 1863–1879), Gemälde, unbekannter Künstler, 1863.

Die Agenten in Port Said waren sehr höflich und stellten mir ein überdachtes Boot mit zwei Besatzungsmitgliedern zur Verfügung. Ich legte bei günstigem Wind mit großer Geschwindigkeit die 75 Kilometer von Port Said nach Ismailia in 10 Stunden zurück. [...]

Da ich den Transportagenten Herrn de Laplane nicht zu Hause angetroffen hatte, wartete ich auf ihn. [... 33] Um 5 Uhr musste ich mich mit einem Boot mit 2 Griechen zufriedengeben, weil sie sagten, es gäbe kein Kamel. Sobald wir etwas weiter gingen, begann unser Missgeschick, denn im Süßwasserkanal hatte entweder das Wasser abgenommen oder der Sand zugenommen. Ich selbst bin oft ins Wasser gesprungen, um das Boot zu schieben, aber bald war das Wasser nicht mehr als ein Fuß tief, während mindestens zwei benötigt wurden, und deshalb hielten wir an und warteten auf das Postboot, das groß und flach war und nicht mehr als 6 Zoll [Tiefgang] brauchte.

Als es kam, bestieg ich es sofort mit meinem Gepäck und verließ unser Boot, das noch bis Rameses mitgeschleppt wurde. Ich musste noch einmal 6 ½ Franken bezahlen, obwohl ich bereits 21 ½ Franken für das Boot bezahlt hatte. Wir wurden von 2 Kamelen gezogen. In Rameses hatte ich ein sehr schlechtes Frühstück: eine Wassersuppe mit Tomaten; Pilze und ein Stück sehr hartes Huhn, das ich nicht essen konnte, und 2 Eier. Die Frau, die Schnaps mehr als alles andere liebte, machte mir noch einen Umschlag aus Brotbrei für mein krankes Bein, wofür ich 5 Franken bezahlen musste.

Abb. 128 Telegraphenstation der Fabrik in Le Creusot, Frankreich. Holzstich, 1867, nach Zeichnung von Ignace Bonhomme (1809–1881), aus: Le Tour du Monde, 15. Bd., Paris (Hachette), 1867.

Das Postboot war voll von Leuten der unteren Klasse, die sich anscheinend durch Dreck hervorzutun bemühten. Viele von ihnen öffneten ihre Kleider und Gürtel und fingen die Läuse, um sie zu töten. Es gab auch mehrere schmutzige Frauen mit ihren noch schmutzigeren Kindern, die alle an einer Augenkrankheit litten, die anscheinend durch Schmutz verursacht wird.

Wir kamen um 8 Uhr am Morgen in Zagazig an, wo ich vergebens um die Rückgabe der 21 ½ Franken für das erste Boot bat. Am Ende musste ich an de Laplane in Ismailia schreiben, damit er diesen Betrag an die Societé Financière in Alexandria zahlt.

Benha, 23. Juli

Ich kam um 11 ¾ Uhr am Morgen hier an und schickte ein Telegramm an Herrn Forßmann, in dem ich ihn aufforderte, [34] meine Abrechnung zu machen, für mich 1000 Franken abzuheben und meinen Pass beim russischen Konsulat abzuholen, weil ich krank geworden sei und schon morgen nach Neapel zurückfahren möchte.

Ich schreibe mein Tagebuch im Telegraphenbüro, in dem ich bis 5 Uhr am Abend bis zur Abreise der Eisenbahn bleibe, weil ich nicht recht weiß, wohin ich gehen soll. Das Gasthaus, in das mich der Hunger trieb, um ein wenig Hammel zu essen und einen Kaffee zu trinken, übertrifft die schmutzigsten Geschäfte in den Provinzstädten Russlands an Dreck. Man sieht in Ägypten nichts als einen Mangel an Komfort, der das schlimmste Elend zu sein scheint.

Ich sitze im Telegraphenbüro auf einer sehr schmutzigen Sitzbank, die von einer zur anderen Seite des Raumes verläuft. Eine Hälfte der Bank ist mit der Matratze und dem Kissen des Beamten besetzt, der von diesem Bett aus die Telegramme mit der Depeschenmaschine (Abb. 128) sendet, die vor der Bank auf einem sehr schmutzigen Tisch steht.

Hier ist eine Matte mit 3 Kissen und somit für 3 Männer auf dem Boden ausgebreitet. Die Wände des Raumes, einst weiß, sind jetzt mit Schlamm, Schmutz und Versen aus dem Koran bedeckt. Die Balken an der Decke sind voller Spinnweben und die Fenster sind auch sehr schmutzig.

Alexandria, 24. Juli (Sonntag)

Ich bin heute Nacht um ein Uhr mit zunehmender Schwellung und starken Schmerzen im Bein hier angekommen. Sie gaben mir sofort ein gutes Zimmer am Meer. Ich war sehr froh, meine arabischen Gewänder loswerden zu können, die ich während dieser kurzen Reise getragen hatte und die in vielen Nächten von dem Liegen auf dem Boden des Bootes sehr schmutzig geworden waren. Außerdem würde ich mich [35] in diesen Hosen nicht wohlfühlen, die so breit wie Frauenkrinolinen sind.

Am Morgen, nachdem ich gebadet und einen Kaffee getrunken hatte, ging ich zu Herrn Forßman, der meine Depesche rechtzeitig erhalten und Geld und Reisepass für mich vorbereitet hatte. Ich hörte mit großer Freude von ihm, dass der italienische Dampfer *Brindisi* noch am selben Tag nach Ancona fahren würde. Also kaufte ich sofort ein Billett, für das ich 300 Franken bezahlte. […]

Dem Kutscher gab ich 3 Franken, um mich zum Strand zu fahren; der Bootsmann und der Bursche, die mich an Bord des Schiffes begleiteten, waren mit meinem Trinkgeld nicht zufrieden: mir scheint, dass diese Unzufriedenheit zu ihrem Geschäft gehört. Ich verließ Ägypten mit Freude nach einem schmerzhaften Aufenthalt von 37 Tagen.

26. Juli (Dienstag)

An Bord der *Brindisi* mit Blick auf Navarino.

La Porretta nel Bolognese, 31. Juli 1864

Wir kamen am 29. Juli in Ancona an, dann ging meine Reise mit dem Zug weiter nach Bologna, wo ich gestern Morgen ankam. […]

8. August, in Porretta

[… 37 …] Tatsächlich habe ich vor 6 Wochen in Kairo in Ägypten am linken Bein ein Erysipel [Wundrose] bekommen. Diese Krankheit beraubte mich 5 Wochen lang vollständig der Verwendung des Beins und zwang mich, es immer in horizontaler Position zu halten. Ich bin vor 3 Wochen verzweifelt aus Ägypten geflohen, um das Mineralwasser in Porretta in der Nähe von Bologna in Italien zu erreichen, wo ich in 2 Wochen geheilt wurde […].

Brief zur zweiten Reise

Von Heinrich Schliemann an J. W. Schröder, Hamburg

Aachen, zwischen 5. u. 7. Mai 1864[209]

… Da jetzt der Handel in St. Petersburg ganz darnieder liegt und ich nicht im Stande bin, meine Wißbegierde zu zähmen, so beabsichtige ich, nach beendigter Cur, von hier am 25. d. Mts. über Genua nach Tunis[210] abzureisen, von wo ich Ihnen über die Resourcen und die Regierung des Landes, dem Wohlstande und Elende des Volkes und der Competenz oder Incompetenz desselben, die eingegangenen Staatsschulden zu bezahlen, ausführlich berichten werde, falls solche Nachrichten für Sie Interesse haben sollten. Da ich der Landessprache vollkommen mächtig bin und als Araber verkleidet ins Innere reise, so bin ich der Revolution wegen nicht bange.

Von Tunis beabsichtige ich, über Ägypten, Ostindien, China, Japan, Californien und Mexico nach Cuba und Südamerica zu reisen und darauf nach Petersburg zurückzukehren, um das Geschäft wieder zu erneuern, falls inzwischen die Umstände besser geworden sind. Vorläufig ziehe ich mein Vermögen aus Russland zurück, denn die dortige Finanz-Verwaltung gefällt mir nicht und die letzte Anleihe und deren mit erstaunender Naivität publicirten Ursachen machten mich weinen. …

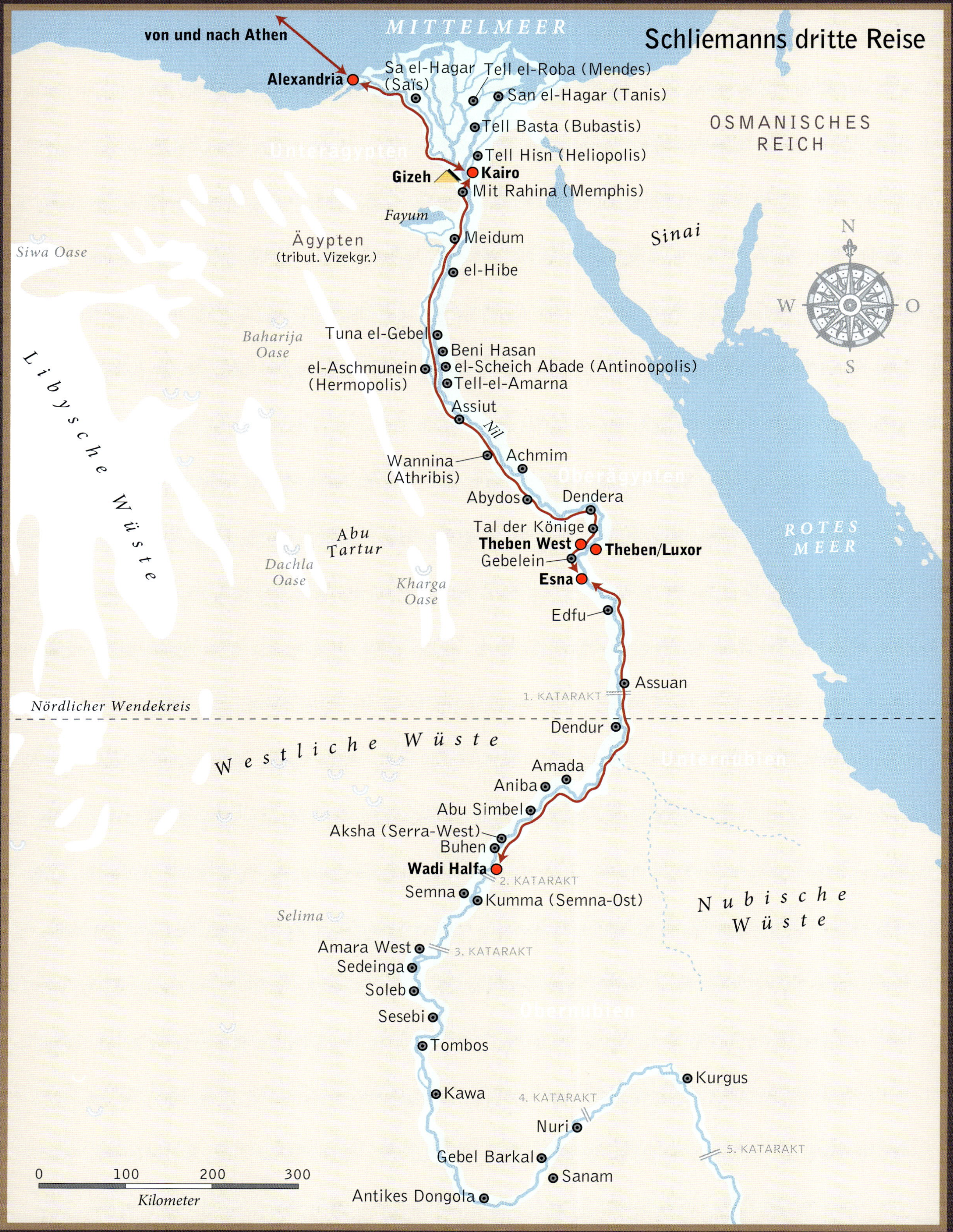
Schliemanns dritte Reise
MITTELMEER
von und nach Athen
Alexandria
Sa el-Hagar (Saïs)
Tell el-Roba (Mendes)
San el-Hagar (Tanis)
Tell Basta (Bubastis)
Tell Hisn (Heliopolis)
OSMANISCHES REICH
Unterägypten
Gizeh
Kairo
Mit Rahina (Memphis)
Fayum
Ägypten (tribut. Vizekgr.)
Siwa Oase
Meidum
el-Hibe
Sinai
N
W
O
S
Baharija Oase
Tuna el-Gebel
Beni Hasan
el-Aschmunein (Hermopolis)
el-Scheich Abade (Antinoopolis)
Tell-el-Amarna
Assiut
Nil
Libysche Wüste
Wannina (Athribis)
Achmim
Oberägypten
Abydos
Dendera
Tal der Könige
Theben West
Theben/Luxor
Gebelein
Esna
Abu Tartur
Dachla Oase
Kharga Oase
ROTES MEER
Edfu
Assuan
1. KATARAKT
Nördlicher Wendekreis
Dendur
Westliche Wüste
Unternubien
Amada
Aniba
Abu Simbel
Aksha (Serra-West)
Buhen
Wadi Halfa
2. KATARAKT
Semna
Kumma (Semna-Ost)
Nubische Wüste
Selima
Amara West
3. KATARAKT
Sedeinga
Soleb
Sesebi
Obernubien
Tombos
Kurgus
Kawa
4. KATARAKT
Nuri
5. KATARAKT
Gebel Barkal
Sanam
Antikes Dongola
0
100
200
300
Kilometer

Die dritte Reise (1886/1887)

Im Winter 1886–87 ist er auf einer Nilfahrt begriffen. Es mochte nach längerer angestrengter Arbeit – damals hatte ihn die französische Ausgabe eines die Bücher «Ilios» und «Troja» zusammenfassenden Werkes beschäftigt – über ihn ein Bedürfniss nach Ruhe gekommen sein, welcher er in Einsamkeit zu pflegen gedachte. Es entsprach aber vor allem in Aegypten das hohe Alterthum der Geschichte und ihrer Denkmäler so recht seiner phantastischen Begeisterung für älteste Sage und Geschichte.

Wie Virchow es sagt, «die Erwägung, dass zu der Zeit, wo die homerischen Gedichte entstanden, ja vielleicht schon zur Zeit als Troja blühte, die ägyptische Cultur bereits Jahrtausende alt war, und dass Zeugen dieser Cultur noch heute erhalten sind, – diese Erwägung drängte sich mächtig in alle seine Betrachtungen ein». Er schwelgte schon in seinem Gemüthe, wenn er die hohen Jahreszahlen der ägyptischen Dynastien, die er sich fest eingeprägt hatte, aufsagen konnte. Auf seiner ersten Reise dorthin, im Jahre 1858, hatte er seine Unkenntniss der Landessprache bald beklagt, da er bei dem Vertrage mit dem Schiffskapitän arg geprellt worden war. Darum hatte er sich während der Fahrt auf die Erlernung des Arabischen geworfen, arabische Schriften auswendig gelernt und es so weit gebracht, dass er in kurzem nicht nur keines Dolmetschers mehr bedurfte, sondern auch arabisch schreiben lernte und die Fortsetzung seiner Reise durch Syrien bereits in einem arabischen Tagebuche schilderte.

Diesmal erzählt er sein Leben und Treiben in einem ausführlichen griechischen Tagebuch. Den Diener, welchen er als einzigen Begleiter von Athen mitgenommen, um ihn in der milden Luft von seinem Brustleiden zu kuriren, muss er gleich bei Beginn der Reise in einem kleinen Orte zurücklassen. So fährt er die drei Monate ganz allein auf dem Segelschiffe, das er für sich gemiethet, den Nil hinauf bis nach Luxor und kehrt dort um; die arabische Mannschaft der Barke ist seine einzige Gesellschaft. «Trotz aller Misshelligkeiten, wenn Windstille oder Gegenwind das Fortkommen hindert, ist mein einziger Kummer», schreibt er, «die Eile der Zeit. Wahrlich niemals ist mir die Zeit so schnell vergangen, als jetzt wo ich allein bin. Das macht, wie mir scheint, die Mannigfaltigkeit meiner Beschäftigungen. Um 7 Uhr stehe ich auf und wandle eine halbe Stunde auf dem Verdeck auf und ab, trinke Thee, esse drei Eier und gehe noch eine Stunde umher, indem ich rauche. Sogleich danach nehme ich eine Stunde ein arabisches Buch vor und zwei Stunden den Euripides. Darauf frühstücke ich, gehe wieder eine Stunde und lese weiter wissenschaftliche Bücher bis ½ 5 Uhr. Später gehe ich bis 6, dinire und wandle noch 1 ½ Stunden, den erquickenden Luftzug der Wüste geniessend. Bevor ich mich niederlege, schreibe ich mein Tagebuch.» Mit Lebhaftigkeit und Anschaulichkeit schildert er darin die Bebauung des Landes und die Sitten seiner Bewohner, mit grosser Gewissenhaftigkeit führt er die Denkmäler auf, deren er ansichtig geworden ist. Daneben tritt in seinen Notizen eine Seite hervor, welche auch sonst bei Schliemann eine Rolle gespielt hat, seine Träume; vor allem so oft ihm seine Angehörigen im Traume erscheinen, zeichnet er das ausführlich auf.[211]

⇦ Abb. 129
Route der dritten Reise.

Die Reise

Das Tagebuch A 17 der dritten Reise nach Ägypten enthält 257 Seiten und ist vollständig auf neugriechisch geschrieben. Die Eintragungen reichen vom 29. November 1886 bis zum 18. März 1887. Eine Übersetzung mit Kommentar würde jedoch den Rahmen dieses Buches sprengen. Außerdem ist dies bereits von Christo Thanos in Arbeit.

Aus wissenschaftlicher Sicht könnte es das interessanteste sein, da der 64-jährige Schliemann inzwischen sein archäologisches Wissen erheblich erweitert hat. Er sieht nach knapp dreißig Jahren dieselben Ruinen wieder, aber jetzt mit dem geschulten Blick eines Archäologen: Er hat inzwischen in Troia, Mykene und Tiryns gegraben und zahlreiche Publikationen dazu herausgegeben. Er ist also nicht mehr nur ein neugieriger und naiver Beobachter wie bei der ersten Reise von 1858/1859.

Schliemann hatte das ganze Jahr 1886 viel an seinen Publikationen gearbeitet und wollte eigentlich mit Rudolf Virchow[212] eine Ägyptenreise unternehmen, der aber absagen musste. Stattdessen wollte seine Frau ihn begleiten. Aber auch dieser Plan erfüllte sich nicht, da sie unter Seekrankheit litt und doch lieber bei ihren kleinen Kindern in Athen bleiben wollte. Vielleicht schrieb er dieses Tagebuch deshalb ganz auf Griechisch, damit sie es nach seiner Rückkehr lesen konnte.

Abb. 130
Heinrich Schliemann auf der New Star, unbekannter Fotograf, 1886.

Er kommt am 29. November in Alexandria an und fährt sofort nach Kairo weiter, von dort besucht er wieder Gizeh und kann vor der Sphinx des Chefren vor Ergriffenheit nicht mehr sagen als: μέγα θαῦμα *(Ein großes Wunder!).*

Er mietet diesmal für drei Monate eine Dahabieh, die *New Star* (Abb. 130), eine Art Wohnboot mit 13 Mann Besatzung, mit denen er endlich fließend Arabisch sprechen kann. Er fährt wiederum den Nil flussaufwärts bis Wadi Halfa. Mit viel mehr Kenntnissen und größerer Geduld als bei der ersten Reise besucht er erneut die großen Tempel und Nekropolen, die ihn aufs Neue begeistern. Er versucht aber auch im Angesicht der riesigen Tempel und kolossalen Statuen die staatlichen und religiösen Verhältnisse des Alten Ägypten zu verstehen.

Ruhetage verbringt er mit der Lektüre des Euripides, mit dem Schreiben vieler Briefe und des Tagebuches. Während er bei der ersten Reise eher Architekturfassaden und Pläne skizziert hat, notiert er diesmal Kartuschen mit den Pharaonennamen und zeichnet Vasen. Dabei ist interessant, dass ihm eine ägyptische Bügelkanne auffällt, deren Vasenform ihm aus der frühmykenischen Zeit bekannt vorkommt (Abb. 131).

Die Freundschaft mit Virchow veranlasst ihn auch, ihm ausführlich von der Reise zu berichten:

> *Mitte Februar sandte Schliemann aus Theben (Luxor) einen fünf Druckseiten füllenden Vorbericht an Virchow. Darin meldete er 300 Stück «Topfware», die er für die Berliner Museen auf den Ruinenstätten von Abu Simbel, Karnak und Abydos sowie auf kleinen Ritten über Land zusammengebracht hatte. [...] Zahlreich sind die von ihm gesammelten Werkzeuge (Hämmer, Äxte, Messer, Sägen und Kornquetscher) aus dem harten Stein von Diorit und Silex. Abschließend bittet er Virchow, für eine bessere Behandlung der Königsmumien einzutreten, die aufgewickelt im Bulag-Museum in Kairo lägen und dem Verfall ausgesetzt seien.*[213]

Aber nicht nur den Mumien gilt seine Aufmerksamkeit, sondern auch den kranken Menschen, die er medizinisch versorgt, den Schulkindern, den schönen Nubierinnen, der Landwirtschaft und religiösen Ritualen. Am 18. März ist er wieder in Attika zurück.

Das Tagebuch der dritten Reise

Es gibt bis jetzt nur wenige Passagen des Tagebuchs, die zweisprachig (griechisch-deutsch) von Ernst Meyer veröffentlicht worden sind.[214] Einige davon werden im Folgenden wiedergegeben.

Die Medizin auf dem öffentlichen Platz[215]

Freitag, 31. Dezember [1886]

[...] Täglich kommen Kranke zu mir, die ärztliche Hilfe suchen. Ich betrachte ihre Zunge und stelle die Symptome fest. Ich glaube, daß die Krankheit in den meisten Fällen von Verdauungsbeschwerden herrührt. Ich behandle sie mit Rizinusöl oder mit Rhabarberpillen. Bei Augenleiden verordne ich nichts anderes, als sie dreimal täglich mit warmem Wasser auszuwaschen. Heute kam ein Mann zu mir, dessen rechte Seite leicht gelähmt war. Ich verordnete ihm, die ganze kranke Seite wenigstens einmal am Tag zu reiben.

4. Januar 1887 [Esneh]

[...] Sehr viele Leute kamen zu mir aufs Schiff, um sich behandeln zu lassen. Darunter war ein Mädchen, das einen viel zu schweren Krug aufgenommen hatte und an Nervenlähmung litt, außerdem an einem gefährlichen Geschwür im Rücken. Ich verordnete, zweimal täglich im Fluß zu baden, einmal am Tag den ganzen Körper zu reiben, auf die Wunde Kohlblätter zu legen und Leinenwickel. Einem Kinde, das schon seit drei Jahren Fieber hatte und eine stark geschwollene Milz, gab ich Rizinusöl und verordnete drei Tage morgens 8 Löffel Kaffee. All denen, die besonders stark an den Augen litten, träufelte ich zwei Tropfen Arznei in jedes Auge und verordnete, dreimal täglich die Augen mit warmem Wasser zu baden usw.

καὶ οἱ πλεῖστοι τῆς μεσογείου μετὰ χρυσοῦ χρώματος
κροκόδειλοι, ἱπποπόταμοι, λέοντες καὶ χιλιάδες ὄφεων καὶ
δαιμόνων· ἐν τῇ αἰθούσῃ κατ' ἀριστερὰν τοῦ σαρκοφάγου ὁρῶμεν
πάντα τὰ βασανιστήρια δι' ὧν ἡ ψυχὴ ἐλέγχεται· τοὺς βόθρους ὄφεις
πῦρ, ξίφη ἢ ἀστεροειδεῖς οἴκους. ἐς ὃν εἰσέρχεται ἡ ἀποχω-
ρισμένη ψυχή, ἀπεικονίζεται ἐπὶ τῆς καμάρας τῆς αἰθούσης τοῦ
σαρκοφάγου. Ἐν τῷ πρώτῳ σήραγγι τοῦ τάφου τούτου εὗρον
τοὔνομά μου, ὅπερ ἐνεκόλαψα ἐκεῖ ἐν ἔτει αωνθ' παρὰ τοὔνομα
τοῦ θείου Koch, 1835· προσέθεσα δὲ τῷ ἐμῷ ὀνόματι τὸ ἔτος 1887.

Ἐπεσκέφθην ὕστερον τὸν τάφον № 11 (Bruce's tomb),
ὅστις ὁ τοῦ Rameses Γ' τύμβος ἐστί. Διὰ μακροῦ σήραγγος
εἰσιόμεν ἐς πολλὰς αἰθούσας τε καὶ δωμάτια· εὑρίσκομεν ἐκεῖ
πλείστας εἰκόνας τοῦ βασιλέως καὶ τῆς βασιλίσσης καὶ πλείστας
ἄλλας σκοπούσας τὴν βασιλικὴν μεγαλοπρέπειαν αὐτῶν·
ἐν ἑνὶ δωματίῳ ἀπεικονίζονται πλεῖστα ἀνακλιντήρια, ἀμφο-
ρεῖς καὶ ἄλλα πολλὰ ἀγγεῖα καὶ δὴ καὶ τὸ  καὶ πέλεκαι
καὶ ξίφη, λόγχαι, θώρακες, κόρυκες. Ἐν ἑνὶ δωματίῳ
ἀπεικονίζεται καὶ τὸ βασιλικὸν μαγειρεῖον, ἔνθα οἱ μά-
γειροι τὴν τέχνην αὐτῶν ἐπιτηδεύουσι· ἄλλος θάλαμος δεικνύει
ἡμῖν τὰ βασιλικὰ σκάφη· ἕτερος ἀπεικονίζει τέσσαρα δια-
πρεπῆ καὶ τῇ ποικιλίᾳ καὶ χάριτι τῶν σχημάτων καὶ γλυφῶν
καὶ τῷ κάλλει τῶν ἐπ' αὐτὰ ἐντεταγμένων ὑφασμάτων· ἕτερος
ἀπεικονίζει γεωργίαν καὶ ἐπίκλυσιν τοῦ ποταμοῦ· ἄλλοι καλεχ-

Der Weinbau

Freitag, 31. Dezember [1886]

Unbegreiflich ist mir, warum die Leute [Kopten] nicht Wein anbauen. Den Weinbau betreiben aber nur die Araber; und das auch nur ganz wenig. Da ihre Religion ihnen Wein zu trinken verbietet, stellen sie dieses Getränk keineswegs her, sondern beschränken sich darauf, die Trauben zu verkaufen, die schon im Mai schön reif sind. Wir wissen jedoch aus der Geschichte des Altertums, daß das Land einen guten Wein hervorbrachte. Wie reich könnte Ägypten werden, wenn die Weinrebe allgemein eingeführt würde, da die Weinpflanzungen nur wenig Nässe oder Feuchtigkeit verlangen. In kurzer Zeit würden sie die Weinbereitung lernen. Ich verstehe nicht, daß sie diese bedeutsame Verdienstmöglichkeit nicht erkennen.

Die Moscheen und die koptischen Kirchen

4. Januar 1887 [Esneh]

Als ich in die Stadt ging, sah ich in einer Straße viele Männer mit ernstem Gesicht hocken, auch zahlreiche Frauen, die unter lauten Klagerufen tanzten. Es war nämlich ein Muselmann über Nacht gestorben. Aber zu gleicher Zeit war auch ein Kopte verschieden. Als ich weiterging und in die koptische Kirche kam, traf ich dort zwei Reihen klagender und jammernder Koptenfrauen, von denen nur eine mir wirklich geweint zu haben schien. Es lag aber der Tote auf einer Bahre. An jedem Ende war eine brennende Kerze angebracht. Ein Sarg war nicht vorhanden. Der Leichnam war einfach in Tücher gehüllt. Hinter ihm schwingt ein Priester das Weihrauchfaß. Ein zweiter macht mit zwei messingnen Becken Musik. Zwei Priester lesen oder singen ununterbrochen das Evangelium auf Arabisch und lösen sich dabei gegenseitig ab.

Die Schönheit der nubischen Frauen

Sarre, 27. Januar 1887

Immer wieder muss ich die Nubier loben. Denn Sie sind sauber und ohne Wildheit, durchweg schöne Menschen. Trotz ihrer Armut belästigen sie mich nicht mit Betteln. Die Frauen tragen das Gesicht nicht verhüllt und laufen auch nicht bestürzt davon, wenn ich auf sie zugehe. Im Gegenteil, sie zeigen gern ihr Gesicht und unterhalten sich. Über die große Schönheit von vier Mädchen habe ich heute nachmittag staunen müssen. Ihre Gesichtsbildung war ebenmäßig, als wenn sie von dem Meißel eines Bildhauers geschaffen wäre. Ihre Augen würden sogar Stahl zum Schmelzen bringen. Nur ihre Haartracht ist nicht ganz nach unserm Geschmack. Wahrscheinlich wird nur einmal im Jahr die Frisur gelöst und wieder neu eingeflochten. Die Enden der Locken sind in Röllchen von getrocknetem Lehm zusammengeklebt. Durch das reichliche Öl gleichen sie fetten Lehmklümpchen. Alle sind groß und wohlgewachsen, wie nach der Meßlatte gearbeitet. Wunderbar sind ihre Zähne.

Briefe zur dritten Reise

Von Heinrich Schliemann an Albert Voss

Athen, 10. April 1887[216]

[...] Sophus Müller, und den Beschützer der Wissenschaft Bierbrauer Jacobsen aus Copenhagen, habe ich zu Mittag und zur Soirée bei mir gehabt, habe sie auch wiederum eingeladen, jedoch mußten Sie, ihrer Reise nach dem Peloponnes wegen, absagen. Ich erwarte Sie aber bald zurück. Sophus Müller ist von Allen, die meine Athener Sammlung gesehen haben, jedenfalls der gediegenste Archaeologe und bewunderte ich seinen Scharfsinn. Bei Ansicht einer egypt Vase mit Spiralen, sagte er daß letztere bis jetzt aus Aegypten ganz unbekannt wären; wohl verstanden auf Terracotten. Nur irrte er sich hinsichtlich eines bronzenen Gefäßes, in Form einer Melone, mit Ausguß in Form unserer Theekessel, das er für neu hielt, während es angeblich aus den der XIX Dynastie (1400 Jahre vor Chr) angehörigen Gräbern in Gurna (Theben) stammt, wo ich es kaufte. Die herrliche Patina bürgt überdies für ihr hohes Alter. Sein Grund für die Neuheit der Vase war auch nur die Form des

⇦ Abb. 131
Tagebuch A 17, Seite 197 mit Skizze der ägyptischen Bügelkanne.

Ausgusses. Aber zu Tausenden sieht man Ausgüsse gleicher Form an den Gefäßen auf den Opfertischen in den Wandgemälden der ältesten Tempel.

Von Heinrich Schliemann an Adolf Furtwängler

Athen, 10. April 1887[217]

[...] Von *Egypten* habe ich ca 300 alte Vasen für die Säle der troian Sammlung gesandt und sind besonders die aus den Gräbern der 18ten–20ten Dynastie in Gurna (Theben) stammenden Gefäße, mit dunkelrothen Spiralen auf hellgelbem Grund, und mit horizontalen Röhrchen zum Aufhängen, bemerkenswerth, umso mehr als wir leider keine Gefäße mit Spiralen aus Egypten kannten.

Ich habe viele Bruchstücke (kleine) der Wände des alten Tempels von Rameses II ... [*mitgebracht*]. Diese passen aber wohl nicht für die Säle der troian. Sammlung? Ebenso wenig passen wohl dahin 150 auf Pappe geklebte Stücke egypt. Leinwand, mit Angabe der Chronologie, von der IV bis zur XXX Dynastie, die ich in Cairo kaufte aber an Schöne nur unter [der] Bedingung anbot, dass sie jener Sammlung beigefügt werden. Er hat garnicht geantwortet, woraus ich schließe dass sie nicht passen.

Abb. 132
Adolf Furtwängler
(1853–1907).

Von Heinrich Schliemann an Joseph von Radowitz

Athen, 29. April 1887[218]

[...] Ich habe Virchow eingeladen, mit Profr Schweinfurth und mir eine Reise in Aegypten zu machen und hat er für October zugesagt; für eine Fahrt per Dahabieh wird er keine Zeit haben, jedenfalls aber für eine gründliche Forschung im Fayum und für eine größere Ausgrabung in Alexandrien, wo ich vielleicht etwas Tüchtiges zu Deutschlands Ruhm und zum Vortheil der Berliner Museen leisten kann, denn vorneherein giebt man uns die Hälfte der Funde und würden Ew Exc. es vielleicht durchsetzen, daß Berlin Alles kriegt. Emil Brugsch würde uns zu diesem Zweck mit aller Kraft behülflich sein ...

H.S.

Von Georges Perrot an Heinrich Schliemann

Paris, École Normale Supérieure, 29. April 1887[219]

Sie rufen meine Bewunderung für Ihre Unermüdlichkeit [*indefatigabilité*] hervor, das Wort ist nicht französisch; aber Sie haben das Recht einzufordern, dass man es für Sie erfindet. Sie sind kaum von den Katarakten des Nils zurückgekehrt und bereiten sich bereits darauf vor, die Ruinen von Knossos auszugraben und uns den Palast des Minos oder eines seiner Nachfolger wiederzugeben. Es ist Ihrer würdig, und Sie haben sich um unsere Studien allzu gut verdient gemacht, so dass der Gott der Ausgrabungen, dieser Mephistopheles, der Meister aller verborgenen Schätze, Sie nicht belohnen würde, wenn er Ihnen nicht so kostbare Denkmäler wie die Stelen und den Schmuck von Mykene geben würde! Was Sie über die Ruinen sagen, die den Hügel krönen, ist vielversprechnd, wenn sich zeigt, dass es sich um ein sehr altes Gebäude handelt, wie [es] die Scherben der Keramik glauben lassen, die der Keramik von Mykene ähneln, die Sie an dieser Stelle vermelden. In Ihren Büchern und in Dörpfelds Plänen werde ich diese Architektur des kretischen Königreichs studieren, diese Kunst, die – wenn ich mich nicht irre – den Übergang zwischen der Kunst von Mykene und der von Korinth und der Chalkis bilden muss, zwischen dem, was ich als primitives Griechenland und als archaisches Griechenland bezeichnen würde. Man muss zufrieden sein ...

Von Adolf Furtwängler an Heinrich Schliemann (Abb. 132)

Berlin, Königliche Museen, 30. April 1887 [220]

Für Ihren ausführlichen Brief und Ihre freundliche Entgegennahme unseres Werkes über die mykenischen Vasen bin ich Ihnen aufrichtigen Dank schuldig. Gewiß ist vieles noch mangelhaft an dem Buche und bin ich Ihnen sehr dankbar für Ihre Winke. Besonders wichtig war es mir, durch Sie zu erfahren, daß Sie so zahlreiche Stücke verschiedener Fundorte neuerdings dem Berliner Museum geschenkt haben. Denn ich hatte von Niemand etwas darüber gehört. Sonst wäre es unverzeihlich von mir gewesen, die Sachen in unserem Buche nicht zu berücksichtigen. Es hätte freilich nur im Nachtrag geschehen können, denn der Druck des Textes war schon vor mehr als einem Jahre bis auf den Nachtrag abgeschlossen.

Heute war ich im Ethnographischen Museum und war ganz überrascht über die Fülle und Bedeutung der von Ihnen geschenkten Vasen und Scherben mykenischer Art. Ich bedaure nun aufs lebhafteste, nichts von deren Existenz gewußt zu haben. Die Aufstellung fand ich nicht befriedigend, da die Gattungen und Zeitalter der Vasen durcheinander geworfen sind. Hätte ich etwas von den Fragmenten gewußt, so würde ich sie mit Vergnügen wissenschaftlich angeordnet haben.

Da sich einige interessante neue Typen unter den Stücken finden, so möchte ich Sie, den hochverehrten Spender dieser Schätze, bitten, ob Sie erlauben, daß ich einige derselben als eine Art Nachtrag zu unserem Werke in einer archäologischen Zeitschrift publiciren dürfte.

Ich werde demnächst eine vorzügliche mykenische Vase, die sich in Marseille befindet, veröffentlichen, dieselbe wird Sie gewiß stark interessiren.

Die von Ihnen übersandten ägyptischen Vasen konnte ich leider nicht sehen, da dieselben noch nicht ausgepackt sind.

Von Heinrich Schliemann an Georg Schweinfurth (Abb. 133)

Athen, 27. Mai 1887[221]

… Freund Virchow kann die Zeit von Ende September bis 15 Novbr für eine Reise in Aegypten verwenden. Er schreibt: «Für mich würde das Hauptinteresse darin liegen, die Originalabbildungen der alten Rassen zu sehen und damit die Schädel der ältesten aegyptischen Leute zu vergleichen, die ihrerseits wieder mit den jüngeren Schädeln und mit den Köpfen der heutigen Bevölkerung zusammen studirt werden müssen.» Sollten Sie im October in Cairo sein dann schlage ich vor alle drei zusammen eine Forschungsreise nach Fayum, sowie eine Ausgrabung in Alexandrien zu machen, wo ich die Ruinen des Palastes der Cleopatra zu finden hoffe. Diese Ausgrabung wünschen wir jedenfalls zu machen selbst wenn wir nicht das Glück haben sollten Sie in Aegypten zu treffen. Recht sehr bitte ich Sie daher, mir die Erlaubniß dazu beschaffen zu wollen, und, wenn irgend möglich, mit der Bedingung, daß ich die *Hälfte* der zu findenden Alterthümer für das Berliner Museum erhalte. Das Deutsche Volk würde Ihnen unendlich dankbar dafür sein und die Regierung würde Ihnen solchen Dienst Ihrerseits hoch anerkennen.

Abb. 133
Georg August Schweinfurth (1836–1925).

Von Georg Schweinfurth an Heinrich Schliemann

1. Juni 1887[222]

Ihr gütiges Schreiben vom 27. Mai hat mir die freudige Ueberraschung bereitet, Sie nun fest entschlossen zu sehen, uns wieder mit Ihrem Besuch und mit all dem Interessanten, was sich an denselben anzuknüpfen verspricht, zu beehren. Ich werde mein Möglichstes thun, zur Zeit in Aegypten zu sein, namentlich auch, um dem verehrten Professor Virchow in irgend einer Weise dienlich sein zu können. Darf ich aufrichtig reden – und das wünschen Sie doch wohl von mir – so muß ich gestehn, daß es mir nicht recht klar geworden ist, in welcher Weise Sie innerhalb der gegebenen sechswöchigen Frist Professor Virchow's Interessen in Bezug auf die ethnologischen vergleichenden Studien und Ihre geplanten Ausgrabungen in Alexandrien miteinander in Einklang zu bringen [gedenken]? Ich lege mir die Sache derart zurecht, daß ich annehme, es handelt sich für Sie vorläufig nur um ein Sondiren des Alexandriner Terrains in Bezug auf Erfolg oder Erfolglosigkeit, um späterhin auf sicherster Grundlage in Ihrer gewohnt großartigen Weise vorgehen zu können. Jedenfalls würden Sie auch zu diesem Zweck zuvörderst der offiziellen Sicherstellung bedürfen, über welche Sie meinen Rath einholten …

In Betreff des von Virchow beabsichtigten Vergleichs der Original-Abbildungen der alten Rassen mit den alten Schädeln und denen der heutigen Generation erlaube ich mir ganz gelinde Zweifel des Erfolgs, so interessant das Vorhaben auch persönlich erscheinen mag: weil es mir zweifelhaft erscheint, ob das Schönheitsideal der altägyptischen Bilderschrift wirklich dem Mittelwerth des Volkstypus entsprach. Wir können dies nicht einmal bei den alten Griechen annehmen, wo es eher der Summe des im griechischen Volk vertretenen Schönheitsbegriffes entsprach, wie solche sich wahrscheinlich nur in geringem Prozentsatze vorfanden und auch heute noch sich vorfinden. Die griechische und ägyptische Portraitfigur (wo solche unabhängig vom Styl) bezeugt, daß die Rasse damals ebenso wenig einen einförmigen Typus aufwies, wie heute.

Eine andere Frage ist die: war das manirirt stylisirende Schönheitsideal der alten Aegypter dasselbe zu allen Zeiten? Ich bin ein entschiedener Gegner der durch Fallmerayer (Entstehung der Neugriechen, Morea etc.) in weiten Kreisen eingebürgerten Vorstellung, daß erobernde Völker ohne Weiteres Einfluß ausüben können auf die Rasse. Selbst in Italien, dem Welttheater des Völkergewimmels, das an fremden Sklaven zu Grunde ging, ist ein solcher Einfluß kaum wo anders als in der Lombardei zu sehen. Die Reinheit der Volksrasse schädigende Einflüsse der Art können aber in einem Lande so gut wie außer Be-

Abb. 134
Fayum, Ölgemälde von Jean-Léon Gérôme, um 1868/1870. Washington, National Gallery of Art 2013.62.1.

tracht bleiben, wo der fremde Eroberer es stets unter seiner Würde hielt, den Boden zu bebauen, das heißt doch mit anderen Worten – nicht in der Lage war, an der Fortentwicklung der Rasse, im Dauerwert der Masse der Bevölkerung, sich zu betheiligen.

In Aegypten müssen wir aber auch vor allem an der Thatsache festhalten, dass große physische Verschiedenheit zu allen Zeiten zwischen *Städtern* und *Landbewohnern* (Schreibern und Bauern) bestand und das namentlich unter einem Himmelsstrich, wo das städtische gekünstelte Leben sich am Menschen in seiner Körperausstattung vielleicht 10 Mal mehr rächt als im Norden (vgl. Südarabien, ja auch nur Italien).

Von Heinrich Schliemann an Rudolf Virchow

Athen, 10. Juli 1887[223]

… Was unsere Reise nach Egypten betrifft, so überlasse ich es Ihnen durchaus die Zeit derselben zu bestimmen und paßt mir Septbr, Octbr und Novbr ebensogut als Febr, März und April. Wenn ich aber meine Meinung sagen soll, so muß ich bekennen, daß die letztgenannten Monate für Ihre Forschungen gar viel empfehlenswerther sind als die Herbstmonate, denn es ist *kaum* zu erwarten das Thermometer vor Ende Octbr, selbst bei Nachtzeit, unter 28° Réaumur oder 35° Celsius zu sehen; auch würden wir die Forschungsreise im Fayum im Herbst nur mittelst Quinin als Préservatif machen können. Im Frühjahr dagegen ist der Fayum (Abb. 134) ganz gesund. Ferner stehen uns, falls Sie für Dahabieh Reise keine Zeit haben sollten, im Frühjahr die herrlichen Cook'schen Dampfböte zur Verfügung, die am 1 Decbr ihre Fahrten stromaufwärts beginnen. Febr. und März sind für Oberägypten ganz besonders zu empfehlen, wo die Sonnengluth im Herbst *intensiver* ist. Ich wage es nur blos nicht von den großen Vorzügen der Frühjahrsreise an Sie zu schreiben, weil ich nicht wußte ob Sie im Frühjahr frei sind und nicht den Verdacht auf mich ziehen wollte, Sie von der herrlichen Reise abzuwenden. Da Sie nun selbst Febr März und April vorziehen und diese Monate in *jeder* Beziehung empfehlenswerther sind als die Herbstmonate, so machen Sie doch getrost Ihre Vorbereitungen dafür. Hoch lebe der Götterbote Ascherson! Da Schweinfurth nur Ihretwegen Ende Septbr wieder in Egypten sein wollte, so muß ich ihm nach Genf schreiben, wohin er gegen Mitte d. Mts. reisen wollte um die botanischen Sammlungen zu sehen. Können Sie mir dort nicht einen berühmten Botaniker aufgeben, an den ich meinen Brief für ihn adressiren könnte? …

Von Heinrich Schliemann an Rudolf Virchow

Athen, 31. Oktober 1886[224]

Verehrter Herr Geheimrat

Die Eigentümer des von Dr. Dörpfeld und mir gewählten Feldes auf der Baustelle von Knossos auf Kreta wollen mir nicht die Erlaubnis zum Ausgraben geben und verlangen, daß ich ihnen dasselbe für hunderttausend Franken abkaufe. Darauf gehe ich nicht ein und bin somit imstande, diesen Winter die längst beabsichtigte Nilreise bis zu den 2ten Wasserfällen, Wadi Halfa, zu machen. Da Sie früher Lust zu einer solchen Reise zeigten, so lade ich Sie freundlich ein, mein Begleiter zu sein. Ich bezahle natürlich alle Ihre Kosten von und nach Berlin, nehme in Kairo ein schönes Nilschiff (Dahabie) von Thomas Cook & Son, und soll es an nichts fehlen. Zu meinem großen Schmerze wird meine Frau nicht mitreisen, da sie fürchtet, selbst auf dem Nilschiff fortwährend seekrank zu sein. Ich nehme daher nur Pelops mit, da er mir schwindsüchtig zu sein scheint und ihn die Luft Oberägyptens bald heilen wird. Sonst soll mich, außer Ihnen niemand begleiten. Ich möchte Anfang Dezember von hier reisen, könnte aber, falls Sie es wünschen sollten, bis Mitte Dezember warten.

Von Kairo ab dauert die Nilreise, nach und von Wadi Halfa, 3 Monate; vielleicht 2 Wochen weniger; keinenfalls mehr. Für die Wissenschaft würde es von unermeßlichem Nutzen sein, wenn Sie meinen Vorschlag annehmen könnten.

Sie wünschten Statistiken von Kuba. Einliegend eine in London für mich gemachte Presscopie einer Abschrift meines Berichts an John Henry Schröder & Co., welche ich mir jedenfalls, nachdem Sie Gebrauch davon gemacht haben, nach Athen zurückzuschicken bitte, denn ich habe nur dies eine Exemplar davon. Diesem Bericht habe ich nur die merkwürdige Tatsache beizufügen: daß alle von Chinesen und Negerinnen geborenen Kinder schwindsüchtig sind und keines davon 18 Jahre alt wird.

Empfehlen Sie uns Ihrer Frau und Kindern.
Hochachtungsvoll Hy Schliemann

Von Heinrich Schliemann an Rudolf Virchow

Athen, 14. November 1886[225]

Hochgeehrter Herr Geheimrat

Es war meiner Frau und mir sehr schmerzlich, aus Ihrem Schreiben vom 14ten ds Mts zu ersehen, daß Sie diesmal die Nilreise nicht mit mir machen können. Infolgedessen hat sich dann nun meine Frau, die mich nicht allein reisen lassen will, entschlossen, mich zu begleiten, aber unter der Bedingung, daß wir schon am 27. November abfahren und die Reise von Kairo bis zu den 2. Wasserfällen in Nubien mit Thomas Cook & Son's Dampfer machen, der bei allen Tempeln anhält, dessenungeachtet aber schon in 40 Tagen wieder in Kairo ist, so daß wir gegen Mitte Januar wieder in Athen sein können. Sagen Sie uns daher gefl. mit umgehender Post per. Adr. Thomas Cook & Son in Kairo, inwiefern wir Ihnen in Ägypten nützlich sein können, und was Sie von dort zu haben wünschen? Gleichzeitig bitten wir Sie, von jetzt ab alle Vorbereitungen zu treffen, damit Sie uns ums Jahr in einer Dahabieh, bis zu den 2ten Wasserfällen begleiten können; es würde sehr erwünscht sein, dann schon Anfang November von Kairo abzufahren. Ich bin überzeugt, daß Ihre Frau mit uns einverstanden ist, daß eine solche Reise für Sie eine Notwendigkeit ist und nur die segenreichsten Folgen haben könnte. Murray schreibt sehr richtig: «To the overworked teacher and student, the care-burdened merchant and man of business, and those subjected to a hard daily routine, which has broken down their stamina, and induced a highly-excited state of nervous system; the confirmed dyspeptic and hypochondriacal invalid; the depressed and anxions-minded; the nervous and hysterical demare; – to all these the Egyptian climate is highly beneficial.»

Ihr ganz ergebenster
Hy Schliemann

Von Heinrich Schliemann an Rudolf Virchow

Kairo, 6. Dezember 1886[226]

Emil Brugsch, der Konservator des Bulak Museums (Abb. 135), offeriert mir zum Ankauf 3–4, vielleicht sogar mehr, Schädel des alten Reichs (IV–VI Dynastie), die – wie er sagt – wohlerhalten und in den Mastabas bei den Pyramiden von Sakkara gefunden sind. Sie sind nicht gerade billig, dennoch kaufe ich sie gerne, wenn Sie mir sagen, daß sie in Berlin willkommen sein würden und daß man sich auf Emil Brugsch' Angaben verlassen kann? Er muss in Berlin bekannt sein; ich sehe ihn zum ersten Mal. Er behauptet, die Toten des alten Reichs wären nicht einbalsamiert und nur in ein Tuch gewickelt, in Folge dessen die Schädel in den meisten Fällen wohl erhalten, oft auch die Haut konserviert ist. Dies stimmt aber nicht mit dem aus Sakkara stammenden Körper des Königs der VI. Dynastie, Huni Emsof, der hier im Museum ohne Einwickelung liegt und entschieden einbalsamiert ist. Vielleicht aber stimmt es mit der Leiche des Mykerynus der IV. Dynastie, die im British Museum aufbewahrt wird und wovon bloß die Haut erhalten zu sein scheint. Brugsch bietet mir auch Sperber- und Ibismumien an, die aber wohl kein Interesse für Berlin haben? Meine Frau hat sich doch nicht entschließen können mich zu begleiten; ich habe daher die Dahabije «Antour» für mich allein gemietet und denke, morgen die Reise nach Oberaegypten und Nubien anzutreten, von der ich kaum vor Mitte März zurückkomme. Ich nehme nur den schwindsüchtigen Pelops mit, und bin sehr neugierig, ob ihn das Klima rettet.

Ihr ganz ergebenster
Hy Schliemann

Von Georg Schweinfurth an Heinrich Schliemann

Kairo, 20. Dezember 1886[227]

Ich möchte das neue Jahr nicht anbrechen lassen, ohne Ihnen einen herzlichen Glückwunsch dargebracht zu haben. [...] Sie erscheinen uns ja wie das Mädchen aus der Fremde, von welcher ein jeder beschenkt nach Hause gehen wird, dabei meine ich die Aegyptologie. Was hat diese nicht alles von einem Schliemann zu lernen!

Die *Ostraca* werden Ihnen gewiß nicht entgehen, sie enthalten sonderbare Enthüllungen mitunter, z. B. ein, letzhin von Dr. Wilcken gedeutetes: »Der So und So Benamsten wird hiermit obrigkeitlich gestattet mit jedem zu schlafen, mit dem sie will.«

Auch der *byzantinischen Gewebe* werden Sie sich erwehren können. Die Fellachen fangen an, sie den Reisenden aufzudrängen. Leider kennt man die Fundstätten nicht genau (z. B. bei Achmion, bei Negada, bei Esmeut etc.), wodurch ihr Werth geringer wird.

Vielleicht können Sie manches ausfindig machen und die Altersbestimmung feststellen.

In Luksor werden Sie an unserem Konsularagenten *Mochtar Tedros* [bei Schl. auch: Todrous] einen intelligenten und liebenswürdigen Führer haben.

Man scheint jetzt an allen alten Trümmerstätten, wo die Fellachen nach Dungerde graben, *Papyri* zu finden, die bisher nicht beachtet worden zu sein scheinen. Welch eine Fülle neuer Überraschungen für Geschichte u. Litteratur steht uns da nicht noch bevor!

Von Heinrich Schliemann an Frank Calvert

Wadi Halfa, beim zweiten Katarakt des Nils in Nubien, 24. Januar 1887[228]

Je mehr ich daran denke, die Ausgrabungen in Troia wieder aufzunehmen, desto mehr sehe ich Schwierigkeiten für mich. Wenn Nikolaos noch am Leben wäre, hätte ich ihm im September das Geld geben können, um Holzhäuser, Vorratsräume und eine Küche zu bauen, und alles wäre rechtzeitig fertig. Aber jetzt gibt es keinen Mann in der Troas, der das erledigen könnte. Ich kann es nicht selbst machen, da ich weder Türken kenne, die Holz, sprich Balken, verkaufen, noch den Preis des letzteren; außerdem würde es mich zu viel Zeit kosten, all das auszuhandeln und selbst zu bauen. Bei meiner Rückkehr nach Athen, etwa am 15. März, werde ich mit Dr. Dörpfeld überlegen, ob und wie die Sache gemacht werden könnte. Es gibt noch eine andere Schwierigkeit: wer soll den Platz des Nicolaos als Zahlmeister und Maiordomus einnehmen? Ich kenne niemanden, dem ich diesen wichtigen Auftrag anvertrauen könnte …

Gestatten Sie mir, einen Scheck über 8 Pfund beizulegen und die Summe bitte Madame Nikolaos zukommen zu lassen.

Von Heinrich Schliemann an Rudolf Virchow

Theben (Luxor), 19. Februar 1887[229]

Da ich die Keramik für einen hochwichtigen Theil der Alterthumskunde ansehe und dieselbe – was das Pharaonenland betrifft – bis jetzt ganz vernachlässigt und unbeachtet geblieben ist, so daß kein Museum der Welt etwas Nennenswerthes davon aufzuweisen hat, so glaubte ich der hochlöblichen Gesellschaft für Anthropol[ogie] Ethnolog[ie] und Urgeschichte in Berlin einen großen Dienst damit zu erweisen wenn ich meine Nilreise dazu benutze altägyptische und nubische Topfwaaren zu sammeln. Zu meiner Freude ist es mir denn auch gelungen, meistentheils hier in Theben circa 300 wohlerhaltene Gefäße charakteristischer Formen zu erwerben, worunter fast alle die neben dem Granitthor Thutmes III in Karnak, in dem Grabe Rameses III und im großen Tempel in Abydos sowie im Tempel von Abu Simbel in Nubien abgebildeten Vasen vertreten sind.

In Nubien konnte ich zwar nur wenige ganze Gefäße erwerben, ich bin aber unablässig bemüht gewesen auf den dortigen uralten Baustellen charakteristische Topfscherben zu sammeln und hoffe daß Ihnen auch diese willkommen sein werden. Ich unterlasse es Ihnen hier die Formen der Gefäße zu beschreiben, zumal Sie dieselben binnen Kurzem in den Sälen der troianischen Sammlung im Neuen Ethnologischen

Abb. 135
Kairo, Bulak Museum, Holzstich nach Wilhelm Gentz, 1878/79.

Museum aufgestellt sehen werden, nur mögte ich bemerken, daß überall wo in den Seiten der Gefässe Auswüchse vorkommen, diese waagerecht durchgebohrt sind und senkrechte Röhrchen zum Aufhängen, wie in Troia, durchaus fehlen. Jetzt werden alle Topfwaaren Aegyptens auf der Scheibe gedreht, jedoch beweisen die vielen glänzend rothen aus der Hand gemachten Gefäße meiner Sammlung, daß in uralten Zeiten die ägyptischen Vasen genau so gemacht worden sind, wie sie noch jetzt in den Dörfern unmittelbar oberhalb Kalabsche in Nubien fabricirt werden, wo ich der Anfertigung mehrfach beigewohnt habe. Letzteres geschieht von den Frauen. Das Material ist der Alluvialboden der Straße, welcher *vor* dem Durchbruch der einstigen Wasserfälle im Engpaß von Kalabsche abgelagert und daher wenigstens 3000 Jahre alt ist, denn jetzt ist der höchste Wasserstand der periodischen Ueberschwemmungen um 8 bis 9 meter *niedriger* als die Bodenfläche der Dörfer. Nachdem die Erde angefeuchtet und geknetet ist macht die Nubierin das Gefäß aus der Hand, fast ebenso schnell als es mit der Scheibe möglich ist, zwar etwas dick aber doch graciös. Nachdem etwa 50 Gefäße angefertigt, in der Sonne getrocknet, mit einem glatten Stein polirt und mittelst eines Lumpens mit einer in Castoroel aufgelösten rothen Erde die man in unmittelbarer Nähe im arabischen Gebirge findet, bestrichen sind, packt man sie in trocknen Kamel- und Büffeldung auf einer Art von Tenne, die einen etwa 0,20 m hohen Rand hat. Darauf zündet man den Dung an und lässt ihn ruhig zu Asche verbrennen, worüber mehrere Tage vergehen und bringt dann die vollkommen fertigen Gefäße zum Verkauf. Der Preis der Vasen und Schüsseln ist durchschnittlich ½ piaster oder 1 Silbergroschen per Stück und habe ich selbst einige davon gekauft, die ich gerne nach Berlin sende, sollte dies wünschenswerth sein. Wenn diese Topfwaaren und namentlich die Schüsseln einige Jahre lang im Gebrauch gewesen sind, so nehmen sie den Schein an, als wenn sie uralt sind und werden, was das Aussehen betrifft, den glatten rothen Gefäßen der 2ten, verbrannten Stadt von Troia vollkommen gleich, nur ist ihre Form verschieden.

Aber nicht nur das Handwerk des Töpfers sondern auch das Spinnen und Weben wird noch auf die uralte Weise betrieben wie sie uns die Ilias und die Odyssee beschreiben; ja, das Spinnrad scheint in den Dörfern Nubiens und Aegyptens ganz unbekannt geblieben zu sein; das Spinnen wird aber nicht nur von Frauen sondern auch von Männern betrieben.

Zwar habe ich hie und da in Nubien die Frauen beschäftigt gesehen, das Getreide mit einer kleinen Drehmühle zu zermalmen, meistentheils geschah die Operation zwischen zwei Steinen aus Trachyt, wovon der untere groß, der obere aber genau die Form der troianischen Mühlsteine hatte.

Da ich von den Nubierinnen spreche, so muß ich bemerken daß sie im Alter von 10 Jahren zur Reife kommen, aber selten vor dem 12ten Jahre verheirathet werden. Uebrigens habe ich in Dakkeh eine Frau von 13 Jahren gesehen die schon zwei Kinder hatte. Nach unseren Begriffen verunstalten sich die jungen Damen zwar gewaltig durch das Tatouiren beider Lippen und verschiedener Stellen im Gesicht sowie durch das Tragen eines großen goldenen Ringes in der Oberlippe, ganz besonders aber durch ihre sonderbare Haartracht. Das Haar wird nämlich in ca 40 Flechten geflochten, wovon 15 auf jede der Schläfen und 10 auf die Stirn herunterhängen und deren Enden in kleine thönerne Cylinder befestigt werden. Diese Operation geschieht aber *nur zweimal* im Jahre. Inzwischen werden die Flechten täglich mit einer Abundanz von Castoroel benetzt, in Folge dessen sie mit der Zeit in Schmutzklumpen umgewandelt werden; auch betrachten es die Nubierinnen als einen essentiellen Beitrag zur Schönheit, wenn sie sich die Nägel von Händen und Füßen mit Henne-Blättern braun färben. Aber trotz dieser sonderbaren Toilette, die so wenig nach unserem Geschmack ist, müssen wir doch eingestehen, dass die Nubierinnen, ungeachtet ihrer ebenholzähnlichen Hautfarbe, zu den schönsten Frauen der Welt gezählt werden müssen.

Noch vor ca 200 Jahren war ganz Nubien christlich und scheinen die Ruinen der vielen Klöster und Kirchen, die man zwischen As[s]uan und Wadi Halfa sieht, zu beweisen daß die guten Leute sehr gottesfürchtig gewesen sein müssen. Vielleicht erklärt sich durch die gewaltsame Bekehrung der Nubier der schreckliche Haß gegen die Araber, in Folge dessen auch kein Nubier je ein arabisches Weib heirathet.

Nubien muß einst bei dem hohen Wasserstande des Nils, vor dem Durchbruch der Katarakte von Kalabsche, ein sehr fruchtbares Land gewesen sein; davon zeugen die Tausende von zum Schutze der Felder angelegten, uralten, aus riesigen Blöcken hergestellten, circa 3 meter breiten, 3–4 meter hohen Wälle, die alle auf dem hohen Niveau des Alluvialbodens anfangen und unter rechtem Winkel in den Fluß hineingehen, sowie auch die Ruinen so vieler uralter Städte, während jetzt meistentheils nur ein sehr schmaler Landstreifen an beiden Ufern culturfähig ist. Es giebt daher fast nur armselige Dörfer in Nubien und ist ein großer Theil der männlichen Bevölkerung gezwungen seinen Unterhalt in Cairo und Alexandrien zu suchen, wo die Nubier wegen ihrer proverbialen Treue und Ehrlichkeit als Hausdiener hochgeschätzt werden. Alle Männer, und selbst die Knaben, sprechen – außer nubisch – auch ziemlich geläufig arabisch; aber nicht so die Weiber die von letzterer Sprache nur wenige Worte verstehen. Das nubische Volk zeichnet sich durch große Reinlichkeit aus, wobei ihm aber auch das Klima behülflich ist, denn Flöhe und Wanzen können in Nubien nicht leben und sind dort nicht einmal dem Namen nach bekannt.

Rohe Hämmer aus Diorit und Kornquetscher aus verschiedenen Steinarten habe ich auf den uralten Baustellen Nubiens zu Hunderten gesammelt und auf jedem derselben den Fundort bemerkt, mehrfach sah ich auf dem Kamel reitend, solche Steininstrumente auf dem harten Sande liegen, habe sie aber stets aufnehmen lassen. Nur einmal fand ich in der Wüste eine schöne Axt aus Diorit und in der Festung aus Rohziegeln der Pharaonenzeit, Kubban [Kobban bei Al Dakka], dem alten Metakompso oder Contra Pselcis eine Lanzenspitze aus Silex. Messerartige Klingen aus Silex, fand ich nur ausschließlich auf Strata von Silex am Fuß der Gebirge; ich halte jene Klingen daher für natürliche Absprünge und habe keine davon mitgenommen. Nur eine schöne Säge aus Silex fand ich bei den Pyramiden von Sakkara und eine Lanzenspitze von Silex in den Schutthaufen der uralten, bedeutenden Stadt Thinis (bei Abydos), die schon zu Strabos Zeit nur noch ein erbärmliches Dorf war. Man hat dort in dem Kom-es-Sultan oder Königshügel genannten höchsten Schutthaufen ausgegraben, in der Hoffnung dort Alterthümer aus der Zeit des in Thinis geborenen ersten Königs der ersten Dynastie Menes zu finden. Die Ausgrabung hat aber nur ein Gebäude, wahrscheinlich Tempel, mit der Cartouche Rameses II, des Sesostris der Bibel, ans Licht gebracht. Trümmer aus der ersten Dynastie mögen aber immerhin anderswo in den Schuttbergen von Thinis begraben liegen, die mir etwa ½ deutsche Meile lang und ¼ Meile breit zu sein scheinen.

Der Bogen, der im Abendlande so spät zur Anwendung kam, muß in holzlosen Ländern, wie Aegypten und Nubien, wo von jeher alle Wohnhäuser aus Rohziegeln von Alluvialerde gebaut worden sind, schon in urältesten Zeiten in Gebrauch gewesen sein; jedenfalls beweisen die Felsengräber neben den Pyramiden von Gizeh daß der Bogen schon zur Zeit der 4ten Dynastie, und die großen langen gewölbten Gebäude neben dem Ramesseum hier in Theben (Abb. 136. 137) dass derselbe zur Zeit der 19ten Dynastie angewandt wurde. Diese letzteren Bauten bestehen nämlich aus Rohziegeln, deren jeder den Stempel, [sage] die Cartouche, Rameses II trägt und haben die Wände einen Kalkputz. Aber nicht nur als Bewurf, sondern auch als *Bindemittel* diente Kalk in Nubien und Aegypten seit urältesten Zeiten. So z. B. habe ich mich überzeugt, daß in den Pyramiden von Gizeh und Sakkara alle Blöcke mit abundantem Kalk verbunden sind und auf gleiche Weise verhält es sich mit allen Tempeln und Palästen beider Länder.

Lampen kommen in den aegyptischen Skulpturen und Wandgemälden garnicht vor; auch ist noch nie eine Spur davon in altägyptischen Gräbern gefunden und ist daher mit Bestimmtheit anzunehmen daß es keine Lampen gab. Ich mögte daher die Frage aufwerfen: welche Beleuchtungsmittel die Leute bei der langjährigen Anfertigung der Felsentempel und palastähnlichen Königs- oder Priestergräber und der darin mit beinahe mikroskopischer Feinheit ausgeführten Wandskulpturen und Wandgemälde angewandt haben? Zwar kommen Gefäße vor, die als Fackelhalter gebraucht sein müssen und bin ich auch im Stande mehrere schöne Exemplare davon nach Berlin zu schicken. Dennoch komme ich nicht umhin zu fragen: ob es denkbar ist, daß z. B. bei der riesigen, viele Jahre in Anspruch nehmenden Arbeit der Aushauung und Verzierung des aus 14 großen Sälen bestehenden Felsentempels von Abu Simbel Fackelbeleuchtung hätte angewandt sein können? An den Wänden und Säulen ist doch kein zollgroßer Raum der nicht mit Skulptur und Malerei bedeckt wäre; Tausende von Künstlern müssen daher viele Jahre lang gleichzeitig beschäftigt gewesen sein und wie hätten sie, in einem tropischen Klima, die furchtbare Hitze und den Qualm der Fackeln ertragen und dabei Meisterwerke der Kunst ausführen können? auch würden ja die Decken und Wandgemälde durch den Qualm von Anfang an geschwärzt und verdorben worden sein, während sie im Gegentheil, trotzt ihres Alters von 3300 Jahren, eine Farbenfrische bewahrt haben welche die Besucher in Staunen und Bewunderung setzt.

Die Temperatur war im December und Januar, bei Nordwind, des Morgens bei Sonnenaufgang *durchschnittlich* 5, um Mittag 14° Réaumur. Am kältesten war es am 20–24 Januar in Wadi Halfa, an den 2ten Katarakten (22° N. Breite), wo das Thermometer des

Abb. 136
Theben-West, Medinet Habu: handschriftliche Notiz auf der Rückseite: Vorderseite des Ramesseum mit der umgestürzten Kolossalstatue. Foto von Beato Nr. 135.

Abb. 137
Theben-West, Medinet Habu: handschriftliche Notiz auf der Rückseite: Der hintere Theil des Ramesseum. Foto von Beato Nr. 136.

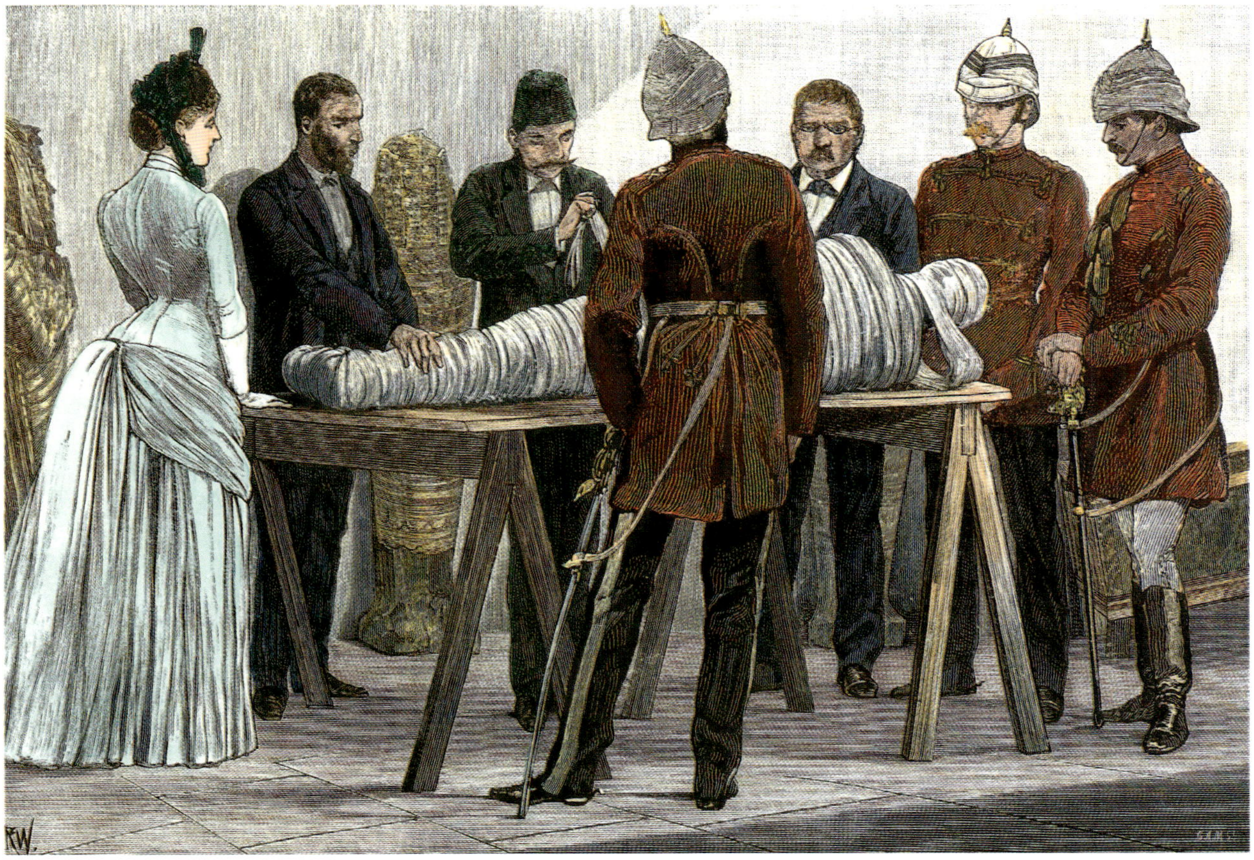

Abb. 138
Kairo, Bulak Museum, Auswickelung einer Mumie, handkolorierter Holzschnitt, unbekannter Künstler, 1880er Jahre.

Morgens nur 4, Mittags 8° zeigte. Hier in Theben dagegen haben wir seit 6 Tagen frühmorgens 20 und später 26° Réaumur im Schatten. Da man hier den ganzen Tag über mit Besichtigung der alten Bauten beschäftigt ist, so ist die Sonnenglut sehr angreifend.

Seitdem mein schwindsüchtiger Diener, Pelops, den ich mitgenommen hatte um ihn zu retten, hier zu Grunde gegangen ist und ich sogar hier in Theben Schwindsüchtige sehe, die ich, wie z. B. den deutschen Consularagenten Tedrous vor 28 Jahren als starke rüstige Männer gekannt hatte, bin ich durchaus von dem Glauben zurückgekommen, dass Aegypten ein Paradies für Schwindsüchtige ist und würde jetzt Brustkranken viel eher rathen nach der Riviera zu gehen als nach Aegypten. Merkwürdigerweise habe ich unter den Fellachen viele gefunden die an Steinkrankheit leiden. Fieberkranke sind mir während der langen Reise nie vorgekommen. Leider hatte ich außer Castoroel und Augenwasser keine Medizin mitgenommen, jedoch scheint letzteres viel Arnica zu enthalten, denn ich habe die Wunden und Quetschungen meiner Mannschaft stets sehr rasch damit heilen können.

Schließlich bitte ich Sie im Namen der Wissenschaft, Ihre Stimme laut werden zu lassen, daß etwas zur Erhaltung der im Bulak-Museum aufgewickelt liegenden Mumien (Abb. 138) so vieler großmächtiger Könige geschieht, wovon einige, wie z. B. Thusmes III und Rameses II, ihre Eroberungen über 36 Breitengrade ausdehnten, was eine Strecke ist wie die von Stockholm bis zu den ersten Katarrakten des Nils bei Asuan. Es ist jammerschade daß man diese Königsmumien überhaupt aufgewickelt hat; da aber der Frevel einmal geschehen ist so muß ihnen doch irgendwelche Drogue beigelegt werden oder es muß irgend etwas anderes zu ihrer Erhaltung gethan werden, denn sie verkrümeln sonst in wenigen Jahren. Ich meine, man solle sie in gläserne Särge legen und hermetisch verschließen.

Schliemanns vierte Reise
GRIECHEN-
LAND
Olympia
Mykene
Tiryns
Epidauros
Athen
Euboia
Chios
ÄGÄIS
Pergamon
Ephesus
Milet
OSMANISCHES REICH
Tarsus
Rhodos
Kreta
Zypern
Sidon
Tyrus
MITTELMEER
Virchow aus Triest
Cyrenaika
Jerusalem
Totes Meer
Alexandria
Unterägypten
Bubastis
OSMANISCHES
REICH
Heliopolis
Gizeh
Kairo
Ägypten
(tribut. Vizekgr.)
Sakkara
Fayum
Memphis
Arsinoe
Hawara
Sinai
N
W
O
S
Siwa Oase
Libysche Wüste
Baharija
Oase
Tuna el-Gebel
Hermopolis
ROTES
MEER
Assiut
Nil
Wannina/Athribis
Oberägypten
Abydos
Dendera
Tal der Könige
Theben West
Theben/Luxor
Dachla
Oase
Kharga
Oase
Esna
Edfu
Assuan
1. KATARAKT
Dendur
Westliche Wüste
Unternubien
Abu Simbel
Korosko
0
100
200
300
Kilometer
Abu Sir
Wadi Halfa
2. KATARAKT

Die vierte Reise (1888)

Die Reise in das Land der Pyramiden sagte ihm so zu, dass er sie im darauffolgenden Winter wiederholte, diesmal nicht allein, sondern von seinem Freunde Virchow begleitet. Dessen Erinnerungen verdanken wir eine Schilderung, aus der hervorgeht, welchen Eindruck die Persönlichkeit Schliemann's bei den Arabern der Wüstendörfer hervorrief, wie sie den weissen Wundermann anstaunten, der nicht allein wie ihre Priester und Richter ihre Sprache lesen, sondern auch schreiben konnte und des Nachts inmitten ihres Kreises unter den Palmen vor der Hütte ihres Häuptlings die Suren des Koran in seiner ekstatischen Weise declamirte, sodass die Gläubigen zum Schlusse im Gebet ihr Haupt neigten und mit der Stirn die Erde berührten. Von solcher Reise heimkehrend fühlte Schliemann die Kraft zu neuen Unternehmungen in sich. Es hatten ihn in Nubien die Wandgemälde der Tempel gefesselt, in welchen der grosse Ramses und sein Geschlecht die Kriege gegen die Völker des Nordens, gegen die Cheta, die Hittiter, und die Belagerung ihrer Stadt Kadesch am Orontes hatten darstellen lassen. Schon seit langer Zeit war er durch Sayce auf die Zusammenhänge aufmerksam gemacht, welche die Cultur von Troja mit jenen Völkern haben müsse.[230] (Abb. 139)

⇦ Abb. 139
Verlauf der vierten Reise.

Die Reise

Da Rudolf Virchow (Abb. 140) an der dritten Reise nach Ägypten im Jahr 1886/1887 nicht wie vorgesehen teilnehmen konnte, plante Schliemann eine gemeinsame Reise gleich für das folgende Jahr 1888. Leider ist das Tagebuch dieser Reise verloren. Aber vieles kann dank der zahlreichen Briefe Schliemanns und vor allem dank der beiden wissenschaftlichen Berichte Virchows weitgehend rekonstruiert werden.

Schon ehe Virchow am 22. Februar[231] in Alexandria eintrifft, ist Schliemann bereits an der Arbeit: Er sucht eine Woche lang bei der Moschee des Propheten Daniel nach dem Grab Alexanders des Großen, da Diodorus Siculus und Strabon erwähnen, dass es sich in Alexandria befindet. [232] Schliemann war aber weder der erste noch der letzte, der dieses Grab finden wollte.[233] Er musste jedoch aufhören, denn trotz der Zustimmung des Premierministers Nubar Pascha haben die muslimischen Behörden die Grabungsarbeiten auf dem heiligen Boden verweigert, weil es zu nah und teilweise sogar unter der Moschee lag. Trotzdem

Abb. 140
Rudolph Virchow (1821–1902) Gemälde von Hugo Vogel, 1896.

hat Schliemanns Arbeit Aufmerksamkeit in Europa erregt, wie drei Zeitungsartikel[234] bestätigen:
1. Paris: La Chronique des arts et de la curiosité Nr. 11, 15. März 1888:

> *Herr Schliemann befindet sich zur Zeit in Ramleh, Ägypten, wo er gerade Ausgrabungen durchführt, die vielversprechend sind. Die Arbeiter haben bereits drei Stufen freigelegt, die der Anfang einer langen Treppe sein sollen. Nicht weit davon entfernt wurden die Fundamente eines Palastes entdeckt. Da der Überlieferung nach in diesem Gebiet der von Kleopatra bewohnte Palast vermutet wird, rechnen Doktor Schliemann und die Archäologen des Museums von Bulak, die ihm zur Seite stehen, mit wichtigen Entdeckungen.*

2. Leipzig: Kunstchronik, Wochenschrift für Kunst und Kunstgewerbe Nr. 20, 23. Februar 1888, 323:

> *Dr. Heinrich Schliemann befindet sich gegenwärtig in Alexandrien, um daselbst Nachforschungen nach historischen Resten aus der Zeit der Kleopatra und dem Grabe Alexanders des Großen anzustellen.*

3. Leipzig: Kunstchronik, Wochenschrift für Kunst und Kunstgewerbe Nr. 23, 15. März 1888, 368–369:

> *Die Nachgrabungen Schliemanns in Alexandrien haben zu keinem Ergebnis geführt. Die unbedeutenden Funde sind, wie [in] der «Frankfurter Zeitung» geschrieben wird, an das ägyptysche Museum in Kairo abgeliefert worden. An der Stelle, an welcher Dr. Schliemann das Grab Alexanders des Großen vermutet, steht eine Moschee. Es können daher dort keine Nachgrabungen angestellt werden.*

Einige Monate später bedankt sich Schliemann in einem Brief vom 4. Januar 1889 (Abb. 141) bei dem Grafen Alexandre Max de Zogheb für die Zusendung seines Buches, in dem der Autor die Stelle von Alexanders «fabelhaften» Grab unter der Nabi-Daniel-Moschee identifiziert, dort wo auch Schliemann ausgegraben hatte.[235]

Da also dieses Projekt gescheitert ist, wendet sich Schliemann sofort einem anderen zu: der Suche nach dem Grab von Antonius und Kleopatra in der Nekropole von Chatby.[236] Diese Suche wird aber auch ohne Ergebnisse abgebrochen.[237] Für die erfolglose Suche nach den Gräbern entschädigt ihn aber der Fund eines hellenistischen Frauenkopfes in 12 m Tiefe in der Nähe des Bahnhofs, von dem die Züge nach Ramle abfahren. Schliemann berichtet voller Begeisterung an Richard Schöne:

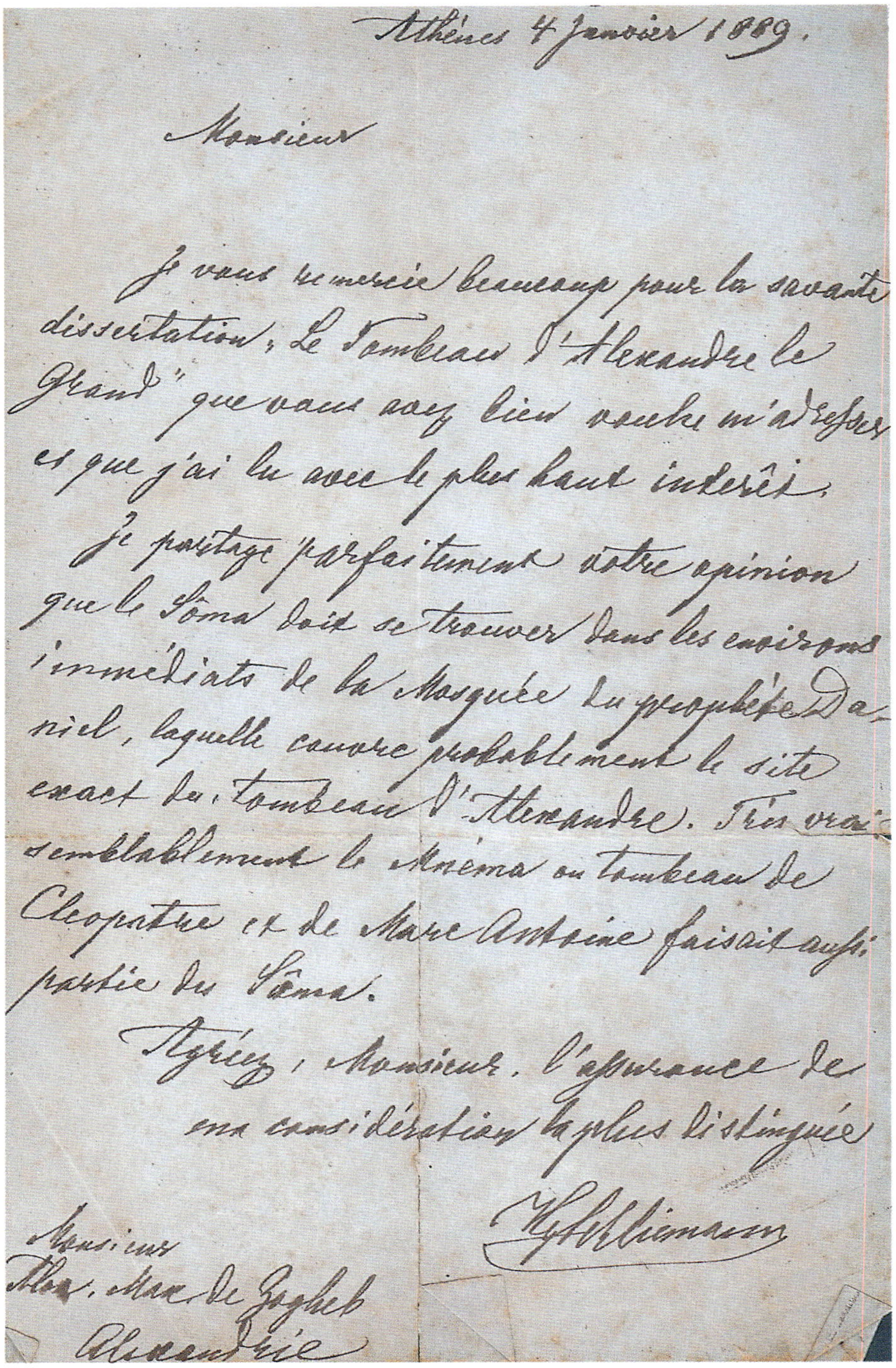
Athènes 4 janvier 1889.

Monsieur

Je vous remercie beaucoup pour la savante dissertation, „Le Tombeau d'Alexandre le Grand" que vous avez bien voulu m'adresser et que j'ai lu avec le plus haut intérêt.

Je partage parfaitement votre opinion que le Sôma doit se trouver dans les environs immédiats de la Mosquée du prophète Daniel, laquelle couvre probablement le site exact du tombeau d'Alexandre. Très vraisemblablement le Mnéma ou tombeau de Cléopatre et de Marc Antoine faisait aussi partie du Sôma.

Agréez, Monsieur, l'assurance de ma considération la plus distinguée

HSchliemann

Monsieur
Alex. Max de Zogheb
Alexandrie

Abb. 141
Brief von Heinrich Schliemann an Graf de Zogheb vom 4. Januar 1889.

Der Kopf ist ein großes Kunstwerk und wird allgemein bewundert. Jedenfalls ist es das Porträt einer ptolemäischen Prinzessin und wahrscheinlich der Kleopatra VII.

In demselben Brief schreibt er weiter, er hätte diesen entzückenden Kopf am liebsten selbst behalten, will ihn aber dem deutschen Volk schenken. Dieses Vorhaben wird realisiert, nachdem die Zusage von Bismarck eingetroffen war, ihn in der troianischen Sammlung aufzustellen. Dieser Kopf befindet sich heute tatsächlich immer noch in den Berliner Museen (Abb. 142).[238]

Nach Virchows Ankunft begeben sich die beiden Gelehrten sogleich auf eine lange Nilreise, die wirklich abenteuerlich werden wird! Virchow will die Schädelformen ehemaliger Bewohner des Niltals untersuchen und beabsichtigt, sogar die alten Statuen für seine vergleichende Forschung zu verwenden.

Da jetzt Dampfschiffe auf dem Nil verkehren, erreichen sie bereits nach sechs Tagen Assuan. Die Fahrt wird einmal sehr kritisch, da sie beschossen werden. Glücklicherweise steht der Dampfer unter dem Schutz des englischen Militärs und somit kommen sie mit dem Schrecken davon.

Acht Tage verbringen sie in Abu Simbel, dann reisen sie weiter bis Wadi Halfa.

Am 10. März erfahren sie von einem englischen Offizier, dass der 91-jährige deutsche Kaiser Wilhelm I. am vorherigen Tag verstorben sei (9. März 1888). Das neue Tiefseekabel von Malta nach Alexandria (1868) macht jetzt eine solch rasche Vermittlung möglich.

Der Rückweg verläuft ohne Zwischenfälle. In Assuan besichtigen sie noch einmal die Felsgräber und suchen nach Schädeln. Auch in Luxor bleiben sie trotz großer Hitze fast eine Woche. Zurück in Kairo erlaubt man Virchow, im Bulak Museum mit einer Sondergenehmigung Schädelvermessungen durchzuführen.

Von Kairo aus reisen sie mit der Eisenbahn zusammen mit dem Afrikaforscher Georg Schweinfurth in das Fayum bis nach Arsinoe, wo dieser kleinere Grabungen durchführt. In Hawara sind sie mit dem englischen Archäologen Flinders Petrie verabredet. Er hat gerade den Eingang zur Pyramide gefunden, die Lepsius schon 1843 dokumentiert hatte. Da gerade eine Nekropole erforscht wird, können sie die Bergung eines Sarges beobachten.

Weitere Orte wie Sakkara, Bubastis und Gizeh werden noch besucht bis sie nach zweimonatiger Reise wieder in Alexandria eintreffen.

Ende April fahren beide nach Athen zurück und besuchen von dort aus Mykene, Tiryns, Olympia und Epidauros. Schliemann bleibt in Griechenland, während Virchow schon in der ersten Maiwoche wieder in Berlin ist. Der wissenschaftliche Gewinn dieser Reise war beträchtlich: Virchow publiziert fünf umfangreiche Akademieabhandlungen in den folgenden Jahren über Ägypten, dazu ein Dutzend Sitzungsberichte sowie Aufsätze und hält viele Vorträge bei den wissenschaftlichen Akademien, in erster Linie bei der *Berliner Anthropologischen Gesellschaft.*

Schliemann dagegen hatte schon von vornherein nicht die Absicht, etwas zu veröffentlichen:

Ich publiziere nichts über Ägypten, es sein denn, daß ich den Palast der Ptolemäer finde und das ist ja sehr fraglich, da man beim Hausbau in Alexandrien noch nie Sachen gefunden hat die der Rede wert wären.[239]

Er wollte mit der Einladung zu dieser gemeinsamen Reise endlich dem Freund Rudolf Virchow für seine vielfältige Hilfe danken.

Abb. 142
Kopf der Kleopatra, Staatliche Museen zu Berlin, Museum für Vor- und Frühgeschichte, Inv. Nr. Sch 11884.

Briefe und Berichte zur vierten Reise

Von Heinrich Schliemann an Rudolf Virchow

Alexandria, 6. Februar 1888[240]

… Ihrer Frau Grüße erwidere ich ehrfurchtsvoll. Anstatt sich aber über Ihre Abreise zu grämen, sollte sie sich herzlich darüber freuen, denn niemand in Deutschland arbeitet wie Sie und niemandem tut eine Erholungsreise so Not wie Ihnen. Außerdem haben Sie eine Reise im herrlichsten Lande der Welt vor. …

Von Theodor Schreiber an Heinrich Schliemann

Leipzig, 19. März 1888[241]

… Die Bedeutung Alexandriens für die griechisch-römische Kunstgeschichte ist wohl schon gelegentlich vorahnend erkannt worden, sie läßt sich aus mancherlei verstreuten Resten erschließen und ist zweifellos der weniger sichere Schlüssel für das Verständniß der römischen Kunst und ihrer Ursprünge. Sicher würden wir über sie erst urtheilen können, wenn einmal umfassendere Ausgrabungen an der richtigen Stelle vorgenommen würden und dabei auch die unbedeutendsten Reste nicht unbeachtet blieben. Daß die Umgegend um die sog. Pompeiussäule die Stelle des berühmten Sarapisheiligthums, noch immer nicht genauer erforscht ist, daß das künstliche System der unterirdischen Wasserleitungen, welches zum Theil noch so gut erhalten sein soll, noch nicht untersucht worden, die unter der Erde erhaltenen Baureste nicht aufgedeckt sind, muß jeder beklagen, der die großen Lücken unseres Wissens über die Kunst der alexandrinischen Zeit erkannt hat. Seit einigen Jahren haben sich unsere Studien nach dieser Richtung concentrirt, ich habe die großen Museen Europas deshalb durchgesehen und auch gefunden, daß wir nicht unbedeutendes Material besitzen, die Geschichte einer vergessenen Kunstepoche, der Kunst *in* Alexandrien, zu reconstruiren. Aber das sicherste Wissen müßte sich doch noch auf neue Thatsachen und Beobachtungen in der Alexanderstadt stützen. Die großen topographischen Untersuchungen, welche Napoleon III. veranlaßte und deren Resultate leider nur in einem dürftigen Memoire Mahmud Bey's vorliegen, erwarten noch ihre Fortsetzung, die anerkennungswerthe Thätigkeit eines Nerontsos-Bey hat sich leider sehr ein-

Abb. 143
Foto von R. Virchow. Auf der Rückseite steht: Abuhanda [Abahuda] und Schataui in Nubien, vom Postdampfer aus gesehen, der am linken Ufer des Nils ankert. 1888.

seitig bisher auf Inschriften geworfen, und so würde es die Wissenschaft sicher mit ungetheiltem Beifall begrüßen, wenn das allzulang Versäumte endlich nachgeholt würde.

Der freudigen Hoffnung möchte ich mich gern hingeben, daß es Ihnen, verehrter Herr, gelingen möchte, Ihr bewährtes Finderglück und Ihre Erfahrungen auf diesem fast jungfräulichen Boden zu versuchen und der stolzen Gründung Alexanders wenigstens den einzelnen Resten zu einer Wiederauf[er]stehung zu verhelfen. In einer Stadt, welche die Ruhestätte der größten historischen Persönlichkeit des Alterthums birgt, müßte derjenige seine für die Wissenschaft so unendlich fruchtbare Thätigkeit fortsetzen, der die Heldenzeit der antiken Dichtung kulturgeschichtlich vor uns hat wieder aufleben lassen …

Von Rudolf Virchow an A. Woldt

Luqsor (Theben), 21. März 1888[242]

[1. Bericht: Virchow und Schliemann in Ägypten.]
Geehrter Herr! Ihrem Wunsche entsprechend berichte ich kurz über unsere aegyptische Reise: Bei meiner Ankunft in Alexandrien (22. Febr.) empfing mich schon am Schiffe Hr. Schliemann mit der Bitte, der vorgerückten Jahreszeit wegen sofort nach dem oberen Nil aufzubrechen. Seine Ausgrabungen in Alexandrien waren auf allerlei unlösliche Schwierigkeiten gestoßen, namentlich auf den Widerspruch der kirchlichen Autoritäten, denen das Terrain gehört. Trotz einer nicht unerheblichen Verwundung am Bein, die ich mir vor Brindisi zugezogen hatte, entschloß ich mich, die Reise anzutreten. Nach kurzem Aufenthalt in Cairo gingen wir mit aegyptischen Postdampfern (Abb. 143), die ich sehr empfehlen kann, so schnell aufwärts, daß wir schon am 28 Februar in Assuan eintrafen und am nächsten Tag jenseits des I Kataraktes in Challal uns wieder einschiffen konnten. Unsere Reise gestaltete sich von da an etwas kriegerisch. Die südlichen Ababde hatten unter Führung der Derwische (wie man annahm), einige Schiffe mit Durrha [Hirse] genommen, den Telegraphen durchschnitten, einen Telegraphenbeamten fortgeführt, seine Frau erschossen, einige Dörfer geplündert. Wir fuhren unter starker Militairbegleitung und mit reichen Transporten von Geld und Lebensmitteln für die Truppen in Wadi Halfa.

Am zweiten Morgen wurden wir wirklich angegriffen, aber unsere schwarzen Soldaten schossen vortrefflich, tödteten den Anführer und verwundeten eine Anzahl der Rebellen. Schließlich kam uns ein Kanonenboot zu Hilfe, welches die alte Lehmfestung, in der sich die Derwische festgesetzt hatten, beschoß. Wir verließen das Schiff am nächsten Tage bei Ballany, einem Berber-Dorfe nahe bei dem großen Felsentempel Abu-Simbel, der uns acht Tage beschäftigte. Unser ganz abgeschiedenes Leben wurde hier, am Rande der Wüste, durch nichts Europäisches gestört; wir konnten Nubien in seiner Natur und seinen Menschen in jeder Hinsicht genau studiren. Am 9 März holte uns das Postdampfschiff wieder ab und brachte uns am 10ten nach Wadi Halfa, der Grenzfestung des gegenwärtigen aegyptischen Reiches. Der Gouverneur Col. Woodhouse hatte die Zuvorkommenheit, mir schon bis zur nächsten Station die neuesten Telegramme entgegen zu schicken, welche den Tod des Kaisers [Wilhelm I.] meldeten. Die erste Nachricht, welche uns aus Europa zuging!

In Wadi Halfa trafen wir auch den Serdar der aegyptischen Armee, Gen. Grensall, und wurden in jeder Beziehung freundlich empfangen. Die Stadt ist ganz militairisch umgestaltet, und für jeden Angriff wohl vorbereitet. Eine Bootfahrt von da in die zweiten Katarakte führte uns bis an den Fuß des berühmten Felsens von Abu Sir, aber das Erscheinen von Derwischen am östlichen Ufer zwang uns zu schneller Rückfahrt. Wir hatten nur noch Zeit, die geologische Beschaffenheit der Gegend zu erkennen, einen alten Tempel in der Wüste und einige alte Wohnplätze aufzusuchen.

Am 12ten März trat unser Schiff, wieder mit starker militairischer Begleitung, die Rückfahrt an. Schon in Korosko, dem alten Stapelort für den sudanesischen Handel, der jetzt ganz verödet ist, erhielten wir am Abend die Nachricht, daß der Telegraph wieder unterbrochen und einige Dörfer geplündert seien. Indeß verlief die weitere Fahrt ohne neue Hindernisse. Die aegyptischen Truppen hatten in den acht Tagen an drei verschiedenen Punkten Befestigungen und Lager eingerichtet, erstere in landesüblicher Weise aus Lehm oder aus Steinmauern. Am 13 waren wir wieder in Challal, am 14 machten wir von da eine etwas tolle Bootfahrt durch die ersten Katarakte und trafen nachmittags in Assuan ein, so daß wir noch Zeit hatten, die dortigen neuen Felsengräber zu sehen und Schädel zu sammeln. Seit dem 15 sind wir in Luqsor (Abb. 144. 145), dessen wundervolle Bauten wir in allen Richtungen trotz der gewaltigen Hitze (zwischen 27–35° C) durchforscht haben. Morgen denken

Abb. 144
Foto von R. Virchow.
Auf der Rückseite steht:
Tempel von Karnak:
Trümmer des Karyatiden
Saals von Thutmes I.
Obelisk d. Königin Hatasu.
1888.

Abb. 145
Foto von R. Virchow.
Auf der Rückseite steht:
Obelisk d. Königin
Hatasu (Hatschepsut) im
Tempel zu Karnak. Im
Hintergrunde Trümmer
der Süd Pylonen. 1888.

wir nach Denderah und Abydos zu gehen und Mitte nächster Woche mit Schweinfurth im Fayum zusammenzutreffen.

Von William Matthew Flinders Petrie an Heinrich Schliemann

Hawara, 3. April 1888[243]

Ich freue mich zu hören, dass ich heute das Vergnügen haben werde, Sie, Prof. Virchow und Prof. Schweinfurth zu sehen. Prof. Sayce hatte mir gesagt, dass Sie seiner Meinung nach auf Ihrer Reise durch das Land vorbeikommen würden.

Der Weg führt entlang des Bahr Yusuf [Josefskanal] nach Kohafa [Quhafa] – etwa 2 Meilen – dann über Felder und Wüste zur Pyramide. Dort in der Nähe müssen Sie in das alte Kanalbett hinuntersteigen und dann den neueren Kanal bei einem Bauernhof etwa ⅓ Meile nördlich der Pyramide überqueren.

Von Rudolf Virchow an A. Woldt

Alexandrien, 15. April 1888[244]

[2. Bericht: Virchow und Schliemann in Ägypten.]
Soeben sind wir nach einer zweimonatlichen Reise

durch Aegypten hierher zurückgekehrt, wohlbehalten und voll von Erfahrungen der mannichfaltigsten Art. Ein recht rauher Nordwind bläst uns entgegen und wir empfinden den Temperatur-Unterschied lebhaft. Ich werde daher, um einen gewissen Uebergang zu machen, Schliemann nach Athen begleiten und eine kurze Reise in den Peloponnes mit ihm machen. In der ersten Maiwoche denke ich wieder in Berlin zu sein.

Nach der Rückkehr aus Nubien haben wir uns eine Woche in Theben (Luqsor; vgl. Abb. 144), aufgehalten und die dortigen Alterthümer möglich vollständig durchforscht. Es handelte sich für mich namentlich um die Feststellung der anthropologischen Typen in den alten Bildwerken und in der jetzigen Bevölkerung. Diese Studien sind dann in Abydos, Denderah, dem Fayum, dem Delta und Cairo fortgesetzt worden, und ich darf hoffen, einige brauchbare Materialien für die exacte Erörterung dieser höchst wichtigen Verhältnisse gesammelt zu haben.

In Cairo ist mir durch eine Specialerlaubniß des Ministerpräsidenten Nubar Pascha und unter der persönlichen Theilnahme des höchst entgegenkommenden Unterstaatssecretairs im Unterrichts-Ministerium, Artim Pascha Jakub, die Gelegenheit geboten worden, die Mumien der alten Könige der XVIII–XX Dynastie (18t bis 13t Jahrhundert vor Christo) zu messen. Die beiden Tutmes, Sethi I, Ramses II und III werden nunmehr in ihren physischen Charakteren genauer bekannt werden und eine Vergleichung der naturwissenschaftlichen Verhältnisse mit den plastischen und malerischen Nachbildungen ist leicht herzustellen. Das freundliche Entgegenkommen des jetzigen Direktors des Bulag-Museums Mr Grebaut, und die aufopfernde Hilfe des Herrn Brugsch-Pascha hat es ermöglicht, diese Untersuchungen noch auf einige andere Statuen, z. B. auf die berühmte Holzstatuette des Dorfschulzen, auszudehnen.

Einen besonders wichtigen Bestandtheil des Bulag-Museums bilden die steinernen Colossalstatuen der Hyksos, deren Hauptfundort das alte Tanis (Zoan) im östlichen Theile des Delta ist. Bis jetzt ist es noch nicht gelungen eine Einigung der Gelehrten über die Herkunft dieser gewaltigen Eroberer zu erzielen. Jeder Zuwachs zu dem höchst spärlichen Material ist daher von größter Bedeutung für die alte Geschichte. Wir besuchten einen eben erst aufgeschlossenen neuen Fundort im südöstlichen Theil des Delta. Hr. Naville, ein Schüler von Lepsius, hat mit ungewöhnlichem Glück und Geschick die gänzlich verschütteten Ruinen von Bubastis, in der Nähe des heutigen Zagazig, aufgedeckt und einen gewaltigen Tempelbau bloßgelegt, in dem sich zwei neue Hyksos-Bildsäulen von Stein gefunden haben. Daß hier die Darstellung eines

Abb. 146
Foto von R. Virchow. Auf der Rückseite steht: Letztes Ende des Bahr Yusuf in Medinet-el-Fayum, aufgenommen von der Brücke an der Moschee Kaied Bey. Unten am linken Ufer Dr. Schweinfurt, rechts auf der Dattelpalme ein Araber, beschäftigt die Blüten zu befruchten. In der Mitte ein grosser Lebbakbaum mit reifen Schoten. 1888.

fremden Typus versucht worden ist, läßt sich nicht bezweifeln. Leider bieten sich jedoch auch jetzt noch für eine ethnologische Bestimmung große Schwierigkeiten dar, indem durch die Kopfbedeckung eine sichere Erkennung der eigentlichen Schädelbildung unmöglich gemacht wird, also nur die Vergleichung der Gesichter übrig bleibt.

Besonders lohnend war die unter Führung des Hrn Schweinfurth unternommene Bereisung des Fayum (Abb. 146), welche bis an den Rand der Sahara ausgedehnt wurde. Die Ruinen der alten Stadt Arsinoe sind vom Hrn. Schweinfurth selbst zum Gegenstande ausgedehnter Forschungen gemacht worden. Wir fanden außerdem einen jungen englischen Aegyptologen Mr. Flinders-Petrie in voller Arbeit, die durch Lepsius berühmt gewordene Pyramide von Hawara und die daran stoßenden Reste des Labyrinths zu durchforschen. In die Pyramide hatte er einen bis zur Mitte reichenden Gang eröffnet, an dessen Ende eine neue Anordnung der Baustücke aufgedeckt wurde. Hier scheint es ihm nach einer neueren Mittheilung in der That gelungen zu sein, auf die Grabkammer zu stoßen. Vor der Pyramide hat er hunderte von Gräbern aus den ersten beiden Jahrhunderten nach Chr. geöffnet, welche prächtige Mumienmasken und Porträttafeln enthalten. Ich bringe von da zahlreiche Schädel mit.

Von Heinrich Schliemann an Richard Schöne

Athen, 17. Juni 1888[245]

Heute endlich habe ich von der [griechischen] Regierung das Dokument wegen freier Ausfuhr des von mir in meinen Ausgrabungen in Alexandrien entdeckten marmornen Frauenkopfes erhalten, und bin bereit denselben testamentarisch dem Deutschen Volk zu vermachen und das Dokument zur Ausfuhr an Sie einzuschicken, sobald Sie mir ein Schreiben des Reichskanzlers schicken, worin dieser mir die feste Zusage macht daß der Kopf in der troianischen Sammlung im Ethnologischen Museum aufgestellt und immer darin verbleiben wird.

Der Kopf ist ein großes Kunstwerk und wird allgemein bewundert. Jedenfalls ist es das Porträt einer ptolemäischen Prinzessin und wahrscheinlich der Kleopatra VII, denn nur mit dieser (wie sie auf den Medaillen dargestellt ist) stimmt der Kopfputz. Sobald Dr Dörpfeld zurückkommt sollen Sie eine Photographie davon haben. Ich habe mich so in den Kopf verliebt, daß ich ihn gerne bis zu meinem Ende in meiner Schreibstube stehen haben mögte, um ihn jeden Augenblick ansehen zu können …

Von Heinrich Schliemann an Theodor Schreiber

Athen, 24. Juli 1888[246]

Richtig bedrückt war ich, als ich gestern aus Alexandria Ihren freundlichen Brief vom 13. März mit Ihrer prächtigen Schrift »Die [Wiener] Brunnenreliefs aus Palazzo Grimani« erhielt. Ich wundere mich, daß Sie mich eines solchen Geschenkes für würdig hielten, obwohl ich auf dem Gebiet der klassischen Archäologie bisher nichts Ernsthaftes geleistet habe. Vielmals danke ich Ihnen für Ihre große Gabe, aber ich sehe keinen Weg, Ihre Hoffnungen auf Alexandria zu erfüllen. Ich bin mittlerweile alt geworden bei meinen archäologischen Forschungen in der homerischen Geographie; daher scheint es mir richtiger zu sein, dieser auch den Rest meines Lebens zu widmen.

Im vergangenen Winter hatte ich Freund Virchow versprochen, mit ihm eine Reise nach Ägypten und Nubien zu machen. Einen Monat vorher begab ich mich nach Alexandria. Meine Absicht war, das Kaisareion und das Σῆμα [Grabmal] oder Σῶμα [Mausoleum] d. h. die Grabanlagen Alexanders des Großen und der Ptolemäer auszugraben. Als Stätte des Kaisareion wurde der Platz unter den zwei Obelisken bezeichnet, von denen der eine nach London, der andere nach Νέα Βόρακα [New York] überführt worden ist (Abb. 147). Die Erlaubnis zur Grabung an dieser Stelle war mir durch Vermittlung des deutschen Botschafters in London, Graf Hatzfeldt, von Nubar Pascha erteilt worden. Jetzt aber weigerte er sich, mir die Arbeit zu gestatten, mit der Begründung, das Trümmerfeld werde von einem Italiener beansprucht.[247] Ebenso versagte er mir die Erlaubnis zum Graben sowohl in der Moschee des Propheten Daniel als auch in ihrer Umgebung, wo ich das Grabmal oder das Mausoleum vermutete. Da ich nicht untätig in Alexandria bleiben wollte, grub ich mit Nubar Paschas Genehmigung außerhalb der Stadt, nahe beim Bahnhof der nach Ramle führenden Eisenbahn, wo ich den Palast der Ptolemäer annahm. Ich fand dort in 12 Meter Tiefe einen Marmorkopf von prachtvoller Arbeit, anscheinend aus ptolemäischer Zeit. Ich vermache ihn Deutschland und übersende Ihnen ein Bild davon.

Bis zur Ankunft Virchows in Alexandria führte ich die Ausgrabungen durch und kam dabei zu der Überzeugung, daß infolge des unbegrenzten Baugeländes (denn auch nach Strabo nahm der Palast mit den dabeiliegenden Gärten usw. ein Viertel oder ein Drittel der ganzen Stadt ein) dort systematische archäologische Nachforschungen ausgeschlossen sind und daß nur der Zufall den Spaten leiten kann. Die Sohle des Palastes brachte ich in einer Tiefe von 16 Metern ans Licht. Die heutigen Bewohner von Alexandria sind alles andere als Archäologen und achten die Überreste des unsterblichen Ruhmes gering. Infolgedessen graben sie beim Hausbau niemals bis auf den gewachsenen Boden hinab. Knapp in 3 oder 4 m Tiefe legen sie die Fundamente. So ist es denn keineswegs verwunderlich, daß bis heute in Alexandria niemals etwas von Bedeutung gefunden wurde. Aber es befanden sich dort unendliche Schätze der bildenden Künste. Nach Plutarch hat Archibios dem Octavian 20.000 Talente bezahlt, dafür daß er die Statuen der Königin [Kleopatra] nicht vernichte. Nichtsdestoweniger ist bisher auch nicht ein einziges Bildnis dieser Königin entdeckt worden. Es werden, so will mir scheinen, die Werke der alten Kunst auch dort bleiben, tief unter dem heutigen Alexandria begraben.

Abb. 147 Alexandria, Vorbereitung des Obelisken für die Reise nach New York, unbekannter Fotograf, 1880.

Abb. 148 Kairo, Shepheards Hotel, Foto von P. Sébah, um 1885.

Von Heinrich Schliemann an Rudolf Virchow

Heidelberg, 19. Oktober 1888[248]

Profr Eisenlohr, der Aegyptologe, sagt mir er habe in 1885, in seinem Zimmer in Shepheard's Hotel (Abb. 148) in Cairo, 2 von ihm selbst in einem Grabe in Tel Amarna in Oberägypten gefundene Schädel zurückgelassen, die er – wegen ihres dicken Hinterkopfes – für babylonisch hält. Amenophis III nämlich, dessen colossale Statuen (deren eine der mit Inschriften bedeckte »*sounding* Memnon« ist) Sie so sehr bewunderten, war mit der babylonischen Prinzessin Ti verheirathet, und ihr Sohn Amenophis IV verließ, wie Sie wissen, die alte Religion, wurde Sonnenanbeter, nahm den Namen Schuenatan [Tutenchaton] an, ging aus Theben fort und gründete die große Stadt Tel Amarna, wovon aber nur Schutthaufen und Gräber übrig geblieben sind. Sie werden sich erinnern, daß wir der Königin Ti's Grab besuchten, worin sie mit *heller* Gesichtsfarbe, blondem Haar, blauen Augen und *ganz vom aegyptischen Typus abweichenden* Gesichtszügen, vielfältig in verschiedenartigen Gewändern grellster Farben dargestellt ist. Jedenfalls nun halte ich die beiden von Eisenlohr (Abb. 149) zurückgelassenen Schädel von höchstem Interesse für Sie, und schreibe daher heute an Luigi Steinschneider, dem freundlichen Direktor von Shepheard's Hotel, indem ich ihn bitte uns mitzutheilen, ob die beiden Schädel noch vorhanden sind. Sollte er bejahend darauf antworten, so mache ich dann sogleich Anstalt daß sie Ihnen wohlverpackt zugesandt werden.

Eisenlohr ist damit beschäftigt den Reiseführer für Aegypten für Baedecker zu schreiben, und bitte ich letzteren mit dieser Post ihm zu gestatten, aus Lepsius Denkmälern zwei Porträts von Nefert Ari und das Bild, wo der Hittiterkönig seine Tochter dem Rameses II zuführt zu geben; wir beide haben dies vielfältig in Abu Simbel gleich links vom linken Koloß der Frau – da wo Sie die Gefangenen photographirten – betrachtet, ohne zu wagen es zu identificiren, da ja nach Brugsch die Scene in einer Nische an der dem Flusse zugekehrten Seite sein müßte. Die Bilder sind vortrefflich, aber natürlich ohne Farben. Eisenlohr sagt mir ferner, daß in den Hieroglyphen verschiedene Arten von Oel zum Einbalsamiren vorkommen, und daher Oel (Né) jedenfalls auch zum Brennen benutzt worden sein muß; – ferner daß häufig die Hieroglyphe [ ] (te-ka) vorkommt, worin Dümichen zuerst *richtig* eine Lampe erkannt hat. In der That erinnere ich mich daß dies Zeichen oft in den Inschriften in Abu Simbel vorkommt, aber auch oft in den Opferscenen. [ ] Vielleicht ist mit dem [ ] der Henkel der Lampe dargestellt. …

Abb. 149
August Eisenlohr,
(1832–1902),
Foto von Ed. Schultze.

Von Heinrich Schliemann an Rudolf Virchow

Athen, 15. Januar 1889[249]

Ich danke Ihnen für gefl Zusendung eines Ex Ihrer Abhandlung über die *vorhistorische Zeit Aegyptens* (Verhandl d Berl anthr Gesellsch Sitzung 21 Juli 1888), die ich mit hohem Interesse gelesen, worauf hin ich aber zu bemerken habe: daß die (S. 352) von Dr Fr Mook bei Helwan zusammen mit Kameel- und Dromedarknochen aufgegrabenen Feuersteinmesser der Neuzeit anzugehören scheinen, da Kameel und Dromedar nicht nur in der Pharaonenzeit, sondern noch in der Ptolemäer Zeit in Aegypten unbekannt waren und erst etwa um Christi Geburt dort eingeführt worden sind. Selbst Pferde kommen ja erst in den Wandgemälden aus der 18ten Dynastie also im 16ten–17ten Jahrh v. Chr. vor.

Sie führen ferner (S. 361) aus, daß die Fundstelle der Axt aus Diorit nicht von mir bezeichnet ist. Nach meinem Tagebuch fand ich dieselbe am 25. Januar 1887, etwa 2 Stunden nördlich von Wadi Halfa, auf der Westseite des Nils, kaum 10 Minuten Wegs von diesem entfernt, auf dem festen Wüstensande der im Volksmund Dibera genannten Stelle, wo Haufen von sehr rohen, unbemalten Topfscherben eine uralte Ansiedlung bezeichnen.

Die Axt ist, mit den übrigen von mir aus Aegypten gesandten Sachen, in den Sälen der troianischen Sammlung im Ethnol Museum in Berlin ausgestellt und kann sich jeder überzeugen, daß dieselbe so gut geschliffen und so wohl erhalten ist als irgend ein Exemplar der troianischen Steinäxte. In Aegypten und Nubien können die Topfwaaren durchaus nicht als Leitmuscheln zur Bestimmung des Alters von Baustellen dienen, da die vom Nilschlamm aus der Hand gefertigten und in Büffeldung gebrannten Gefäße, nach zweijährigem Gebrauch schon so alterthümlich aussehen als irgend welche praehistorische Topfwaare.

Aus dem *alten* sowohl als aus dem *mittleren* Reich ist mir stets nur ganz ordinäres Topfgeschirr zu Gesicht gekommen; ja, die von General Grenfell, Assuan gegenüber, in einem mit Wandgemälden und Skulpturen reich geschmückten Fürstengrabe der VIten Dynastie gefundenen irdenen Gefäße könnten hinsichtlich Material und Herstellung sehr wohl mit den rohsten Vasen der Steinzeit in Deutschland verglichen werden …

Nach den letzen Mittheilungen aus Kreta ist zu erwarten daß ich, nach dreijährigen Unterhandlungen jetzt endlich den Ankauf der Baustelle des alten Knosos zu Stande bringen und die Ausgrabung des praehistorischen Königspalastes daselbst anfangen kann, von der ich mir viel für die Wissenshaft verspreche. Dr Dörpfeld wird auch dort mein Mitarbeiter sein …

Von Heinrich Schliemann an Alexandre Max de Zogheb in Alexandrien

Athènes, 4 janvier 1889[250]

Monsieur
ich danke Ihnen sehr für die gelehrte Publikation «Le Tombeau d'Alexandre le Grand», die Sie mir freundlicherweise geschickt haben und die ich mit größtem Interesse gelesen habe.

Ich teile Ihre Meinung voll und ganz, dass sich das Sema in unmittelbarer Nähe der Moschee des Propheten Daniel befinden muss, die sich wahrscheinlich genau an der Stelle des Alexandergrabes befindet. Höchstwahrscheinlich war auch die Mnema oder das Grab der Kleopatra und des Marcus Antonius Teil des Sema.

Monsieur, seien Sie meiner größten Hochachtung versichert

H. Schliemann

Es werden hier einige Briefe von Virchow an seine kleine Tochter Hanna wiedergegeben, nicht nur weil sie weitere Informationen liefern, sondern auch wegen der bezaubernden Beschreibungen der Nillandschaften.[251]

Für Hanna

Auf dem Nil, vor Esne. 27. Februar 1888 vorm. 9 Uhr

Du sollst doch auch nicht leer ausgehen, mein kleines Fräulein. Mama u Marie werden Dir hoffentlich von dem erzählen, was ich ihnen schreibe. Dafür sollst Du auch für Dich eine Beschreibung unseres Postdampfers (Amkeh) bekommen, auf dem wir nun schon drei Tage sind, u noch bis morgen bleiben werden [*Skizze des Dampfers*].

Hier hast Du ein vorzügliches Bild. Unten siehst Du ein buntes Gewirr von Koptos u Arabern, dazwischen einzelne Neger, meist Männer, zuweilen auch Frauen, die in einem großen Raum durcheinander hocken. Wer nicht schläft oder spricht, der kaut zum Zeitvertreib Zuckerrohr, das an jeder Station in großen Mengen zum Verkauf gebracht wird, u das ganz angenehm schmeckt. Darüber sind die I. u II. Klasse mit nur wenigen Kajüten. Ich wohne in Ia, aber auf der anderen, (linken) Seite des Schiffes, denn der Schornstein steht vorn, wo auch der kundige Steuermann, ein sehr hübscher Araber, sitzt. Hinten ist das Speisezimmer, wo wir Thee, Frühstück u Mittag zusammen essen. Unsere Reisegesellschaft ist freilich sehr zusammengeschmolzen. Nachdem die Engländerinnen uns gestern in Theben verlassen haben, sind wir nur noch unserer drei, u unser Oldenburger Leutenant wird morgen in Assuan, bei den ersten Wasserfällen, wohl auch zurückbleiben. Der Nil ist hier immer noch doppelt so breit als wie der Rhein bei Köln. Zu beiden Seiten etwas flaches sehr fruchtbares Land, bald rechts, bald links etwas mehr. Dann folgen beiderseits Gebirgsketten, im Osten die arabischen, im Westen die libyschen u dahinter ist Wüste. Die Palmen sind immer höher u prächtiger geworden, wenigstens die Dattelpalmen, während die Dumpalmen hier schon etwas kümmerlich aussehen. Aber die Stämme der Dattelpalmen sind zuweilen so dick wie ich am Leibe. Am schönsten die Lebbach-Akazie, ein herrlicher Laubbaum, der in kürzester Zeit zu gewaltigen Dimensionen anwächst.

Nun lebe wohl mein Kind, u sei recht gesund u tröste die Mama durch liebevolles Entgegenkommen.

Dein Vater

Für Hanna

Auf dem Nil, am Bord des Kniber, vor Kalabschi am 29. Febr. 1888. Abends

Heute sollst Du wieder einen besonderen Brief bekommen. In ein Paar Stunden werden wir den Wendekreis des Krebses passieren, u da ich dann hoffentlich schlafe, so will ich Dir das große Ereignis doch noch anzeigen. Wir sind jetzt mitten in Nubien, auf einem neuen Schiff, denn die Dampfer können die Katarakte bei Assuan (Abb. 150) nicht passieren; daher sind wir heute früh mit der Eisenbahn bis nach Chellal,

Abb. 150 ⇧
Nil, erster Katarakt,
Aquarell von Robert
George Talbot Kelly,
um 1880.

Abb. 151
Insel Philae, Blick vom
linken Ufer des Nil
nach Südost, Foto von
Antonio Beato Nr. 22,
undatiert.

gerade gegenüber von der Insel Philae (Abb. 151), gefahren u haben uns da auf dem neuen Postdampfer, der bis Wadi Halfa geht, eingeschifft. Mama wird Dir erzählen, unter wie kriegerischen Verhältnissen das geschehen ist. Morgen gedenken wir bis Korosko zu kommen u übermorgen werden wir unseren Landaufenthalt in Abusimbel beginnen, wo wir unsere eigene Wirtschaft führen müssen. In ungefähr 8 Tagen treten wir dann unsere Rückreise nach Assuan an.

Das Land ist hier sehr schmal. An den meisten Stellen ist der grüne Uferstreifen nicht viel breiter, als die Schellingstraße. Dann kommt eine Reihe von Palmbäumen, meist Dattelpalmen, jedoch auch herrliche Dumpalmen; heute habe ich für Dich als Probe von einem kleinen Berberjungen eine Dumfrucht gekauft. Dazu kommen sonderbare Akazien, namentlich der Suntbaum, und Sykomoren mit mächtigem Laubdach. Unter denselben wachsen Ricinus u Hennasträucher, u zuletzt kommen Bohnen und weiße Lupinen u Gerste, die eben anfängt, Aehren zu bilden, obwohl die Pflanzen kaum eine Spanne hoch sind. Gleich dahinter ziehen sich auf beiden Ufern ganz kahle Bergrücken hin, über welche der Wüstensand herüberdringt u manchmal ganze Dünen bildet. Anfangs ist es noch Sandstein, aber nachher kommt Granit, u dann wird das Ufer immer schmaler, u Felsen treten an den Fluss heran u nicht selten bilden sie niedrige Inseln darin, ganz wie die norwegischen Schären. Die größte u längste Enge ist dicht vor Kalabschi. Hier ist das Nilbett wieder so breit, wie der Rhein unterhalb von Köln. Nichtsdestoweniger schwimmen die Berberjungen auf kurzen Baumstämmen, auf welche sie sich legen, hinüber. Krokodile haben wir noch nicht gesehen, obwohl es hier deren geben soll.

Lebe wohl, mein Kind, und rieche an dem Limonenblatt, das ich Dir einlege. Es küßt Dich

Dein Vater

Am 2. März Hr. Schliemann läßt Dir sagen, daß wir gestern Abend zum ersten Mal das Kreuz des Südens gesehen haben.

Für Hanna

Siut (oder Assiut) 28. März 1888 in der Schiffskabine auf den Knien geschrieben

Meine liebe Tochter,
Heute Abend sind wir zum letzten Mal auf dem Nil. Morgen früh gehen wir mit der Eisenbahn nach dem Fayum, um den Mörissee u das alte Labyrinth zu suchen. Du wirst es wohl auf der Karte finden. Es liegt westlich vom Nil u stellt gewissermaßen die erste Oase in der Sahara dar. Aber es gilt als die fruchtbarste Provinz von Aegypten u es soll in dieser Jahreszeit besonders schön sein. Die großen Gärten, welche es hier u in der Gegend von Girgeh, wo wir gestern waren, in weiter Ausdehnung giebt, fangen an in den schönsten Blüthen zu glänzen. Heute Abend bekam ich von dem deutschen Consul einen großen Rosenstrauß, frisch in seinem Garten gepflückt, den ich Dir gerne schicken möchte. Aber ich beschränke mich darauf, Dir einen selbstgepflückten Mandarinenstrauß einzulegen. Hoffentlich bringt er noch etwas von seinem Duft mit. Herrlich sind jetzt die kleinen Limonen, von denen ich vorgestern in Schach-Murzug eine Handvoll geschenkt erhielt. Sollte es mir möglich sein, sie zu erhalten, so bringe ich sie Dir mit. Auch giebt es jetzt eine kleine Frucht vom Nabbak-Baum, die wie Mispeln schmeckt u Dir gewiß sehr gefallen würde. In dem Garten des Consuls stehen auch prächtige Kautschukbäume.

Der Frühling ist jetzt so im Gange, daß die Störche in großen Haufen sich zusammenthun, um nordwärts zu ziehen. Heute trafen wir zweimal Schaaren von Hunderten, die auf den Sandbänken am Ufer des Niles saßen, offenbar ermüdet von ihrer Reise. Dazwischen schwärmen die kleinen Eisvögel u zahllose Kiebitze u herrliche Wiedehopfe u Turteltauben. Es ist eine wahre Lust. Aber es ist doch so kühl geworden, daß ich heute zum ersten Mal wieder meinen Winteranzug herausgesucht habe. Der Nordwind bläst unaufhörlich u der ganze Nil ist bedeckt mit malerischen Feluken, die den günstigen Wind benutzen, um aufwärts zu fahren. Das solltest Du jetzt im Vollmondlicht sehen. Wie große Vögel schweben die Schiffe dahin, manche mit zwei Segeln, eines nach rechts, eines nach links hinausgestreckt, fast wie große Schwalben.

Du wirst nun wohl Ferien haben u vielleicht reist Mama mit Euch nach Straßburg. Morgen hoffe ich Briefe zu finden, u dann werde ich wohl erfahren, wo Ihr Ostern feiert. Ich bin die ganze Woche im Fayum u werde von da berichten. Hier werde ich freilich vom Feste nicht viel merken, denn die meisten Menschen sind Mohamedaner u die einzigen Christen, die Kopten, feiern Ostern erst Ende des Monats. Wir müssen uns also mit der Natur begnügen, aber es ist doch auch Feier genug, den ewig blauen Himmel u die goldene Sonne u alle die schönen Gewächse zu sehen. Und die braunen Menschen in ihren bunten Gewändern sehen draußen in der Natur eigentlich immer feiertäglich

Abb. 152
Die Pyramiden von Sakkara, Foto von Francis Frith, 1858.

aus. Wenn viele von ihnen zusammen sind, so glaubt man eine feine Gesellschaft zu sehen.

Bleibe gesund, mache Deine Mama recht heiter u grüße die Geschwister

von Deinem Papa

Für Hanna

Cairo, 6. April 1888

Heute früh, als wir eben unsere Expedition nach Sàggara antreten wollten, übergab mir der Portier Deinen Brief. Als Lohn dafür u zugleich als Antwort sollst Du noch einen kleinen Nachtrag erhalten. Daß Du meine Handschrift noch nicht lesen kannst, thut mir herzlich leid, aber ich habe nie so viel Zeit, um alle meine Kunst auf das Schreiben verwenden zu können. Du mußt nur lesen lernen. Am besten wird es sein, wenn Du Dir den Brief von Marie vorlesen läßest u wenn Du ihn nach einiger Zeit wieder durchliesest. Auch mußt Du nicht warten, bis Dir ganz besondere Dinge vorkommen, um dann erst zu schreiben. Auch die täglichen Ereignisse bieten Stoff genug dar; Du mußt nur schreiben, wie es Dir vom Herzen geht. Lange Zeit zum Besinnen wirst Du überdies nicht mehr haben; wenn Du nicht gleich nach Empfang dieses Briefes antwortest, so wird der Brief mich nicht mehr in Aegypten erreichen.

Deine geologischen u archäologischen Wünsche werde ich befriedigen. Nilschlamm u Wüstensand habe ich schon aus Nubien mitgebracht. Heute, wo wir die Pyramiden von Saggárah (Abb. 152) besuchten, habe ich Dir zwei Stücke gesammelt: eines aus der Grabkammer des Königs Menes von der ältesten Dynastie, 3000 Jahre vor Christo, ein schönes Alabasterstück aus der kunstvoll gefügten Decke, u ein zweites von den Außentheilen, schöner Granit von Syene (Assuan), der weither mit großen Künsten auf die Berge von Memphis gebracht ist. Du weißt, daß das jetzige Dorf Saggarah auf der Stätte des ganz zerstörten Memphis liegt. Die Pyramiden sind darüber auf der Höhe, wo schon die Wüste sich an das Nilthal heranschiebt. Vielleicht sammle ich Dir noch etwas. Denn morgen fahren wir nach Zagazik im Delta (Unterägypten), in dessen Nähe die Ruinen der alten Stadt Bubastis liegen, welche eben ausgegraben werden, u übermorgen werden wir wohl die Pyramiden von Gizeh besuchen. Hr. Schliemann hat übrigens, gleichfalls in Anerkennung Deines Briefes, heute in Saggarah für Dich eine Schnur alter Perlen aus Glasfluß gekauft, nichts Großes und hervorragend Schönes, aber doch unzweifelhaft sehr Altes. Auf einen Hund müßt Ihr jedoch vor der Hand verzichten. Es giebt ihrer hier zwar im Uebermaaß, aber sie sind nicht schön. Nur neulich bei den Beduinen traf ich Spitze von der ächten pommerschen Rasse, die sehr ausgezeichnet waren. Unseren Diener stellst Du Dir auch falsch vor. Mohammed ed-Said, der übrigens seit gestern entlassen ist, hat schon ein gesetztes Alter von einigen 20 Jahren; Du hast wohl eine Verwechslung mit einem der kleinen Eseltreiber gemacht.

Für Deine Nachrichten aus der Schule besten Dank. Fahre nur so fort. Marie grüße vielmals; sie soll in der nächsten Zeit auch einen Brief bekommen.

Dein Dich liebender Vater

Nachwort

Seit der zweiten Hälfte der 1880er Jahre wird Rudolf Virchow leider immer häufiger als Arzt in Schliemanns Leben gebraucht.[252] Die zunehmende Taubheit Schliemanns war auf eine Entzündung im linken Ohr zurückzuführen und verursachte hohes Fieber und unerträgliche Schmerzen.

Der Arzt und Freund Virchow war sich des Risikos einer Operation bewusst und hatte trotzdem Professor Schwartze in Halle empfohlen, der damals eine neue Technik der Ohrenoperation entwickelt hatte. Die Operation am 13. November 1890 – eine Ausmeißelung der Ohrenknochen – dauerte mehrere Stunden. Noch im Krankenbett beschäftigte Schliemann sich schon am zweiten Tag mit Korrekturlesen und Briefeschreiben. Bereits vor dem Ende der ärztlich empfohlenen Schonfrist reist er aus Halle ab.

Virchow berichtete kurz über das Befinden des Patienten vor der Anthropologischen Gesellschaft, aber nicht ohne medizinische Bedenken. Am Sonntagvormittag, dem 15. Dezember, gingen beide Freunde in Berlin noch einmal durch die Troia-Sammlung des Völkerkunde-Museums.

Am Abend des zweiten Weihnachtstages erfuhr die Welt von Schliemanns unerwartetem Tod in Neapel. In der großen Gedächtnisfeier im Berliner Rathaus am 1. März 1891 gab Virchow tiefbewegt einen Rückblick über sein Leben und Schaffen und hob seine Bedeutung als Mensch und seine überragende wissenschaftliche Leistung hervor. *[Er] konnte mit dem Hinweis schließen, daß der Verstorbene Großes gewollt und Großes vollbracht habe in seinem Streben nach höherer Erkenntnis* [frei nach Goethe, Faust].[253]

Die beiden Gelehrten Schliemann und Virchow gehören zu den großen Gestalten des 19. Jhs. und haben eine wichtige Epoche mitgeprägt. Von ihren Anregungen und Forschungen zehren Archäologie und Medizin noch heute.

Wir sind mit Schliemann am Ende dieser langen Reisen angelangt. Mit ihm sind wir auf Eseln und Kamelen geritten, haben den Staub der Wüste geatmet, haben tagelang in Quarantäne verharrt, karge Mahlzeiten gegessen, fauliges oder brackiges Wasser getrunken, aber auch unerwartet fabelhafte exotische Szenen miterlebt: Länder mit starken Kontrasten und harten Lebensbedingungen, vor denen wir sofort davonlaufen würden – und doch werden wir dies alles ein Leben lang in Erinnerung behalten.

Ihn faszinierte das Zusammenleben, zumindest in den Hauptstädten, zwischen den verschiedenen Völkern und Kulturen – griechischen und türkischen sowie jüdischen und arabischen. Katholiken, Orthodoxe, Kopten und Armenier beteten neben Juden und Muslimen. Schliemann erzählt sogar von Mischehen zwischen Arabern und jüdischen Frauen, die heute fast undenkbar sind. Dazu kamen Franzosen, Deutsche, Italiener und Engländer, die diesen exotischen Orten einen europäischen Hauch verliehen. Denn nach der Ägyptischen Expedition Napoleon Bonapartes (1798–1801) hatte eine wahre Ägyptomanie Europa erfasst.

Leider löste sich dieses jahrhundertealte und faszinierende Zusammenleben der Zivilisationen in Nordafrika und im Nahen Osten innerhalb weniger Jahrzehnte auf, besonders durch die Ausbreitung des Nahostkonflikts seit den 1960er Jahren: Wir haben zuerst das Verschwinden alter jüdischer Gemeinden miterlebt – von Fes bis Gerba, von Algier bis Damaskus –, welche der Wut des arabischen Nationalismus nicht standhielten. Heute zeichnet sich eine weit verbreitete Fremdenfeindlichkeit ab, zumindest bei den unteren Schichten, welche sogar alle «Ungläubigen» oder Nicht-Muslime verbannen möchten.

Roberts, April 9th

ANMERKUNGEN

1 C. Runnels, The archaeology of Heinrich Schliemann. An annotated bibliographic handlist [2](Boston 2007) 1.

2 D. F. Easton, The Schliemann Papers, BSA 77, 1982, 93–110.

3 Für einen Überblick zur Geschichte der Schliemann Papers: S. A. H. Kennell, Schliemann and his papers. A tale from the Gennadeion archives, Hesperia 76, 2007, 785–817.

4 www.ascsa.edu.gr/index.php/archives/heinrich-schliemann-finding-aid.

5 W. M. Calder III, Schliemann on Schliemann. A study in the use of sources, Greek Roman and Byzantine Studies 13, 1972, 335–353.

6 The Search of Troy in the Lost World Series, Darlow Smithson Productions 2002; The True Story of Troy, History Channel 2004; The Truth of Troy, BBC 2004; Troja Entdecker Schliemann, Spiegel TV, ZDF 2007 und Troja ist überall. Der falsche Schatz des Priamos, Spiegel TV, ZDF 2008.

7 M. Zavadil, Ein Trojanischer Federkrieg. Die Auseinandersetzungen zwischen Ernst Boetticher und Heinrich Schliemann (Wien 2009).

8 Publiziert in: Mitteilungen aus dem Heinrich-Schliemann-Museum 9, 2011.

9 S. A. H. Kennell, Schliemann and his papers. A tale from the Gennadeion archives, Hesperia 76, 2007, 814.

10 S. H. Weber, Schliemann's first visit to America 1850–1851. Gennadeion Monographs 2 (Cambridge Mass. 1942); Chr. Thanos / W. Arentzen, Schliemann and the California Gold Rush. The 1850–1852 American travel journal of Heinrich Schliemann. A transcription and translation. The Schliemann Diaries 2 (Leiden 2014) (Rezension: S. A. H. Kennel, Archaeologia Austriaca 100, 2016, 315–320); G. Constable, The Rothschilds and the Gold Rush. Benjamin Davidson and Heinrich Schliemann in California, 1851–1852 (Philadelphia 2015).

11 Briefwechsel 1, 128–129, Brief an J. H. Schröder vom 7.10.1867: ... *Wie ich in der hiesigen amerikanischen Gesandtschaft höre, habe ich das amerikanische Bürgerrecht, da ich im Februar 1851 deswegen meine Deklaration gemacht. Ich beabsichtige daher Ende d. W. auf ein paar Tage nach New York zu gehen, um mir meine Papiere als U.S.citizen zu holen.*

12 J. Mai, Zur rechtlichen Situation Heinrich Schliemanns in Rußland 1846 bis 1864, Mitteilungen aus dem Heinrich-Schliemann-Museum 5, 1997, 57–62.

13 Selbstbiographie 23.

14 A 3, 72–73 (italienisch) = Meyer Briefe 1, 95 (deutsch).

15 Selbstbiographie 25.

16 GLS BBB 27, 259 (Original auf englisch): s. Bloedow 2001, 116.

17 GLS BBB 27, 261–262 (Original auf französisch): s. Bloedow 2001, 118.

18 GLS BBB 27, 402 (Original auf französisch): s. Bloedow 2001, 125.

19 Selbstbiographie 25–26.

20 M. Lehrer / D. Turner and Heinrich Schliemann, The Making of an Homeric Archaeologist: Schliemann's Diary of 1868, The Annual of the British School at Athens. 84, 1989, 223 Nr. 7; s. Bloedow 2001, 123–124.

21 Staatbürgerschaft am 29.3.1869 in New York (Gennadius Library, Schliemann Archive Series D Box 1 Nr. 1001–1004), Scheidung am 30.6.1869 in Indianapolis, Promotion in absentia.

22 Schliemann – Virchow, 471 Nr. 489: Brief von Schliemann am 21.6.1887: ... *und ich habe hier meine Häuser instand zu setzen und ein kaiserliches Deutsches Archäologisches Institut zu bauen, um es der Regierung auf 25 Jahre zu vermieten.* Bereits 1899 wurde es dem DAI verkauft.

23 U. Pappalardo, Das Ilíou Mélathron. Das Haus Heinrich Schliemanns in Athen, Antike Welt 1, 2020, 55–63.

24 G. S. Korres, Heinrich Schliemanns Iliou Mélathron in Athen, Antike Welt 19, 3, 1988, 62; G. S. Korres / N. Karadimas / G. Flouda (Hrsg.), Archaeology and Heinrich Schliemann. A century after his death. Assessments and Prospects. Myth, history, science (Athens 2012), bes. Α. Πορτελάνος, Ιλίου Μέλαθρον. Η οικία του Ερρίκου Σλήμαν, ένα έργο του Ερνέστου Τσίλλερ, 445–464.

25 L. Deuel, Heinrich Schliemann. Eine Biographie mit Selbstzeugnissen und Bilddokumenten (Frankfurt 1981) 323.

26 Freundliche Mitteilung von G. S. Korres.

27 D. A. Traill, How Schliemann smuggled «Priam's treasure» from the Troad to Athens, Hesperia 57, 1988, 273–277; R. Aslan / A. Sönmez, The discovery and smuggling of Priam's treasure, in: G. Uslu / J. Kelder / O. F. Şerifoğlu (Hrsg.), Troy. City, Homer, Turkey (Zwolle 2012) 137–141.

28 Hestia 16, 1883, 789–792. Griechische Übersetzung eines Artikels aus der New York Times vom 23.4.1882, Seite 6: Dr. Schliemann at home; his palatial house and the manner of his life in it.

29 M. Cultraro, L'ultimo sogno dello scopritore di Troia. Heinrich Schliemann e l'Italia (1858–1890) (Modica 2018).

30 E. J. Shepherd, Schliemann a Populonia e altrove, 1875, Rassegna di Archeologia 24B, 2009–2011, 143–165.

31 U. Pappalardo, Heinrich Schliemann auf Mozia, Informationsblatt der Heinrich-Schliemann-Gesellschaft Ankershagen 29, 2018, 47–54.

32 Brief von Schliemann an M. Gauthiot vom 28. Juni 1875 (GLS BBB 35, 14–15, auf französisch): ... *im Oktober werden wir wahrscheinlich unser Haus in Neapel einrichten, um für den Rest unseres Lebens Ausgrabungen in Süditalien durchzuführen ...*; Brief vom italienischen Kultusminister Ruggero Bonghi an Schliemann vom 19. September 1875 (GLS, Incoming Correspondence, Box 70, fasc. 342, Brief 21, auf italienisch): ... *Andererseits kann ich von nun an sagen, dass ich mich freue, dass Sie sich entschlossen haben, sich dauerhaft in Italien niederzulassen, wo nicht weniger als in Griechenland Ihre bewundernswerte Fleissigkeit ein weites Feld finden wird, um diese Wissenschaft zu praktizieren, der Sie bis jetzt alle ihre Kräfte gewidmet haben ...*

33 Derzeit streiten vier Nationen um den Schatz: die Türkei (wo er gefunden wurde), Griechenland (als Erbe der homerischen Tradition), Deutschland (dem er vom Besitzer testamentarisch gestiftet wurde) und Russland (wo er sich noch heute befindet).

34 Hom. Od. 3, 305.

35 Einige wenige Forscher haben die Echtheit der Maske in Frage gestellt: W. M. Calder III / D. A. Traill, Myth, scandal, and history. The Heinrich Schliemann controversy and a first edition of the Mycenaean diary (Detroit 1986); D. A. Traill, Schliemann of Troy: treasure and deceit (London 1995); W. M. Calder III, Is the Mask a Hoax? und D. A. Traill, Insistent questions, beide Beiträge in: Behind the Mask of Agamemnon, Archaeology 52, 4, 1999.

36 Selbstbiographie 60 (Original auf Französisch).

37 U. Erichson / W. Weitschat, Baltischer Bernstein. Ausstellungskatalog Deutsches Bernsteinmuseum (Ribnitz-Damgarten 2008).

38 Pausanias 9, 38, 3. H. Schliemann, Orchomenos (Leipzig 1881).

39 H. Schliemann, Tiryns (Leipzig 1886).

40 E. Meyer, Heinrich Schliemann. Kaufmann und Forscher (Göttingen 1969) 360–361.

41 Ch. Skoulakis / Ch. Papadakis / P. Stavroulaki / E. Drivas, The otologic problem and death of Heinrich Schliemann, European Archives of Otorhinolaryngology 265, 2008, 575–580.

42 Selbstbiographie 98–99: *Am 31. Juli ... Er kehrte nach Athen zurück ..., um kurz darauf am 12. November, Virchow's Rath entsprechend, sich dem Professor Schwartze in Halle zu der nothwendig gewordenen Ohrenoperation zu stellen ... Im Gefühle seiner Kraft den Gefahren trotzend verliess er Halle am 12. December ... und ist am 15. bereits in Paris ... aber alle Schmerzen nicht achtend treibt es ihn nach wenigen Tagen von Paris nach Neapel, wo er vorhat, die neuen Erwerbungen der Museen und die letzten Ausgrabungen von Pompeji zu sehen.*

43 Das Grand Hotel (Via Caracciolo 37) wurde bei den Bombenangriffen des Zweiten Weltkriegs zerstört. Heute befindet sich dort das Konsulat der Vereinigten Staaten.

44 H. Sienkiewicz (1846–1916), Autor von *Quo vadis?* (1896). Zitat: H. Sienkiewicz, Reisebriefe aus Afrika und Amerika, aus dem Polnischen übertragen von Sonja Placzek (Regensburg ca. 1927. ND Paderborn 2012) 6–7.

45 Daniela Luigia Caglioti, I Meuricoffre da Goethe al Credito Italiano: cinque generazioni di banchieri protestanti a Napoli (XVIII–XX secolo), in: Marco Doria / Rolf Petri / Luigi Pintor (Hrsg.), Banche multinazionali e capitale umano. Studi in onore di Peter Hertner (Milano 2007) 237–253.

46 Selbstbiographie 99–100.

47 Schliemann Archive: Series D, Personal Documents.

48 G. und M. Korres, Das Mausoleum Heinrich Schliemanns auf dem Zentralfriedhof von Athen, Boreas 4, 1981, 133–173; G. Korres, Neues zum Mausoleum Heinrich Schliemanns in Athen, Boreas 7, 1984, 317–325.

49 Sophia starb 80 Jahre alt im Jahre 1932.

50 Selbstbiographie 100.

51 R. Virchow, Vorrede in: Heinrich Schliemann, Ilios, Stadt und Land der Trojaner (Leipzig 1881) IX–X.

52 D. F. Easton, The Schliemann Papers, BSA 77, 1982, 93–110.

53 www.ascsa.edu.gr

54 Chr. S. I. Thanos, Schliemann's journey to Italy, Egypt and the Near East in the Winter of 1858–1859. The A3 Diary, Mitteilungen aus dem Heinrich-Schliemann-Museum 10–11, 2016, 19–134, 140: «It is noticeable that relatively few publications comprise a transcription and/or translation of the original documents. Different collections of letters have been published but we know relatively little about the in total 18 diaries.»

55 St. G. Schmid, Heinrich Schliemanns Besuch von Petra im Jahr 1859, in: E. Hofstetter (Hrsg.), Reisen in den Orient vom 13. bis 19. Jahrhundert, Schriften der Winckelmann-Gesellschaft Nr. 26, Stendal 2007, 176.

56 E. Ludwig, Schliemann: Geschichte eines Goldsuchers (Berlin 1932) 77.

57 Meyer, Briefwechsel 1, 68.

58 Französische Expedition 1798–1801: La Description de l'Égypte ou Recueil des observations et des recherches qui ont été faites en Égypte pendant l'expédition de l'Armée Française, publié par les ordres de Sa Majesté l'Empereur Napoléon le Grand (Paris 1809–1828). Deutsche Expedition: Richard

Lepsius, Denkmäler aus Ägypten und Äthiopien nach den Zeichnungen der von Seiner Majestät dem Könige von Preussen, Friedrich Wilhelm IV., nach diesen Ländern gesendeten, und in den Jahren 1842–1845 ausgeführten wissenschaftlichen Expedition auf Befehl Seiner Majestät (Berlin 1849; ND Genève 1972).

59 Neben den bereits genannten gab es auch zahlreiche deutsche sog. Orientmaler wie Wilhelm Gentz (1822–1890).

60 z. B.: J. Murray, A Handbook for Travellers in the Ionian Islands, Greece, Turkey, Asia Minor and Constantinopel. A New Edition (London 1845); ders., Handbook for Travellers in Syria and Palestine (London 1858); K. Baedeker, Palästina und Syrien (Leipzig 1875).

61 Schliemann – Virchow 486, Nr. 505.

62 Die meisten Briefe befinden sich in der Gennadius Library. Nur ein kleiner Teil davon ist bisher veröffentlicht, s. Bibliographie.

63 W. Bölke, Die Sammlung Rabl-Virchow und ihre Bedeutung für die Schliemannforschung, in: KYDALIMOS. Studies in Honor of Prof. Georgios St. Korres, Band 4 (Athen 2020) 31–45, bes. 31–32.

64 Selbstbiographie 23–24.

65 Vgl. Chr. S. I. Thanos, Schliemann's journey to Italy, Egypt and the Near East in the Winter of 1858–1859. The A3 Diary, Mitteilungen aus dem Heinrich-Schliemann-Museum 10–11, 2016, 19–134.

66 U. Pappalardo, Heinrich Schliemann a Napoli, Napoli Nobilissima 3, 2018, 58–64.

67 Ein Obelisk aus Luxor wurde bereits 1836 nach Frankreich verschenkt. Ein zweiter Obelisk aus Alexandria, den Schliemann in der Erde versunken sieht, wird 1877/1878 nach London gebracht, ein dritter 1880/1881 nach New York, beide ebenfalls als Geschenke.

68 G. Goldfinch, Steel in the Sand. The History of Egypt and its Railways (Deal 2003).

69 Ein russisches Längenmaß: 1 Werst = 1,0668 km.

70 Heute hat Kairo 19,5 Millionen Einwohner.

71 Der sog. Josephsbrunnen wurde von Saladin für die Wasserversorgung der Zitadelle gebaut und ist heute noch sichtbare. Dieser Tiefbrunnen, auch als Spiralbrunnen bekannt, besitzt eine Treppe von 300 Stufen entlang der Innenwand.

72 Alexander Soutsos (1803–1863) war ein griechischer Dichter und Gründer der Hellenischen Romantischen Schule.

73 Im Tagebuch steht irrtümlich 31. Januar.

74 Mit der Nilmündung ist die Deltamündung gemeint, also dort, wo sich der Fluß bei Kairo in die Deltaarme aufteilt.

75 Muhammad Ali Pascha (1769–1849) war von 1805–1848 Gouverneur von Ägypten.

76 Kairo oder Al-Qāhira ist der offizielle Name der Stadt, sie wird aber auch El Miṣr (im lokalen Dialekt El Masr ausgesprochen) genannt, was einfach Ägypten bedeutet.

77 Die Gazzetta di Firenze 11, 25. Januar 1844 berichtet: *Ibrahim Pascha hat auch eine Fabrik in Kairo gebaut [unter der Leitung englischer Ingenieure], um Zucker für England zu raffinieren. So wird dieser Artikel bald auf dem Markt konkurrieren können, mit dem was aus Europa zu uns kommt: Da der Rohstoff dort hergestellt wird, werden die Preise viel niedriger.*

78 St. Struffolino, Iscrizione dei mercenari greci ad Abu Simbel, Axon. Iscrizioni Storiche Greche 2, 1, 2018, 7–17.

79 SEG 16, 863: Griechische Inschrift (593–592 v. Chr.) auf dem Bein einer der Kolossalstatuen des großen Tempels von Ramses II. in Abu Simbel.

80 Griechische Inschriften als Zeugnisse des privaten und öffentlichen Lebens, herausgegeben von Gerhard Pfohl (München 1980) 85 Nr. 93.

81 Die Inschrift stammt aus dem 6. Jh. v. Chr.

82 Faras, nördl. von Abu Simbel, heute geflutet, die Wandmalereien befinden sich in Khartum und Warschau.

83 Es könnte ein Buch des Achmet Resmi Efendi (1700–1783) gemeint sein. Er war ein griechisch-osmanischer Staatsmann, Diplomat und Schriftsteller, Leiter mehrerer diplomatischen Delegationen, u. a. nach Berlin (1763–1764). Von letzterer gibt es ein damals viel gelesenes Reisetagebuch.

84 Herodot, Historien, 2, 30, 2–5.

85 Da der Pharao sich mit Gott identifizierte, unterlag seine Kleidung keinen modischen Veränderungen, sondern blieben als heilige Gewänder über die Jahrtausende nahezu unverändert.

86 Ergamenes (3. Jh. v. Chr.) ist der hellenisierte Name von Arkamani, dem nubischen König von Meroe. Nach Diodorus Siculus (3, 2, 6) lernte Ergamenes, der in Meroe unter Ptolemaios II. Philadelphus und dann unter Ptolemaios IV. Philopator regierte, die griechische Philosophie und die griechische Kunst und bevorzugte einen hellenistischen Lebensstil. Er wurde in Meroe begraben.

87 Robert Koch (1843–1910), deutscher Arzt, der 1903 den Nobelpreis für Medizin erhielt. Mit Louis Pasteur gilt er als Begründer der Bakteriologie. 1884 nahm er an der von der Bundesregierung finanzierten Cholera-Expedition in Ägypten teil.

88 Beim Abschreiben sind Schliemann einige kleine Fehler unterlaufen: wie z. B. Lacipiere (Name vergessen), Donzelot, Eppler (falsche Schreibweise), der letzte Satz felht. Übersetzung: *Eine von Bonaparte kommandierte französische Armee ging nach Alexandria. Die Armee brauchte zwanzig Tage nachdem sie die Mamelucken bei den Pyramiden in die Flucht schlugen. Dessaix Kommandeur der 1. Division jagte sie über die Katarakte hinaus, wo er am 13. Ventose des Jahres 7 ankam. Brigadegeneral Davoust Friant de Belliard Donzelot Chef vom Generalstab Latour erster Artilleriekommandant Eppler Leiter der 2. Leichtartillerie. Den 13. Ventose des Jahres 7 der Republik. 3. März 1799. Eingemeißelt von dem Bildhauer Castex.* Der Bildhauer Jean-Jacques Castex (1731–1822) nahm an der Ägyptischen Expedition teil. In Philae hinterließ er diese beiden Inschriften in der dritten Kammer und am Eingang des Isis-Tempels.

89 M. Maunier (mehrmals unterschiedlich geschrieben: Monier oder Mounier), war ein französischer Kunsthändler, der mit Auguste Mariette zusammenarbeitete.

90 Der Ortsname Kene, in lateinischen Buchstaben geschrieben, kann nicht stimmen, da Kene [Qina] weiter nördlich liegt, und Schliemann diesen Ort erst einige Tage später, am 11. März, erreicht.

91 Original auf Neugriechisch: Επιφάνιος ιστορηι ουδεν δε εθαυμαστο ειναι του λίθου.

92 Das Ramesseum oder Memnonium in Theben war der Totentempel des Pharao Ramses II. Der Name Ramesseum wurde von Jean-François Champollion geprägt, der 1829 die Kartusche in den Hieroglyphen mit dem Namen Ramses identifizierte.

93 Osymandias war ein Thronname des Ramses II., den Diodor 1, 47–49 verwendet. Bereits 1816 verkaufte Belzoni den Torso einer Statue von Ramses II. aus dem Ramesseum an das Britische Museum.

94 Die sog. Memnonkolosse.

95 Schliemann hat diese Jahreszahl wohl von Moritz Busch, Aegypten: Reisehandbuch für Aegypten (Triest 1858) 163 übernommen. Bakenrenef (griechisch Bokchoris) regierte später, etwa von 720 bis 716 v. Chr.

96 Auguste Mariette (1821–1881) war einer der Väter der Ägyptologie und Gründer des Ägyptischen Museums in Kairo.

97 Es handelt sich möglicherweise um das Grab der Ahhotep I. Ob alles so ablief, wie von Schliemann berichtet, ist unsicher.

98 Natalja (1859–1869).

99 Hesekiel 30, 17.

100 Laut Bibel (Genesis 47) war Gosen / Goschen der Name der Region, die Jakob und seinen Nachkommen vom Pharao zugewiesen wurde, als er aus Kanaan kam.

101 Vor Muhammad Said Pascha (1822–1863) waren erst sein Bruder Ibrahim Pascha (1789–1848) und dann sein Neffe Abbas I. Pascha (1813–1854) Vizekönige von Ägypten.

102 Josafat (870–846 v. Chr.) war 25 Jahre lang König von Judäa. Sein Name ist mit dem Tal Josaphat verbunden, nach Joel 4,12 Ort des Jüngsten Gerichts.

103 Zweiter Italienischer Unabhängigkeitskrieg im Jahr 1859: französisches Kaiserreich und Sardinien-Piemont gegen Kaisertum Österreich.

104 Schliemanns Methode, als Autodidakt Fremdsprachen zu lernen, bestand auch darin, fremdsprachige Bibeln zu lesen.

105 Der spätere Kaiser Titus, der 70 n. Chr. Jerusalem eroberte und den Tempel zerstörte.

106 Das Kidrontal liegt zwischen der Altstadt von Jerusalem und dem Ölberg.

107 Die sog. Nekropole der vorexilischen Königszeit.

108 Das *Grabmal des Absalon* stammt aus dem 1. Jh. n. Chr.

109 James Finn war von 1846 bis 1863 britischer Konsul in Jerusalem.

110 St. Samuel (auch: Monjoie) im Ort Nabi Samuil, nördlich von Jerusalem.

111 Das *Heilige Feuer* ist eine orthodoxe Zeremonie an Karsamstag in der Grabeskirche in Jerusalem.

112 Tyropoion-Tal (φάραγξ τῶν τυροποιῶν), das Tal der Käsemacher, ist der Name, den der Historiker Flavius Iosephus (bell. Iud. 5, 140) nennt, ein tiefes Tal in der Altstadt von Jerusalem, das früher den Berg Moriah vom Berg Zion trennte.

113 Es handelt sich um die Zedekia-Höhle, ein 225 Meter langer unterirdischer Steinbruch östl. des Damaskus-Tores, eines der vielen Wunder Jerusalems. Er wurde bereits für den Bau des Ersten Tempels und auch für viele andere Gebäude wie den Glockenturm am Jaffa-Tor genutzt.

114 Imposante orthodoxe Klosterfestung, 6. Jh. n. Chr. Nach der Legende soll Lot hier einen Baum gepflanzt haben, der später für das Kreuz Jesu verwendet wurde.

115 Es könnte der irische Adlige Somerset Richard Lowry-Corry, 4. Earl Belmore (1835–1913) sein.

116 Fredrika Bremer (1801–1865), schwedische Autorin schrieb: Travels in the Holy Land (London 1862 ND 2012).

117 Baumrelikt im Hain Mamre bei Hebron auf dem Gelände des russisch-orthodoxen Heilig-Geist-Klosters.

118 Wadi Araba ist eine Senke vom Toten Meer bis zum Golf von Akaba.

119 Im arabischen Text steht englisch: Mount Hor, der aber nicht lokalisiert werden kann.

120 Oberhalb vom *Museum am tiefsten Punkt der Erde* in Jordanien, östlich des Toten Meeres bei Al Safi, liegt eine zu einer Pilgerstätte ausgebaute Höhle, die die Legende dem Lot zuschreibt, der nach der Zerstörung von Sodom und Gomorra mit seinen Töchtern zunächst in Zoar und dann im Gebirge Zuflucht suchte (Gen 19, 30).

121 Auf dem Hor Harun (Berg Aaron), südlich des Toten Meeres, starb der Priester Aaron, Bruder des Moses.

122 Das schwere Erdbeben vom 19. Mai 363 beschädigte die Gräber, das Theater und den Aquädukt. Cyrill, Bischof von Jerusalem, bezeugt das Datum in einem Brief.

123 2019 schlossen die jordanischen Behörden den Zugang zum Grab Aarons, da Fotos mit betenden jüdischen Touristen im Innern verbreitet wurden.

124 Grün ist die Farbe des Islam.

[125] Man nimmt an, Petra sei das Sela der Bibel (Richter 1, 36; 2Könige 14, 7), da das arabische Wort (Sila = Fels) dem griechischen Wort Petra (petra = Fels) entspricht.

[126] Dieser Bach im Wadi Musa führt häufig Hochwasser. Obwohl 1963 eine Umleitung gebaut wurde, kam es 2018 wieder zu einer verheerenden Überschwemmung.

[127] J. S. McKenzie, The architecture of Petra (New York – Oxford 1990 ND 2005).

[128] Grab des Lucius Sextius Florentinus mit Inschrift (CIL 3, 87), s. K. Freyberger, Zur Datierung des Grabmals des Sextius Florentinus in Petra, Damaszener Mitteilungen 5, 1991, 1–8.

[129] Eine Art Touristensteuer, die damals die Ausländer an die Stammeshäuptlinge zahlen mussten, um von den Räubern geschützt zu werden, war eine Einkommensquelle für die Einheimischen.

[130] Sodom-Äpfel, die aus einer Pflanze in der Wüste des Toten Meeres stammen, sind groß, rund und glatt. Sie enthalten einen milchigen Saft.

[131] Masada ist eine Festung am Toten Meer, die nach einer langen Belagerung von den Römern 74 n. Chr. erobert wurden. Flavius Iosephus, Jüdischer Krieg 7, 8, 1–7, 10, 1. J. Magness, Masada. Der Kampf der Juden gegen Rom (Darmstadt 2020).

[132] Dieses Wadi Musa verlief vom Toten Meer in Richtung Nabi Musa, dem Begräbnisort des Moses, Baedeker, Palästina und Syrien (Leipzig 1900) 158.

[133] Konstantin Nikolajewitsch Romanow (1827–1892).

[134] Al-Bireh ist heute ein Teil von Ramallah.

[135] An dieser Stelle hat Jesus nach dem Johannesevangelium (Kap. 4) die Samaritanerin am Brunnen getroffen. Über dem Jakobsbrunnen wurden im Laufe der Zeit mehrere Kirchen errichtet, Schliemann sah wohl die zerstörte dritte Kirche der barmherzigen Samaritanerin; heute steht dort die fünfte Kirche (St. Photina).

[136] Über dem Josephsgrab gibt es eine kleine Moschee, die in den letzten Jahren mehrmals zerstört wurde.

[137] Gerizim ist ein Berg südlich von Nablus. Die Samariter betrachten es als ihren heiligen Berg.

[138] Das Esdraelon-Tal ist eine weite und fruchtbare Ebene in Galiläa.

[139] Im 12. Jh. zur Zeit der Kreuzzüge hieß der Ort La Fève. Dort stand eine Burg der Templer, die 1183 gegen die Armeen von Saladin kämpften. In seiner Umgebung führte auch Napoleon während des Syrischen Feldzugs 1799 die berühmte Schlacht am Berg Tabor an.

[140] 1 Samuel 31: Schlacht bei Ghilboa, die mit dem Tod des Saul und seiner Söhne endet.

[141] Über der Höhle steht die Verkündigunsbasilika, heute der fünfte Bau von Giovanni Muzio 1969.

[142] Auf dem Berg Tabor (auch Berg Hermon oder Hoher Berg), 400 m über der Jesreelebene, fand nach den Evangelien (Matthäus 17, 1–8; Markus 9, 2–8 und Lukas 9, 28–36) die Verklärung Jesu statt. In der Kreuzfahrerzeit wurde auf dem Gipfel ein befestigtes Benediktinerkloster errichtet, von dem nur das Eingangsportal erhalten bleibt. Noch heute ist es ein Wallfahrtsort mit der römisch-katholischen Verklärungskirche und dem griechisch-orthodoxen Kloster des Heiligen Elias.

[143] Der Tiberias-See, auch als See von Galiläa oder Genezareth bekannt, ist mit einem Umfang von rund 53 km das größte natürliche Süßwasserreservoir in Palästina.

[144] Markus 6, 45–52; Matthäus 14, 22–33 und Johannes 6, 15–21.

[145] Irrtum Schliemanns? In der Orientkrise (1839–1841) unterstützt England das Osmanische Reich, der Flottenkommandant Sir Charles John Napier (1786–1860) eroberte Akko und Ibrahim Pascha musste fliehen. 1841 diktierte Napier den Frieden.

[146] Alexander der Große eroberte die damals auf einer Insel liegende Stadt Tyros 332 v. Chr. nach sieben Monaten Belagerung und befahl deren Zerstörung.

[147] Die genaue Lage von Darba ist nicht zu ermitteln.

[148] Schliemann war bereits seit sieben Jahren mit E. Lyschina verheiratet.

[149] Das Rote Kloster hat seinen Namen von dem lokalen roten Stein, aus dem es gebaut wurde. Die Stadt Deir al-Ahmar liegt auf 1050 m und ist von zahlreichen antiken Ruinen umgeben: Nebah, Yamouneh, Qasr al-Banat und Nahleh.

[150] Schliemann sieht im Podium des Iupiter-Tempels drei riesige Steinblöcke (sog. Trilithon), sie sind ca. 20 m lang, 4,2 m hoch, 3,6 m tief, jeder wiegt ca. 800 t.

[151] Der Tempel der Venus (Rotunde von Baalbek) aus dem 3. Jh. v. Chr. wurde später in die Kirche der Heiligen Barbara umgewandelt.

[152] Peterhof ist der Prunkpalast vom Zar Peter dem Großen am Finnischen Meerbusen, 30 km westlich von Sankt Petersburg.

[153] Muhammed Said, reg. 1854–1863.

[154] Al-Malik al-Zahir Baybars oder einfach Sultan Baybars I. (um 1223–1277) war der vierte Sultan Ägyptens der Mamluken-Dynastie. Bestattet wurde er im Mausoleum der von ihm gegründeten Zahiriya-Bibliothek in Damaskus.

[155] Nur al-Din Shahid oder Nuraddin (1118–1174) aus der Dynastie der Zengiden regierte von 1146–1174. In Damaskus ließ er 1167 den Madrasa-Moschee-Komplex mit Krankenhaus und seinem Grabmal bauen.

[156] El Meshdel, ein Ort zwischen Damaskus und Beirut, eventuell Majdal Anjar.

[157] Leonidas Telatinidis, ein griechischsprachiger Kaufmann, war ehrenamtlich konsularischer Vertreter in Damaskus.

[158] Die beiden Namen sind von Schliemann nicht ganz korrekt geschrieben. Das Amanosgebirge (Ἀμανός) ist ein Teil des Taurusgebirge (ὄρη Ταύρου).

[159] Der Prinz Pavel Petrovitch Maksoutov (1825–1882) war ein Held des Krimkrieges (1853–1856).
Mein Dank gilt Prof. Marina Lopukhova von der Moskauer Staatsuniversität Lomonosov für diese Informationen.

[160] Es handelt sich um die Stadt Soloi in Kilikien (ca. 15 Kilometer von Mersin entfernt), die nach der Neugründung durch Pompeius Pompeiopolis hieß.

[161] Es ist Leonid Kavelin (1822–1891), später Archimandrit und berühmter Historiker der russisch-orthodoxen Kirche. Ab 1857 war er in Jerusalem und wurde dann Leiter der russischen Mission (1863–1865). Ab 1865 war er Prior der russisch-orthodoxen Kirche in Konstantinopel. Für diese Informationen danke ich Prof. Marina Lopukhova von der Moskauer Staatsuniversität Lomonosov.

[162] Im Original etwas undeutlich geschrieben; es könnte Xeras heißen, ein Ort an der türkischen Küste, der in Reisebeschreibungen des 19. Jh. dort genannt wird.

[163] Schliemann erfährt in Tunis vom tunesischen Premierminister Mustafa Khaznadar, dass dessen Vorfahren aus Chios kommen. Umberto Pappalardo / Ezzazia Souilmi, Heinrich Schliemann a Tunisi e Cartagine. I diari, Cartagine. Studi e Ricerche 5, 2020, 1–22.

[164] In den Wirren des Griechischen Unabhängigkeitskrieges (1821–1829) wurden auf Chios von den osmanischen Truppen etwa 20000 Einwohner massakriert und viele andere versklavt.

[165] Adamantios Korais (1748–1833) war Philologe, Humanist, Philosoph und Übersetzer. Beeinflusst von der Französischen Revolution und der Aufklärung nahm er am Griechischen Unabhängigkeitskrieg teil und trug zur Schaffung der modernen griechischen Literatur bei.

[166] Grosia = Kuruş, alte osmanische Währung, von den Griechen Grosi (γρόσι, Plural γρόσια Grosia) genannt.

[167] Das persische Pulver wurde aus Chrysanthemen gewonnen. Es ist seit der Antike bekannt und wird bis heute als Insektizid verwendet.

[168] Bis 1882 hatte jede Reederei im Hafen von Piräus eine eigene Vertretung, was die Anwesenheit der französischen Behörden erklärt.

[169] Im Jahr 1687 bombardierte der Venezianer Francesco Morisini vom Philopappos-Hügel aus die Akropolis, auf der sich die Türken verbarrikadiert hatten. Die Propyläen, d. h. der Südflügel mit dem Frankenturm wurde bereits 1476 durch Blitzschlag oder 1645/1656 durch die Explosion des Pulverlagers zerstört. Daraufhin wurde das Sprengstofflager in den Parthenon verlegt.

[170] Auf dem 8 m hohen Pfeilermonument stand ursprünglich ein Viergespann, das Weihgeschenk des Eumenes II. Später wurde es ersetzt durch eine Quadriga mit Marcus Agrippa.

[171] Es ist unklar, welche Stoa gemeint ist, da die Agora damals noch nicht ausgegraben war.

[172] Offensichtlich wurde die Agora zu Schliemanns Zeit hier vermutet.

[173] Die Zweifel von Schliemann haben sich später als richtig erwiesen, heute hält man es für Fels-Wohnungen.

[174] Vielleicht bezieht sich der Satz auf Platons, Theaitetos 159c: Sokrates sagt, dass derselbe Wein uns süß erscheine, wenn wir gesund sind, aber bitter, wenn wir krank sind.

[175] Kyriakos S. Pittakis (1798–1863) kämpfte während des Griechischen Unabhängigkeitskrieges gegen die Osmanen, die die Akropolis besetzt hatten. Er wurde der erste Kustos der Altertümer und überwachte den Wiederaufbau des Erechtheions. 1841 grub er in Mykene aus, wo er das Löwentor restaurierte.

[176] Das Lysikratesdenkmal ist ein Siegesdenkmal, das der Chorege Lysikrates nach einem Sieg mit dem Knabenchor 335/334 v. Chr. stiftete.

[177] Der ehemalige Königspalast ist seit 1934 Sitz des Parlamentes. Den Bau leitete der Architekt Friedrich von Gärtner.

[178] Otto von Wittelsbach, Prinz von Bayern, erster König von Griechenland seit 1832 und seine Frau, die Herzogin Amalia von Oldenburg. Nach einem Aufstand kehrten sie 1862 nach Bayern ins Exil zurück.

[179] Homer, Ilias 1, 9–129.

[180] Es ist der Haidar-Pascha-Friedhof im asiatischen Teil von Istanbul, der ursprünglich für die Soldaten angelegt wurde, die hauptsächlich an Cholera im Krimkrieg (1854–1856) starben. 1857 ließ Königin Victoria dort einen Obelisken errichten.

[181] Die monumentalen Überreste des römischen Hippodroms sind heute noch auf dem Sultan-Ahmed-Platz zu sehen.

[182] Der Obelisk des Thutmosis III. wurde von Theodosios I. 390 n. Chr. von Karnak nach Konstantinopel gebracht und auf der Spina des Hippodromos aufgestellt. An der Basis befinden sich vier Marmorreliefs vom E. 4. Jh. n. Chr.: der Kaiser mit seinem Hof; das Wagenrennen im Circus; der Kaiser, der den Sieger bekränzt und schließlich der Transport des Obelisken.

[183] Der sog. Gemauerte Obelisk wurde von Kaiser Konstantin VII. (905–959) errichtet. Seine Goldplatten wurden während des 4. Kreuzzuges geraubt.

[184] Sog. Schlangensäule aus Delphi, ein Dreifuß-Weihgeschenk an Apollon für die Siege von Salamis (480 v. Chr.) und von Plataiai (479 v. Chr.). Sie wurde von Kaiser Konstantin 331 n. Chr. nach Konstantinopel verschleppt, 1453 bei der Eroberung Konstantinopels zerstört, übriggeblieben sind nur die um eine Bronzesäule geschlungenen Körper der Schlangen, Mitte 19. Jh. Fund eines Schlangenkopfes (Archäologisches Museum von Istanbul).

[185] Die Pferde stammen verm. aus der Zeit Neros, wurden von Konstantin d. Gr. im 4. Jh. n. Chr. nach

Konstantinopel und 1204 von den Kreuzfahrern nach Venedig gebracht. Sie standen lange über dem Mittelportal von San Marco. Seit 1960 stehen dort Kopien, die Originale befinden sich im Museum Marciano (Dommuseum) in Venedig.

186 Belisarios (500–565 n. Chr.). Die Legende erzählt vom blinden Bettler unter der Porta Pinciana in Rom, nicht vom Hippodromplatz in Kostantinopel. Die Blendung und der Tod in Rom sind Legende, er starb rehabilitiert 565 in Konstantinopel.

187 Abu Aiub hatte dem Propheten Mohammed Schutz gewährt, als er aus der Medina floh. Er starb um 672 und wurde am Fuße der Mauern beigesetzt.

188 Es ist schwierig, ihn unter den zahlreichen Palästen in Istanbul zu identifizieren.

189 Die Janitscharen waren seit dem 14. Jh. die Elitetruppe und Leibwache des Sultans. Sie wurde 1826 aufgelöst.

190 Im Thronsaal des Topkapi-Palastes steht heute der Thron der osmanischen Sultane (1596), der der Beschreibung Schliemanns entspricht. Es gibt in der Schatzkammer drei weitere Throne und literarisch den Thron von Theophilos (reg. 829–842) und den Thron von Manuel I. (1118–1189).

191 Galatz (deutsch) / Galați (rumänisch), Stadt an der Donau in Rumänien bei Kirsova.

192 Briefwechsel 1, 98 ff. Original auf Italienisch, Übersetzung E. Meyer. Giulio Nicati, italienischer Geschäftsmann in London.

193 Briefe 1936, 107–108.

194 Briefe 1936, 108.

195 The London Times, 27. Mai 1859, 5. Original auf Englisch. Ich danke Stefanie Samida, die mich auf dieses Dokument hingewiesen hat.

196 Briefwechsel 1, 107–108. Original italienisch, Übersetzung E. Meyer. Die Grafen Carlo und Giulio Bassi aus Bologna waren 1859 seine Reisebegleiter von Kairo nach Jerusalem.

197 Bajocco ist eine historische Münze des Kirchenstaates.

198 Briefwechsel 1, 102. Original englisch. G. Janssen, Bankagent mit Sitz in New York.

199 W. Arentzen / M. van Asch, Heinrich Schliemann's travels through Spain in 1859 (Leiden 2019).

200 Selbstbiographie 25.

201 Zitat des Briefes: Meyer 1969, 183.

202 U. Pappalardo / E. Souilmi, Heinrich Schliemann a Tunisi e Cartagine. I diari, Cartagine. Studi e Ricerche 5, 2020, 1–22.

203 Meyer 1969, 184.

204 Die Arbeiten für den Suez-Kanal dauerten nur zehn Jahre (1859–1869).

205 U. Pappalardo, Heinrich Schliemann a Napoli, Napoli Nobilissima 3, 2018, 58–64.

206 Zur Zeit Schliemanns wurde verschimmeltes Brot wegen des antibakteriellen Schimmels zur Behandlung von Wunden verwendet.

207 Zu den europäischen Unternehmen, die im 19. Jh. in Ägypten tätig waren: M. W. Daly u. a., The Cambridge History of Egypt, Bd. 2 (Cambridge 1998).

208 1863 gründete Ferdinand de Lesseps die Stadt Timsah, die kurz darauf nach dem ägyptischen Vizekönig Ismail Pascha in Ismailia umbenannt wurde. Der Timsah-See war ein Brackwassersee, der jetzt in den Suezkanal einbezogen ist.

209 Briefwechsel 1, 124. J. W. Schröder war ein deutscher Bankier. Die Bank Schröder mit Sitz in Bremen und Hamburg war auf Schiffahrt spezialisiert.

210 Über die Reise nach Tunis im Jahr 1864: U. Pappalardo / E. Souilmi, Heinrich Schliemann a Tunisi e Cartagine. I diari, Cartagine. Studi e Ricerche 5, 2020, 1–22.

211 Selbstbiographie 89–90.

212 Rudolf Virchow (1821–1902) war ein bedeutender Mediziner, Gelehrte und Politiker. Er kannte Schliemann seit 1875 und arbeitete mit ihm in Troia (1879). Er vermittelte 1886 die Schenkung des *Schatzes des Priamos* an das Museum für Völkerkunde (heute Ethnographisches Museum) in Berlin.

213 Meyer 1969, 235.

214 Ernst Meyer, Schliemanns ägyptisches Tagebuch, Charisteria. Jubiläumsschrift des Landgraf-Ludwigs-Gymnasium Gießen, 1955, 153–167, bes. 161–167.

215 Schliemann war ein Anhänger der Naturheilkunde, insbesondere der Hydrotherapie. Wann immer die Möglichkeit bestand, badete er im Meer und besuchte die Kurbäder.

216 Briefwechsel 2, 265. Albert Voß (1837–1906) war ein deutscher Arzt und Prähistoriker. Ab 1886 leitete er die Prähistorische Sammlung der Königlichen Museen für Völkerkunde in Berlin.

217 Briefwechsel 2, 265–268, bes. 268. Adolf Furtwängler (1853–1907) war ein bedeutender deutscher Klassischer Archäologe.

218 Briefwechsel 2, 269. Joseph Maria von Radowitz (1839–1912), ein preußisch-deutscher Diplomat und zeitweise im Auswärtigen Amt in Berlin für orientalische Angelegenheiten zuständig.

219 Briefwechsel 2, 268–269. Original Französisch. Übersetzung A. Zschätzsch. Georges Perrot (1832–1914), war ein französischer Althistoriker und Epigraphiker und gehörte zu den Begründern der Klassischen Archäologie in Frankreich.

220 Briefwechsel 2, 269–270.

221 Briefwechsel 2, 273.

222 Briefwechsel 2, 274–275.

223 Briefwechsel 2, 277.

224 Schliemann – Virchow 461–462, Nr. 479.

225 Schliemann – Virchow 462, Nr. 480.

226 Schliemann – Virchow 463, Nr. 481.

227 Briefwechsel 2, 258–259. Georg Schweinfurth (1836–1925) war ein bekannter deutscher Afrikaforscher. 1875 gründete er in Kairo die Geographische Gesellschaft. Sein Hauptwerk ist: Im Herzen von Afrika (Leipzig 1874). ND: Im Herzen von Afrika. Reisen und Entdeckungen in Zentralafrika 1868–1871 (Stuttgart 1984).

228 Briefwechsel 2, 259. Original auf Englisch. Übersetzung: A. Zschätzsch. Frank Calvert (1828–1908) war fest davon überzeugt, dass die homerischen Epen die Geschichte widerspiegeln. Er gab Schliemann den wichtigen Hinweis, an welchem Ort er nach Troia graben sollte, da er selbst dort sieben Jahre zuvor mit der Recherche begonnen hatte.

229 Briefwechsel 2, 259–265.

230 Selbstbiographie 90–91.

231 Virchow kommt nach neuen Erkenntnissen nicht am 8. sondern am 22. Februar in Alexandria an, s. W. Bölke, Die Sammlung Rabl-Virchow und ihre Bedeutung für die Schliemannforschung, in: KYDALIMOS. Studies in Honor of Prof. Georgios St. Korres, Band 4 (Athen 2020) 35.

232 Diodorus Siculus, 18, 26–28. Strabon, 17, 1, 8. (794).

233 Viele Archäologen haben an unterschiedlichen Stellen danach gesucht. Die Literatur dazu ist sehr umfangreich. Zuletzt: Achille Adriani, La tomba di Alessandro. Realtà, ipotesi e fantasie (Roma 2000); Harry Tzalas, Fantastic discoveries in archaeology. The case of the Tomb of Alexander the Great, in: A. A. Maravelia (Hrsg.), Europe, Hellas and Egypt. Complementary antipodes during the Late Antiquity (Oxford 2004) 59–88; Zahi Hawass, Das Tal der Goldenen Mumien. Die neueste und großartigste archäologische Entdeckung unserer Tage (Bern 2000); Nicholas J. Saunders, Alexander's tomb. The two-thousand year obsession to find the lost conquerer (New York 2007).

234 Für den Hinweis und die Zeitungsartikel danke ich Harry Tzalas, President of the Hellenic Institute for Ancient and Medieval Alexandrian Studies.

235 A. M. de Zogheb, Le tombeau d'Alexandre le Grand (Alexandrie 1888).

236 «… then he excavated very briefly at the Chatby Necropolis searching for Cleopatra's burial» (freundliche Mitteilung von Harry Tzalas).

237 Als Ort des Grabes von Antonius und Kleopatra schlägt letztlich Zahi Hawass Taposiris Magna am Stadtrand von Alexandria vor, wo bereits ein schöner Kleopatra-Kopf gefunden wurde: Zahi Hawass, Search for the tomb of Antony and Cleopatra continues, Archeology News Network 5 July 2011.

238 Museum für Vor- und Frühgeschichte, Staatliche Museen zu Berlin – Preußischer Kulturbesitz, Inv. Nr. Sch 11884. Die Zusage erfolgte bald, s. Brief Schliemann an Schöne vom 2.9.1888 (Meyer, Briefwechsel 2, 289).

239 Brief vom 25.12.1887, Schliemann – Virchow 482.

240 Schliemann – Virchow 486, Nr. 505.

241 Meyer, Briefwechsel 2, 280. Theodor Schreiber (1848–1912) war in Leipzig Professor für Archäologie, Leiter des Städtischen Kunstmuseums und Kustos des Leipziger Kunstvereins.

242 Meyer, Briefwechsel 2, 281–282. August Woldt (1840–1890) deutscher naturwissenschaftlicher Schriftsteller und Herausgeber der Woldt'schen Wissenschaftlichen Korrespondenz.

243 Meyer, Briefwechsel 2, 282. Original auf Englisch. Übersetzung A. Zschätzsch. Sir William Matthew Flinders Petrie (1853–1942) war der erste Universitätsprofessor für Ägyptologie in Großbritannien, am University College London. Er leitete viele wichtige Ausgrabungen in Ägypten. Seinen Namen trägt das *Petrie Museum of Egyptian Archaeology* in London.

244 Meyer, Briefwechsel 2, 283–284.

245 Meyer, Briefwechsel 2, 285. Richard Schöne (1840–1922) war ein deutscher Altphilologe, von 1880 bis 1905 Direktor der Königlichen Museen in Berlin. Er interessierte sich auch für die römische Provinzarchäologie und regte die Gründung der Museen Bonn (1876) und Trier (1877) an.

246 Meyer, Briefwechsel 2, 285–288. Original auf Neugriechisch. Übersetzung E. Meyer.

247 Es könnte sich um Giuseppe Botti (1853–1903) handeln. Dieser wurde in Alexandria 1892 der erste Direktor des Griechisch-Römischen Museums.

248 Meyer, Briefwechsel 2, 291–292.

249 Meyer, Briefwechsel 2, 296–297.

250 Schliemann Archive ASCSA, Copybook BB 41 (1889) Nr. 200. Original Französisch. Übersetzung A. Zschätzsch. Ich verdanke die Information Harry Tzalas. Von Alexandre Max de Zogheb ist ansonsten nur sein Buch Le Tombeau d'Alexandre le Grand (Alexandrie 1888) bekannt.

251 Ernst Meyer, Rudolph Virchow (Wiesbaden 1956) 174–181.

252 Ernst Meyer, Schliemann und Virchow, Gymnasium 62, 1955, 435–454.

253 Ernst Meyer, Virchows Anteil an Schliemanns Werk, Nachrichten der Giessener Hochschulgesellschaft 24, 1955, 163.

GLOSSAR

Dahabieh (Dhahabiye): Segelboot, beliebt für Nilreisen im 19. Jh., ehe es Dampfschiffe gab.

Deir (Dair): Kloster

Dragoman: sprachen- und landeskundiger Dolmetscher, Fremdenführer, Reiseleiter, verantwortlich für die Reiseroute, Verpflegung und Unterkunft

Feluke: kleines Segelboot

Ferman: Vollmacht bzw. Anordnung eines Souveräns, schriftliche Erlaubnis

Hor: Berg

Kartusche (Kartouche): Seilschlaufe mit eingeschriebenem Königsnamen

Kasr: Schloss

Khan: Karawanserei

Kawega (Khawega): ausländischer Reisender

Kasne (Kazneh / Khazne): Schatzhaus, in Petra: Khazna al-Firaun, das sog. Schatzhaus des Pharao

Kopten: nicht zum Islam konvertierte Ägypter (Christen u. a.)

Mar: der Heilige, die Heilige

Maroniten: von Rom unabhängige christliche Gemeinschaft, die aber den Papst anerkennt

Musa (Mousa / Moussa): Moses

Nebi: Prophet

Niqab: der typische Schleier der arabisch-islamischen Tradition, der den gesamten Körper der Frau einschließlich des Gesichts bedeckt und nur die Augen freilässt.

Pascha (Pasha): hoher militärischer oder ziviler Titel

Scheich (Schech, Scheik): Oberhaupt einer Familie, eines Stammes, eines Landes (König)

Souk (Suk / Suq): Markt, Basar

Serdar (Sirdar / Sardar): (persisch = Befehlshaber) britischer Oberbefehlshaber der ägyptischen Armee in der Zeit der Britischen Herrschaft in Ägypten (1882–1922)

Wadi: temporärer Gebirgsbach

BIBLIOGRAPHIE

[Abgekürzte Titel in eckiger Klammer]

Werke von Heinrich Schliemann

La Chine et le Japon au temps présent (Paris 1867)
Reise durch China und Japan im Jahre 1865. Übersetzung ins Deutsche (Konstanz 1984)
Ithaka, der Peloponnes und Troja. Archäologische Forschungen (Leipzig 1869)
Trojanische Alterthümer. Bericht über die Ausgrabungen in Troja (Leipzig 1874)
Mykenä (Leipzig 1878)
Ilios. Stadt und Land der Trojaner (Leipzig 1881)
Orchomenos (Leipzig 1881)
Reise in der Troas (Leipzig 1881)
Troja (Leipzig 1883)
Tiryns (Leipzig 1886)
Heinrich Schliemann's Selbstbiographie bis zu seinem Tode vervollständigt. Herausgegeben von Sophie Schliemann (Leipzig 1892) [Selbstbiographie]

Bibliographie

(kleine Auswahl in chronologischer Reihenfolge)

Emil Ludwig, Schliemann. Geschichte eines Goldsuchers (Berlin 1932)
Ernst Meyer, Heinrich Schliemann. Kaufmann und Forscher (Göttingen1969) [Meyer 1969]
Leo Deuel, Heinrich Schliemann. Eine Biographie mit Selbstzeugnissen und Bilddokumenten (München 1979)
Hartmut Döhl, Heinrich Schliemann. Mythos und Ärgernis (München 1981)
David Traill, Schliemann of Troy: treasure and deceit (London 1995)
Justus Cobet, Heinrich Schliemann. Archäologe und Abenteurer (München 1997)
Edmund F. Bloedow, Heinrich Schliemann in Italy in 1868. Tourist or archaeologist?, QuadUrbin 69, 2001, 115–129. [Bloedow 2001]
George Stylianos Korres / Nektarios Karadimas / Georgia Flouda (Hrsg.), Archaeology and Heinrich Schliemann. A century after his death. Assessments and Prospects. Myth, history, science (Athens 2012)
Marion Bertram / Bernhard Heeb / Benjamin Wehry (Hrsg.), Tod in Neapel. Heinrich Schliemann zum 125. Todestag. Katalog der Ausstellung im Museum für Vor- und Frühgeschichte (Berlin 2016)

Briefe

Ernst Meyer, Briefe von Heinrich Schliemann. Gesammelt und mit einer Einleitung in Auswahl. Mit einem Geleitwort von Wilhelm Dörpfeld (Berlin und Leipzig 1936) [Briefe 1936]
Ernst Meyer, Heinrich Schliemann, Briefwechsel 1 (Berlin 1953) [Briefwechsel 1]
Ernst Meyer, Heinrich Schliemann, Briefwechsel 2 (Berlin 1958) [Briefwechsel 2]
Joachim Herrmann / Evelin Maass, Die Korrespondenz zwischen Heinrich Schliemann und Rudolf Virchow 1876–1890 (Berlin 1990) [Schliemann – Virchow]
Christian Andree, Über Griechenland und Troja, alte und junge Gelehrte, Ehefrauen und Kinder. Briefe von Rudolf Virchow und Heinrich Schliemann aus den Jahren 1877–1885 (Böhlau 1991)
Wilfried Bölke, «Dein Name ist unsterblich für alle Zeiten.» Das Leben Heinrich Schliemanns im Briefwechsel mit seiner mecklenburgischen Familie (Düsseldorf 2015)
Christian Andree, Rudolf Virchow. Sämtliche Werke, Abt. IV Briefe. Korrespondenzen um Troja in historisch-kritischer Erstedition in vier Bänden (Hildesheim 2021) [konnte nicht mehr berücksichtigt werden]

Abkürzungen

ASCSA = American School of Classical Studies Athens (www.ascsa.edu.gr)
GLS = Gennadius Library, Archive, Heinrich Schliemann Papers der ASCSA
GLS BBB = Series BBB: Copybooks of Letters

BILDNACHWEIS

Abb. 1: Neosmyrnian, CC BY-SA 4.0, https://commons.wikimedia.org/w/index.php?curid=35693798. | **Abb. 2:** Tastenlöwe, CC BY-SA 4.0, https://commons.wikimedia.org/w/index.php?curid=80166109. | **Abb. 3. 13. 17 a.b. 19. 23–25. 29 b. 45. 51. 59. 81. 131:** Athen Schliemann-Archive. | **Abb. 4:** akg-images / Heritage-Images / The Print Collector. | **Abb. 5:** akg-images / De Agostini Picture Lib. / G. Dagli Orti. | **Abb. 6:** Charles Marville, gemeinfrei, https://commons.wikimedia.org/w/index.php?curid=30741502. | **Abb. 7:** unbekannter Autor https://www.aegeussociety.org/en/publication/archaeology-and-heinrich-schliemann-a-century-after-his-death-assessments-and-prospects-myth-history-science/, Gemeinfrei, https://commons.wikimedia.org/w/index.php?curid=11532025. | **Abb. 8:** D-DAI-ATH-1985-0351, Foto: W. Dörpfeld. | **Abb. 9. 14. 18. 27. 30. 31. 33–35. 38. 42. 43. 47. 54–56. 65. 66. 68. 74. 77. 78. 84. 88. 97. 101. 103. 106. 108. 110–112. 116. 118. 125–128. 140. 148. 152:** akg-images. | **Abb. 10. 15:** Heinrich-Schliemann-Gesellschaft Ankershagen e. V. | **Abb. 11. 12. 21. 22 a.b:** U. Pappalardo. | **Abb. 16. 39. 136. 137. 143–146. 151:** Pommersches Landesmuseum Greifswald. | **Abb. 20:** INTERFOTO / Sammlung Rauch. | **Abb. 26:** Heritage Images / Heritage Art / akg-images. | **Abb. 28. 64. 113. 122:** akg-images / De Agostini / Biblioteca Ambrosiana. | **Abb. 29 a. 119. 129. 139:** Peter Palm, Berlin. | **Abb. 32:** akg-images / De Agostini Picture Library. | **Abb. 36. 37. 104. 150:** Heritage-Images / The Print Collector / akg-images. | **Abb. 40. 57. 69. 71. 91:** akg-images / Erich Lessing. | **Abb. 41. 67:** akg-images / Pictures From History. | **Abb. 44. 58. 62. 107. 134:** Heritage-Images / Art Media / akg-images. | **Abb. 46. 49:** akg-images / WHA / World History Archive. | **Abb. 48. 50:** akg-images / UIG / Universal History Archive/UIG. | **Abb. 52. 53:** Heritage Images / Historica Graphica Collection / akg-images. | **Abb. 60. 99. 100. 147:** akg-images / Science Source. | **Abb. 61:** akg-images / Coll. B. Garrett. | **Abb. 63:** akg-images / Bildarchiv Steffens. | **Abb. 65:** Historic Collection / Alamy Stock Foto. | **Abb. 70. 73. 79. 83. 85. 86. 89. 90. 92. 93. 96:** akg-images / Jean-Louis Nou. | **Abb. 72:** nach François Edmond Pâris Souvenirs de Jérusalem, album dessiné par M. le Contre-Amiral Pâris; lithographié par MM. H. Clerget, Bachelier, J. Gaildrau et Fichot (1862). | **Abb. 76. 82. 87. 94. 95:** Library of Congress. | **Abb. 80:** akg-images / PHOTOSTOCK-ISRAEL/SCIENCE PHOTO LIBRARY. | **Abb. 98:** Philippe Maillard / akg-images. | **Abb. 102. 105. 135:** akg-images / Gerard Degeorge. | **Abb. 109:** Edward Dodwell, Views in Greece (London 1821) Taf. 35. | **Abb. 114. 117:** Guillaume Berggren, 1880. | **Abb. 115:** M. O'Reilly, 1854. | **Abb. 120:** unbekannter Fotograf, 1903. | **Abb. 121:** akg-images / UIG / UIG. | **Abb. 123:** akg-images / © SCIENCE SOURCE/SCIENCE SOURCE. | Abb. 124: akg-images / UIG / Universal History Archive. | **Abb. 130:** Schliemann Archive Series J, Box 1, 46. | **Abb. 132:** Public domain, via Wikimedia Commons. | **Abb. 133:** akg-images / Album / Prisma. | **Abb. 138:** akg / North Wind Picture Archives. | **Abb. 141:** Greco-Roman Museum of Alexandria archives. | **Abb. 142:** Staatliche Museen zu Berlin, Museum für Vor- und Frühgeschichte, Foto: Klaus Göken. | **Abb. 149:** Universitätsbibliothek Heidelberg, Graphische Sammlung Graph. Slg. P_1669; Bild-ID 28797; Creative Commons 4.0.

DIE AUTOREN

Prof. Dr. Umberto Pappalardo

Umberto Pappalardo ist Direktor des *Centro Internationale Studi Pompeiani.* Er war *Ispettore degli Scavi di Pompei* und *Direttore degli Scavi di Ercolano.* Er lehrt an der *Università Suor Orsola Benincasa di Napoli* und am *Institut Superieur des Sciences Humaines de l'Université de Tunis El Manar.* Er hat mit den Universitäten von Basel, Tübingen, Freiburg i. Br., Tel Aviv, Fribourg in der Schweiz, Buenos Aires und Tokio zusammengearbeitet.

Er ist Mitglied des DAAD, der Alexander von Humboldt-Stiftung, des Japanisch-Deutschen Zentrums Berlin und der *Scuola Archeologica Italiana di Atene* und Ehrenmitglied der *Scuola Archeologica Italiana di Cartagine.*

Er hat zahlreiche wissenschaftliche Publikationen herausgegeben, viele davon wurden ins Deutsche, Französische, Englische, Neugriechische, Dänische, Chinesische und Japanische übersetzt.

Aus dem Nachlass Schliemanns hat er bereits die Dokumente zu dessen Aufenthalt in Neapel, in Mozia (Sizilien) und in Tunis veröffentlicht. In der Zeitschrift ANTIKE WELT erschien ein Beitrag über sein Haus in Athen (Iliou Mélathron) und in der *Archeologia Viva* Beiträge über sein Haus und Grabmal in Athen.

Dr. Natalia Vogeikoff-Brogan

Head Archivist der American School of Classical Studies at Athens.

Heinrich Schliemann zum 200. Geburtstag

Für Spezialisten

2021. 112 S. mit etwa 100 farb. Abb., 21 x 29,7 cm, geb.
ISBN 978-3-8053-5317-5. € 32,00

Scharlatan oder Pionier? Heinrich Schliemann ist eine ikonische Gestalt, die von vielen Legenden umgeben ist. In diesem reich illustrierten Band untersuchen internationale Historiker:innen und Archäolog:innen die glanzvolle Aufstiegsgeschichte des armen Pastorsohnes zum weltberühmten Archäologen, der bis heute die Fachwelt polarisiert.

Die Biografie

2021. 280 S. mit 30 s/w Abb., 14,5 x 21,5 cm, kart.
ISBN 978-3-534-27349-2. € 20,00

Auch ohne Troja wäre das Leben des Heinrich Schliemann jede Biografie wert. Der Pastorensohn arbeitete sich vom Lagergehilfen zum steinreichen Kaufmann herauf, mit Stationen in den Niederlanden, den USA und Russland. Die Archäologin Leoni Hellmayr legt die glänzend erzählte Biografie einer hoch widersprüchlichen Figur vor, die zur Zentralgestalt der Archäologie werden sollte.